インドネシア国家と西カリマンタン華人

「辺境」からのナショナリズム形成

松村智雄
MATSUMURA Toshio

慶應義塾大学出版会

はじめに

本書が対象とするのは、インドネシアの一地域であるが、ジャワ島やバリ島といった比較的知られた地域ではなく、カリマンタン島西部という、いわば辺境である。

西カリマンタンは、インドネシア国家とどのような関わりを持ってきたのか。この主題を一九五〇年代から現代までの歴史を辿ることで追究していく。西カリマンタンは元来、インドネシアのナショナリズムの中心であったジャワ島とは全く異なる歴史的背景を持ち、そこではオランダの植民地支配も限定的であった。そのような別個の社会がインドネシアという国家の一部になっていく過程は波乱に満ちていた。

本書のもう一つの主題は、中国系住民（華人）への着目である。彼らはそれぞれの居住国においてしばしば、中国の外縁部として受け止められた。特に世界の大多数の華人が居住する東南アジアにおいて、第二次世界大戦後、ナショナリズムを基盤とした国家が成立すると、華人は居住地のナショナリズムに相反するとして退けられる場合もあった。

これに対応して、華人の間には「祖国」たる中国に「帰還する（中には東南アジア生まれで、中国に行ったこともない人々も多かった）」動きも盛んになった。しかし彼らが見た中国は、彼らのイメージ上の「祖国」とはかけ離れていた。帰還した華人の多くは、文化大革命の時代には海外との関係が仇となり、中国社会においても迫害され、周縁化された。一方で、中国に帰還せずに居住国の国民として生きることを選択した多くの華人は、どのように現地社会に同化するのかが、国民統合を議論する際に問われた。

このように中間的存在であった華人は、中国と居住国の二つのナショナリズムの間で翻弄されてきたのである。この点は、華僑華人と言われる人々を理解する際に重要な要素である。しかし、彼らの存在を、この点にのみ帰結させて説明することがはたして妥当なのだろうか。彼らをより内在的な視点から理解するためにはどうすればよいのだろうか。さらに、華人をナショナリズムや帰属意識をもって語ることの限界はどこにあるか、そしてその問題点は何か、そしてそれはどのように克服できるのか。これが、筆者が本書で取り組んできた課題である。

この問題に対して、歴史研究がなすことのできる貢献は多いのではないかと筆者は考える。歴史を研究するということは、任意の人、集団が、実は複雑なコンテクストの中にあることを認識する過程でもある。たとえば、私たちの何気ない行動を外部から見た人から、「そういうことをするなんていかにも日本人らしい、『日本人性』が表れている」と言われた場合を想像してみよう。そのとき私たちは、強烈な違和感を覚えるに違いない。ところが一方で、普段あまり接触のない人々に対しては「〇〇民族だから」などという言葉で彼らの活動のすべてを括ってしまう行為は人間社会に広く見られるのも事実である。そのような平板なイメージが幅を利かせる場にこそ、ディテールにこだわった人間理解の方法が必要とされる。

西カリマンタン華人の歴史を辿れば、二つのナショナリズムに翻弄された、という固定的華人像だけで、すべてが説明できるわけではない。本書では、当時の一次資料や当時を生きてきた人たちへのインタビューによって、政治的な理由から「華人であるということ」に彼らがどのように向き合い、感じていたのかを詳細に掬い取るとともに、彼らの生活感覚に即した歴史を描くことを試みた。

物事を単純化して理解することも必要だが、極端な単純化は相互理解を阻むことにもなりうる。レッテル貼りとその対象に対する攻撃、偏狭なナショナリズム、他者への非寛容がはびこっている現代社会の中で、歴史から汲みあげられた智慧はますます必要とされている。これは、われわれ自身の日常生活にも深く関係するものである。本書が、日常の中のディテールに意識をめぐらせ、そこから周りの人々、環境へのより深い理解を生み出そうと試みる人々の一助となれば望外の喜びである。

二〇一六年一二月

松村智雄

目次

目次

第Ⅳ章 「改革の時代」の西カリマンタン華人 227

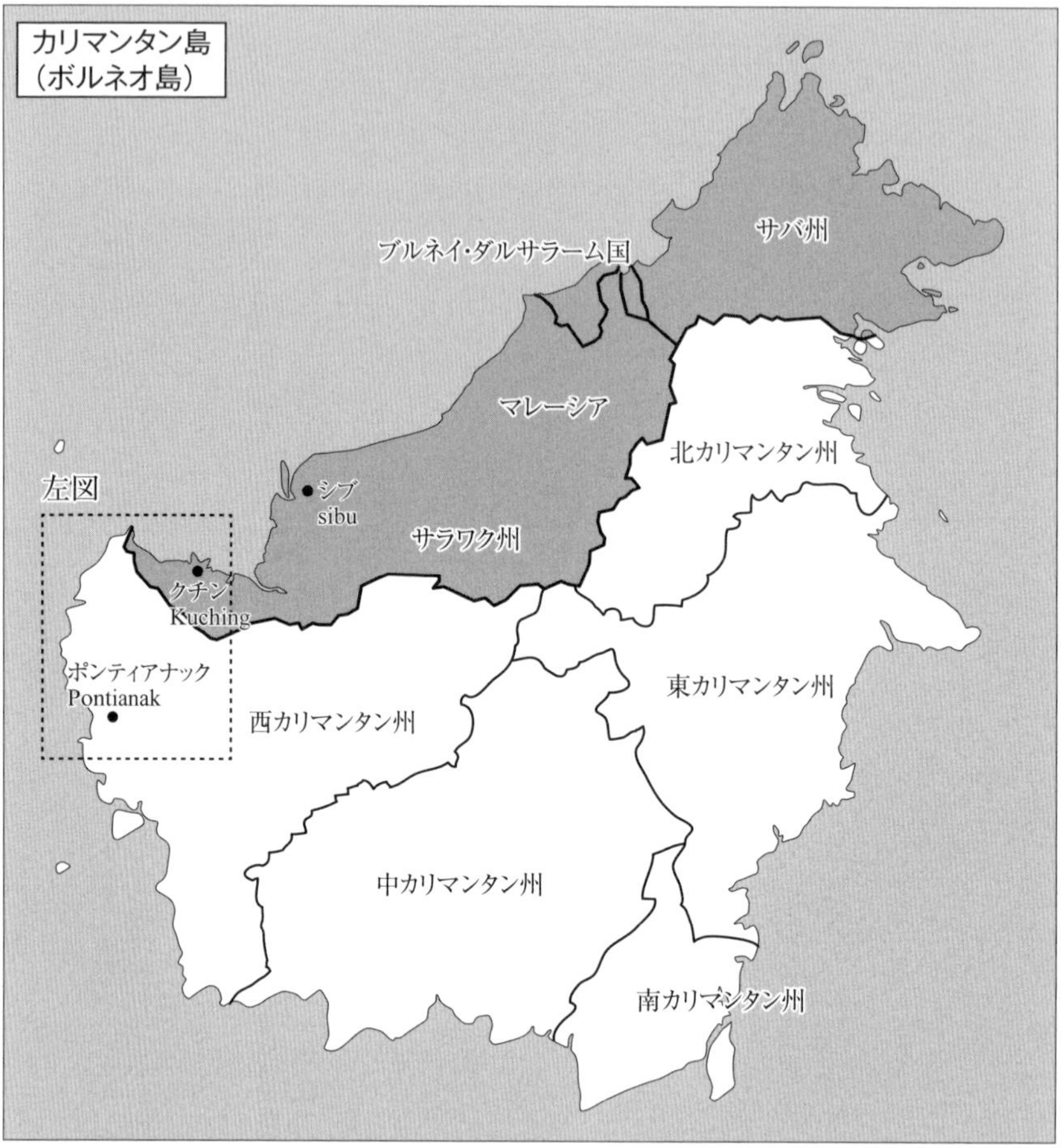
カリマンタン島
（ボルネオ島）
サバ州
ブルネイ・ダルサラーム国
マレーシア
北カリマンタン州
左図
シブ
sibu
サラワク州
クチン
Kuching
ポンティアナック
Pontianak
西カリマンタン州
東カリマンタン州
中カリマンタン州
南カリマンタン州

上図
メダン
カリマンタン島
バンカ島
ニューギニア島
スマトラ島
ブリトゥン島
ジャカルタ
スラウェシ島
ジャワ島
バリ島
インドネシア

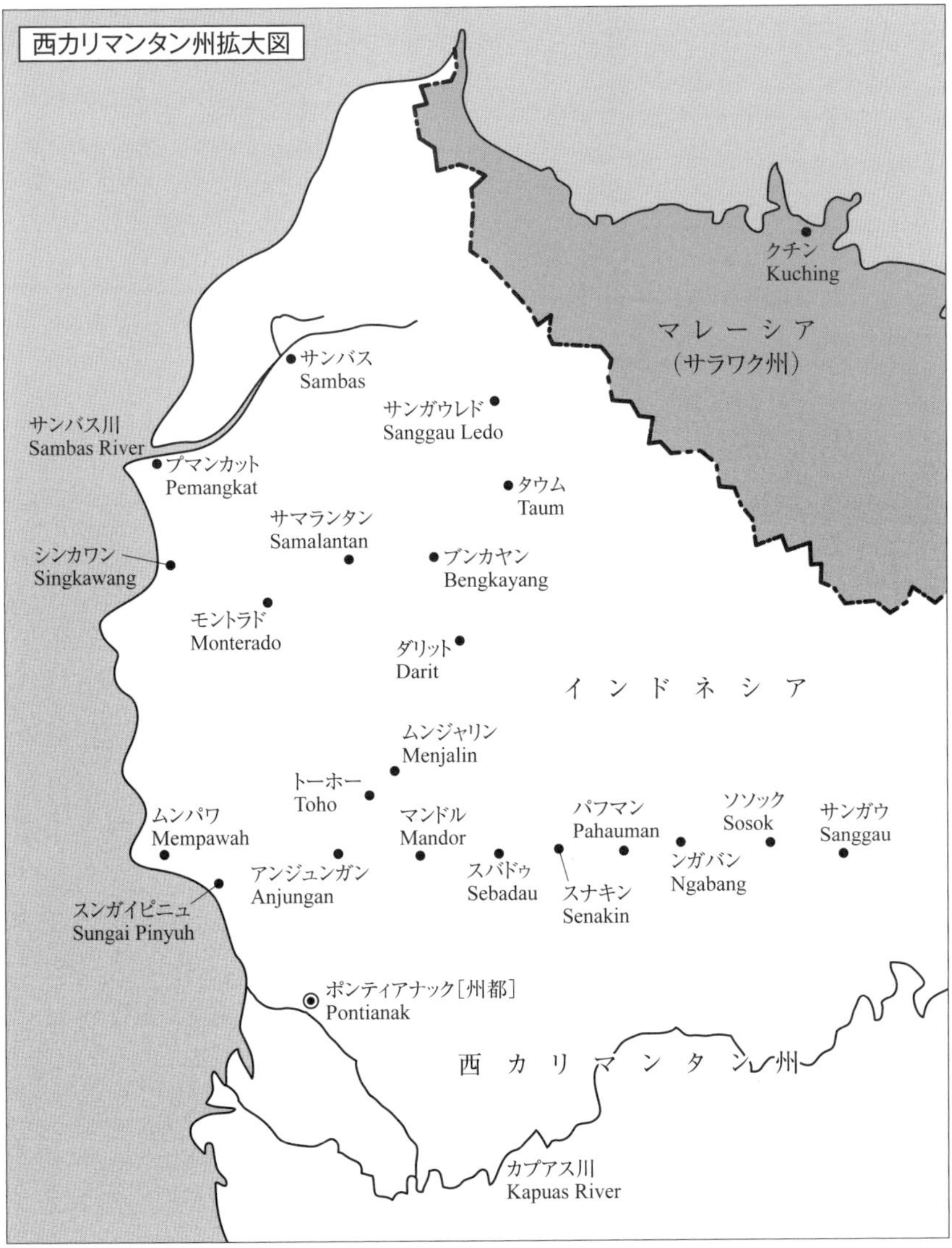

西カリマンタン州拡大図
クチン
Kuching
マレーシア
(サラワク州)
サンバス
Sambas
サンガウレド
Sanggau Ledo
サンバス川
Sambas River
プマンカット
Pemangkat
タウム
Taum
サマランタン
Samalantan
シンカワン
Singkawang
ブンカヤン
Bengkayang
モントラド
Monterado
ダリット
Darit
インドネシア
ムンジャリン
Menjalin
トーホー
Toho
ムンパワ
Mempawah
マンドル
Mandor
パフマン
Pahauman
ソソック
Sosok
サンガウ
Sanggau
アンジュンガン
Anjungan
スバドゥ
Sebadau
スナキン
Senakin
ンガバン
Ngabang
スンガイピニュ
Sungai Pinyuh
ポンティアナック[州都]
Pontianak
西カリマンタン州
カプアス川
Kapuas River

序章

1　主題——本書の視角

本書が対象とするカリマンタン島（ボルネオ島）は、世界有数の面積を持つ広大な島である。カリマンタン島の歴史を振り返ると、過去には多くの王国が栄枯盛衰を繰り返した。とりわけブルネイ王国（Brunei）は数ある港市国家の中で勢力が際立っており、一六世紀には現在のフィリピンの領土に含まれるスールー海域（Sulu）にまで影響力を拡大した。そのほかにもムラユ（マレー）系の人々の王国が数多く並立し、交易で栄えていた。さらには一八世紀以降、中国南部からの移民が流入するなど、さまざまな地域からの移民を受け入れてフロンティア空間が形成されていった。

本書の主な舞台であるカリマンタン島西部（以下西カリマンタンと呼ぶ）には、一八世紀中葉以降、ムラユ系王族が招聘した中国人移民が到来し、金鉱開発に携わった。その後、この地域にオランダ政庁は勢力を伸ばした。しかし、西カリマンタンは形式上オランダ領東インドに編入されたとはいえ、オランダ政庁は華人の統治に関してはその自治に頼り、そこから税収入を得るにとどまった。またムラユ系の王国の権威は維持された［Somers Heidhues 2003:163-196］。このように、実質的な植民地化の経験が乏しく、しかもさまざまな出自を持つ人々が流入した地域であったというのが、西カリマンタンの持つ際立った特徴である。

西カリマンタンに日本軍が上陸したのは一九四二年一月であり、このときから一九四五年八月まで日本海軍による統治が敷かれた。ただ統治とはいっても、日本軍の人数は圧倒的に少なく、現地を実質的に掌握するにはほど遠かった。日本の敗戦後、西カリマンタンはインドネシアの領地に組み込まれ、インドネシアの一州となった。しかし、西カリマンタンのような、これまでオランダも含め、ある国家の実質支配が及んだことのない、自生的組織が活動していた地域に、「異物」である国民国家が統治を拡大することは決して自明のことではなく、そこにはその矛盾を解消するための一連の過程があった。

(1) フロンティアとしてのカリマンタン島、「辺境」について

西カリマンタンは、いかにしてインドネシア国家の実質的な統治を受け入れていったのだろうか。石川登は、国民意識の形成の問題と国家主導による領域統治の問題を明確に区別することの重要性について述べている［石川二〇〇八：二一－二二］。いったん成立した国家は、その中央からはじめて、辺境地域（文化的、歴史的、言語的共通性を共有しない地域）に対しても、その統治を強権的に（最終的には武力を用いて）行うことができる。西カリマンタンとインドネシア国家の中央たるジャワでは文化的、歴史的背景が異なり、共同体意識を共有することはなかったが、物理的にインドネシア国家がこの国家にとっての「辺境」たる西カリマンタンに支配を確立することは可能であった。それは一九六〇年代に西カリマンタンで暗躍したサラワク由来の共産主義ゲリラを討伐するために、一九六七年以降、反共のスハルト政権がこの地に軍事統治を展開することによって達成された。そしてその後、西カリマンタンにインドネシアへの帰属意識を定着させるための人為的な教育活動を通じて、インドネシアへの帰属意識の醸成が試みられたのである。

一九六〇年代に西カリマンタン統治の問題に関与する以前、インドネシア国家の国民統合は決して平坦な道ではな

かった。スカルノの力が強かったとはいえ、その国内における正統性が確立したとは言い難い状況が続いた。

この時期、スカルノに反対し、別個の政府を作り上げようとする運動が各地で起こった。しかし一九五〇年代末には、スカルノの政府とその国軍が反対勢力を圧倒し、その広大な国土を統一するかに思われた。ところがその後、スカルノの左傾とともに、国軍右派とインドネシア共産党を中心とする左派との間の対立が激化し、国家を分断するほどの影響を与えた。

この左右対立のかなめに存在したスカルノの体調の悪化は、この対立のクライマックスを引き起こした。それが一九六五年九・三〇事件[1]である。インドネシア国家は、この国家分裂状態を解消するため、共産党勢力を国家の敵として徹底的に排除、弾圧することによって、圧倒的な軍事力をもって共産党勢力を追討し、国家の統一を守ったのである。しかし、これは、ジャワ、バリなどを中心とした国家の権力の確立であり、その他の地域においては、いまだに曖昧模糊とした状況が続いた。

その最たる例が西カリマンタンであった。西カリマンタンにおいては、ジャワ、バリで共産党勢力が鎮圧された後も、インドネシア共産党勢力は、地続きのサラワクの共産主義運動と協力し、現地の華人社会の支援も受けてますます活発化した。

彼らの武装闘争の息の根を止めなければ、西カリマンタンにおける国家統治の見通しは立たなかった。そこでまず、インドネシア国家は、西カリマンタンの左派の武力闘争を壊滅させるということから始め、その後、スハルト体制期には、そこに住む人々をインドネシア国民に馴化する政策を採った。ここにおいて初めて、西カリマンタンにインドネシア国家の実質的な領域統治が完成したのである。

本書は、上記の過程において、まだ完成していない「国民」を国家が意図的に作り上げようとする過程を浮き彫りにし、それに対して西カリマンタンの人々がどのように対応（反抗しつつ交渉）したのかという点を追究する。その過程で明らかになるのは、国家の統治がある地域に及ぶためには、「想像の共同体」といった人々の意識ではなく、リアルな軍事力によって担保された圧倒的な国家の影響力と暴力が不可欠であったという現実である。その意味で本書は、「国家空間の周縁部において「国民」という単一のシンボルのもとで一括されながらも、周縁化され、排除され、国家の歴史の中で忘却の対象とされ」［石川 二〇〇八：一三］た人々の生活に降りていって、国家が押し付ける論理と相反するものを含みながらも、それとの対応を彼らが実生活の中でどのように展開してきたのか、を考えるものと位置づけられる。

ここで、タイトルにある「辺境」の語について付言する。石川によると、フロンティア（辺境、周縁）は無限定的、非限定的な開拓空間のイメージを喚起するものであり、国境について言えば、国の最も周縁部という意味でのフロンティア、政治的なシステムの中での最周縁部だけではなく、経済的文化的な領域の中で、一番端、次のシステムとの境目（インターフェイス）、すなわち二つの文化、二つの経済、二つの政治システムの間に位置するような「はざま」としての社会空間としている［石川 二〇〇八：一四］。本書における「辺境」の概念もこれに近いものであり、国家の一元的支配システムの周縁にあり、しかもその近隣の政治システムや文化の影響を受け続けている部分について「辺境」と呼ぶのである。

(2) インドネシアという国家

本書は、インドネシア史において中心として描かれることの多いジャワ島ではなく、マレーシアサラワク州と国境を接し、国境を越える人々の活動が盛んであった（また、国境が引かれ、それまでの人々の日常の活動が分断されていった）西カリマンタン地域について考察するものである。国家史・国民史から抜け落ちている人々の営みに目を向け、単線的な歴史を相対化し豊かにする試みを、インドネシアの西カリマンタン地域を題材に行うことになる。

ここで、西カリマンタンが組み込まれることになったインドネシアという国家について簡単に紹介する。インドネシア共和国は多くの島から成り、東南アジア諸国の中でも特に人口規模が大きく存在感がある国家である。二〇一五年インドネシア政府統計によると、全人口は約二・五五億人であり、この規模は世界第四位である。ちょうど日本の人口の二倍ほどの人口と考えてよい。国土は約一八九万平方キロメートルで日本の国土の約五倍である。おおよそ一万八〇〇〇の大小の島々で構成されており、東西幅が五一一〇キロメートルと広くおおよそアメリカ大陸の東西幅と同様である。

国語はインドネシア語である。この言語は、元来マレー半島やスマトラ島付近で話されるムラユ語をもとにして策定されたものである。しかし現在に至るまで各地域の民族語（ジャワ語、スンダ語、バリ語など）も用いられている。民族構成を見ると、ジャワ人が四割を占める。しかし過半数を超すことはなく、各地域に多数派となる民族が居住している。

(3) 国家編成の過程

インドネシアという国家は、基本的にはオランダ植民地であった蘭領東インドの版図を踏襲した。オランダは二〇世紀初頭には、スマトラの最北部のアチェから、数々の島、ニューギニア島の西半分までその植民地とした。ところが日本軍はオランダ勢力を短期間のうちに追放し、一九四二年から一九四五年の間この地域一帯に軍政を敷いた。その後、オランダ軍、イギリス軍がこの地域を再統治しようとやってくるが、これをインドネシア側の義勇軍は迎え撃ち、一九四九年末、インドネシアに政権移譲がなされた。しかしこの時期、スカルノらが率いる共和国についたのは、スマトラとジャワのみであり、スラウェシや東インドネシア、西カリマンタンにおいては、オランダの傀儡政権（各地の王）が君臨していた。そのため、一九四九年当初インドネシアは、これらの諸国の連邦からなる、インドネシア連邦共和国として誕生したのである。ところが、翌年、一九五〇年にスカルノはこの連邦制を廃止し、単一共和国として再出発した［首藤 一九九三］。しかし、まとまりを欠いていたために、一九五〇年代のインドネシア政治は混乱を極めた。

西カリマンタンでは日本統治が終了した後、一時連合国軍の統治を受けた。その後インドネシアへの編入が決まり、連邦を形成した。しかし一九五〇年に単一共和国のインドネシアに編入された。正式にインドネシアの一州として西カリマンタン州が成立したのは一九五七年のことである［Somers Heidhues 2003:198–233］。

西カリマンタンと隣接するサラワクでは、一九世紀まで、いまだにブルネイ王国の勢力が及んでいない地域が多かったが、イギリス人ジェームズ・ブルック（James Brooke）は、この地域のブルネイ国王に対する現地民の反乱を鎮圧したことでスルタンからラジャ（Raja、王の意）の称号を得た。これに対して不満を持ったブルネイの王族がブルックに対して反旗を翻すと、ブルックはイギリス軍の助けを借りて反対勢力を制圧し、一八四一年にサラワクの統治権を得ることになる。その後、日本統治期に入るまで、三代にわたってブルック家による統治がサラワクで展開されたが、一九四五年の日本軍政終了後、再びイギリス領に編入された。一九五〇年代、イギリスは、隣国インドネシアの動向を注視していた。インドネシアは武力をもって独立を達成し、その影響力を強めたからである。それは、スカルノが一九五〇年代の第三世界のリーダーとして有名になったことと関連していた。スカルノは、第三世界の自主独立のためには、あらゆる形での植民地主義を排除しなくてはならないという主張を固めていった。そしてそれは、インドネシアにおける共産主義の興隆と相まって、巨大な勢力を形作っていた。それが実際に影響してくるのは、一九六〇年代のサラワクと西カリマンタンの間の国境を跨ぐサラワクの共産主義ゲリラの活動が顕在化してからである。イギリスにとってみれば、サラワクゲリラと同様に、それを積極的に支援するインドネシアは厄介者であった。

サラワクは自主独立を望んだが、結局一九六三年にマレーシア連邦の一州として組み込まれることになる。共産主義勢力の拡大を極度に恐れたスハルト政権は、この地域に軍事統治を敷き、厳格に国境を警備したため、それまで盛んであった、サラワク、西カリマンタン両地域に住む人々の交流は阻害され、二つの地域の関係はますます遠いものになっていった。

(4) 華人の「辺境性」

地理的「辺境」の特徴については以上で説明したとおりである。これに加え華人は、インドネシア国家の形成過程において、それを先導した人々から見ても「他者、外部者」であった。特に西カリマンタン華人は、一九五〇年代においては、自らを「外国に住む中国人」と定位していた。オランダ統治期を経ても、統一的な国家権力の実質的な統治を受けたことがなく、自律的な自前の組織の中で活動していた人々にとってこれは素直な認識であったと言えよう。このように、中国の動向に反応し、現在住む場所についてもそこへのオランダ、あるいはインドネシアといった国家の権威を介意しない西カリマンタンの「中国人」は、彼らが住む場所が辺境地域である以上に、その存在自体が辺境的性格を持っていた。こういった地理的、さらには人的な「二重の辺境」状態こそが、西カリマンタン華人の持つ特性であった。

(5)「辺境」を研究する意義

国家史・国民史の再検討

本書で「辺境」を取り上げる意義として、国家史・国民史を脱構築するような歴史の書き方の模索がある。この単線的な国民史から歴史を「救出」するという考えはデュアラ（Prasenjit Duara）などの歴史学者が主張しているものである［Duara 1995］。東南アジアの歴史記述の多くが、国民創出の過程、すなわちナショナリズム研究であったことから、単一的ナショナルヒストリーの構築の一端を学術も担っていたということになる。しかし、この国民史は截然と引かれた国境の内と外を区別し、内と外が完全な別のシステムで動いているイメージを与えるものである。デュアラは、ナショナリズムに拠った国民史（それはナショナリズムにとって、また国民国家にとって必要とされたものである）は、国民国家が出来上がり、それがその単位で発展していくという進歩史観によって書かれているため、それとは関係ない、あるいはそれと矛盾する歴史的事象は捨象され、歴史から除外されてしまうと批判する。歴史を書くということは、まさにある地域をどのように表象するかという問題と密接に関わっており、多様な表象が可能であるのに、国民国家の形に適合的なものだけが取り上げられ、それ以外が等閑視されることが問題だとしているのである。

そしてこの問題は、自国史を書く場合、どうしてもその境界を意識し、その内部は国内の歴史、その外は国外の歴史というように切り離して自国のことを特別扱いするということにつながる。実際には、国境近くの地域には、それが接続する「国民国家にとっての外国」との連続性があるが、それに目をつぶった表象が特権化するのである。これにより歪んだ自国史像が描かれる。

さらに、国民国家の形成と維持という目的のために、一元的、直線的な発展の歴史が築かれ、それからはみ出る要素は排除、抑圧される。これが現在的問題であることは、東アジア諸国の現状を見ても納得できることであろう。この公的な歴史から排除されてきた複数の歴史を考えるというのがデュアラの問題提起である。インドネシアの歴史記述においてもそのことが言え、インドネシアのナショナリズムとの関係が強い要素だけが語られ、それ以外の他地域との交渉というようなナショナリズムの密室性と相反するような歴史的要素は排除される傾向にあった。

国民国家に適合的な表象の一つのバージョンだけを取り上げ、それを補強することに学術は関与してきた。しかし、それ以外の表象を議論し、それを競い合わせることも行ってよいのではないか。それでこそバランスのとれた歴史記述になるのではないか。

華僑華人のナショナルアイデンティティ

この問題は華僑華人研究の分野にも接続している。その大部分の成果がナショナリズムとの関連によって議論されてきたからである。その中で提唱されてきた主要な命題に、「華僑アイデンティティから華人アイデンティティへ」がある。一般的に、華僑とは「仮住まい」という意味を含み、一時的にある場所に滞在してもいずれは中国に帰国する人々であり国籍のうえでは中国籍である。一方、華人とは現在の居住国に永住するあるいはそもそも居住国生まれであり、国籍のうえでも中国籍ではなく居住国の国籍を取得した中国系の人々を表すとされる。これは中国志向だった華僑が、時代を経て居住地に生活することを重んじるようになり、居住国の国籍を取得し、その国家に帰属意識を持つ華人となるというアイデンティティ変容を言い表したものである。これは確かに華人のナショナルアイデンティティを表象する華人史の書き方ではある。しかしこれによって華人の実像をも歪められてきたのではないかという問題提起を筆者は本書で行いたい。

国民国家形成のダイナミクス

本書は、国民国家の存在を前提として歴史を書くことへのデュアラによる批判を踏まえ、ある地域が国民国家に絡め取られていく様を動的に描くことで、国民国家との関係によって書かれていた華僑華人の歴史記述に関しても再考を促すことを企図している。国ごとに分解せず、広い地域の構造の中で国民国家の形成を理解する試みである。

特に近年、グローバル化の波の中で、国家以外の要素が活発化している。国家の下位単位とされた地方自治体が国家を介さず、グローバルに他の地域と接続する時代となった。元来国民国家成立以前にはこのようなことは自然に行われていた。しかし、これを国民国家が人為的に制限したため、国民国家優勢の時代にはそのような動きは下火になった。しかしまた、最近そのような動きも復活してきていると考えられる。

この現状に適した理解を促進するのが地域研究の視角である。濱下武志が述べているように、地域研究の重要性は、この国家や民族が持つとされる求心性、中心性、均一性などを解きほぐし、国家を越えた広域地域を論じたり、国家の下位に位置するとされる地方の持つ国家を越える地域性に注目することにある。また地域と地域の関係性を論じることにより、重層的、複合的な地域構造を検討することを可能にすると考えられる［濱下 二〇一三：三一七］。

このような地域認識は、古田元夫の研究の中でも以前から意識されていたものである。ナショナリズム形成を研究する中でも、それ以外の要素とのせめぎ合いの中でそれが形成されたと強調する方法は、より現実に即したナショナリズム形成のビジョンを示している。国民国家の形成を描きつつも、その出来上がった形を自明視せず、その形成過程を詳細に検討している［古田 一九九一］。このような視座を持つことにより、国民国家の自明性に対して絶えず留保する慎重な姿勢が定着するのではないだろうか。さらに古田は、異質な空間、地域を閉鎖的で一元的な空間として統合しようという際には、さまざまな摩擦が生じただろうと述べ、その中で明確なアクターである、ベトナム人共産主義者がそのような状態にどのようにして働きかけたのかという点に焦点が当てられている。これは掴みどころのない国民イメージを人々が共有したと解釈するよりも説得的である。さらにベトナムという地域を、多元的複合世界と捉え、外部に大きく広がる世界への「絆」を持っているという。その中で国単位ではなく、華人は、中国から東南アジアへ広がる華人世界とベトナムを結ぶ「絆」とされる［古田 一九九一：六五二］。

国家の実質的支配とは

この問題に別の角度から迫っているのはジョン・トーピー（John Torpey）である。彼は近代国家とパスポートという問題を論じているが、ヨーロッパの市民革命の時代から複数の国のさまざまな文脈で、アイデンティティを確認し移動を制限するために用いられたパスポートという書類について、潜在的な受入国が、ある人間を排除するために、主権を行使しようと決めたときに、どこの国にその人物を送るかを決めるために存在したものとしている［トーピー 二〇〇八：xii］。ここで重要なのは、国家が形成されるとそれは自動的に機能するのではなく、国家の努力があってこそのものである点である。

彼は、国民共同体が実現するためには、想像されるだけではなく、書類として成文化される必要があったことを実証的に示している。また、国家が社会に浸透する（penetrate）という表現は的確ではなく、その代わりに、国家が国民全体を掌握する（embrace）のに成功したと考える［トーピー 二〇〇八：一二］。逆に言えば失敗することもあり、国家権力は自動的に浸透するものではない。

こうして、カール・ポランニー（Karl Polanyi）が甲殻類型国家（国家への帰属が次第に重要性を増し、領域と構成員の両面で、国家の境界を管理する官僚制が確立し、拡大し、われわれと彼らを甲殻類のように区別する国家）と呼んだ国家の形態が常態化するのである［Polanyi 1944］。

インドネシアにおいては、甲殻類型国家が名実ともに成立するのはつい最近のことであり、本書中で取り上げる事例を見ても、一九八〇年段階で多くの華人が国籍を証明する書類を何も持っていないという状態はこれからほど遠く、ましてや一九五〇年代、一九六〇年代はなおさらである。トーピーの言う意味での国民国家の統治の貫徹は一九八〇年（国籍証明書が大量に発行され、住民登録が進む）をもって一応の解決を見たと言えよう。このように一つのところに人々を押さえつけておくシステム、そして当人もそれを進んで求めるようなシステムが構築されたのである。

ちょうど一九八〇年にインドネシアの大勢の華人に対して国籍証明書が発行された際に、それがどのような理由であろうと、人々がこのような書類を必要としたこと自体が、国家の制度が人々の生活を掌握していた（embrace）ということの証である。これにより、国家は暴力行為の収奪とともに、近代国家と、一般的には国家系による合法的な移動手段の独占［トーピー 二〇〇八：二六六］も行ったのである。これは、国家が意識的に、想定上（理念上）均質であるとされる国民を実質化しようとするときに極めて重要であった。

国民統合論とは異なる描き方

しかし、そのあたかも国家によって分断されたと見られる地域においても、人・モノ・カネが融通無碍に移動を続けているのが実情であり、これは政治体制が変わったとしても連綿と続いていく性質のものである。この部分に注目することは、統一的な国民史がいかに特殊な事例に基づいて人間の生活の一部分しか描いていないかを浮き彫りにするものである。また、この国民史というものがたやすく偏狭なナショナリズムに結びつくことから、国民史の脱構築は、他者理解や、さまざまな背景を持つ人々との共生といった、今後ますます重要になってくる問題について考える際に学術がなすことができる貢献であろうと思われる。この国民国家を前提とする歴史の見方に対して別の視点を与えるのが早瀬晋三の視点である。

早瀬は、国民国家の形成に注目が集まる中で見過ごされてきた、国民国家の中で居心地の悪い思いをしてきた人々、すなわち、その国民国家の排他性のゆえに抑圧にあっている人々の存在に注目し、彼らを主流に同化すべき対象として、国民統合の視点をもって見るのではなく、彼らの独自の自律的社会をそこに生きる人々の生活実感にまで降りて行って検討するというスタンスを取る［早瀬 二〇〇三：二〇九－二一〇］。

このように、ある地域を「中心」との対比によって「辺境」と定位するのではなく（それはこの地域が国民国家によって「辺境」の役目を演じさせられているということになろう）、自律的なシステムを持つ地域として理解するという視角は筆者も共有しているものである。

(6) 本書の主題

改めて本書の主題に立ち返ろう。筆者は、西カリマンタン華人という「辺境」に暮らす人々の歴史を探究する中で、彼らが、どのように比較的新しい国の枠組みであるインドネシア国家を認識し、受け止め、それを自分のものにしつつ、それを土台として生活するようになったかを追究する。しかも、彼らが、受動的にインドネシア国家に組み入れられたというのではなく、彼らなりの受け止め方で国家勢力と交渉する中で、現在の西カリマンタン華人社会の性格が形成されていく過程を具体的に示したい。

その現在の状況とは、インドネシア国民であることを前提としつつ、中国や台湾地域との紐帯も生かしながら生活するというものである。これらのことを華人研究が陥りやすい、華人の行動の原因をその文化・伝統に帰するような本質主義的理解によってではなく、歴史的コンテクストを重視して、その中で彼らの行動を理解していく。

西カリマンタンは、現在のインドネシア国家から見れば、単なる一地方にすぎない。しかし、少し前の時代には、別個の社会システムを維持し、外部者の影響を受けつつ、それらを受容していたのである。その個性にも迫りたい。西カリマンタンの人々はいわば、国民国家の経験なしにいきなり国民国家に放り込まれた人々と表現できる。そのような人々が、完全な「異物」たる「インドネシア国家」とどのように対峙したのか、またインドネシア以外の「絆」をどのように考えていたのか、ということを考察する。

2　先行研究

本節では、本書の、先行研究の中での位置づけを明確にし、その中でどの部分について新しいことが言えるのか、という点について述べる。

東南アジア研究分野において、第二次世界大戦後、最先端の研究を行っていたアメリカの東南アジア研究から説き起こす。次に、華僑華人研究の方法論への政治的要請、東南アジア、特にインドネシアの華人研究の動向、その後、カリマンタン地域研究、カリマンタン華人研究の動向について検討し、最後に本書の屋台骨となる理論的背景について述べる。

(1) ナショナリズム研究

第二次世界大戦後、続々と植民地宗主国からの独立を果たした国が登場した東南アジア地域においては、この地域を対象とした研究にも一定の傾向が見られた。独立運動を率いたナショナリストについての研究、彼らを媒介にして広まったナショナリズムに関する研究が主流だったのである。

第二次世界大戦後のアメリカの東南アジア研究プログラムにおいては主に、東南アジアへの共産主義勢力の拡大を監視し、それを食い止めるために現地の状況を知る専門家を育成するという実学としての地域研究が目指されており、その研究拠点がコーネル大学（Cornell University）に置かれた［アンダーソン二〇〇九：九一－九二］。この研究の草創期の成果としてコーネル大学のケーヒン（George McTurman Kahin）によるインドネシアナショナリズムに関する研究がある［Kahin 1952］。これらの研究者のもとで育った次の世代には、ケーヒンを師とするベネディクト・アンダーソン（Benedict Anderson）がいる。彼は、後に発表するナショナリズム論『想像の共同体』において、インドネシアあるいは東南アジアという枠を超えて一般的なナショナリズムの形成と流行に関する理論を提示することになる。しかし彼が最初に取り組んだ研究課題もやはりインドネシアナショナリズムの形成過程、ナショナリストたちの活動であった［Anderson 1972］。

当時の研究動向の背景には、第二次世界大戦後の冷戦構造、共産主義拡散の脅威が通奏低音として存在した。そこで、東南アジアの新興国の政治がどのような展開を見せるかに注目が集まったのである。その新しい国家を支える論理こそがナショナリズムであった。

(2) 東南アジアの華僑華人研究

第二次世界大戦直後の華僑華人研究の幕開け

これとの関連において、東南アジアの華人研究について見てみよう。東南アジアには全世界の華人人口の約八〇%が居住しており、特にこの分野では東南アジアを中心に研究が進んできた。東南アジアの華人研究の枠組みを定めたのは、一九五〇年代から東南アジア華人研究に従事したパーセル（Victor Purcell）やフィッツジェラルド（C. P. FitzGerald）であった［Purcell 1951, FitzGerald 1965］。元英領マラヤの官僚であったパーセルは、東南アジアの華人について研究する際に、彼にとって馴染みのある英領マラヤの華人の状況がその他の地域にも当てはまることを前提とした。結果として彼は、華人と中国との政治的紐帯を非常に堅固なものとして描いた。

同様の傾向はフィッツジェラルドにも見られる。その著書において彼は、マラヤの華人をモデルに使って普遍化し、華人は明確な中国志向を持ち居住地の政治に関わることに消極的であるという結論を導いた。これにより、東南アジアのどの国でも華人の居住地志向は低く、中国志向が強いという認識がアメリカの研究界に広まったのである。マラヤが特に研究されたのは、そこがほかの地域に比べて全体の人口に占める華人の比率が高いからであろうと思われる。またマラヤの華人はその独自性が際立っており、いかにも中国人性を保っていると見えたのであろう。これはインドネシアの、現地の文化との混淆が見られる様子と異なっている。マラヤのように現地社会に溶け込まない華人社会は、あたかも中国の飛び地のようであり、中国の影響を直に受ける地域であるという認識があり、それだからこそ、彼らの同化に関心が寄せられた。

同化パラダイム

一方、タイ華人の場合、現地社会への同化が進んでいるという評価がよくなされる。この枠組みを形作ったのは、一九五〇年代、コーネル大学を拠点に研究を展開し、タイ華人の調査を行ったスキナー（William G. Skinner）であった。元来中国研究者であった彼は、当時、中国国内での研究が困難であったため、タイ華人の研究を開始し、その後東南アジアの華人社会を比較する研究を展開した。

彼の視角は同化パラダイムと呼ばれるようになり、そこでは「中国人はタイ化する」ことが唱えられた。これは、それまでのマラヤ華人に関するフィッツジェラルドやパーセルの「中国人は中国人であり続ける」ということに対する反証という意味もあった。なぜ同化が強調されたのか、同化した（しようとする）華人に特にスポットライトが当てられたのか、という点は追究に値する。ここにはアメリカの東南アジア研究をめぐる政治的背景が存在していた。

冷戦期のアメリカには、中華人民共和国成立後の、東南アジアの共産化に対してどのように対応するかという実務的要請が存在した。そこでは華人の同化の進展度を測ることが行われた。ここでは、どれだけ彼らが中国の影響から遠ざかっているかを社会科学的に調査し、そうして地元に同化した人々に対し、その国民国家ごとにアメリカは開発政策を通じて支援を与え、影響力を拡大していくということが画策されたのである。よって、研究者が最も敏感に反応したのは、現地の華人社会と共産主義の影響、中国の影響、中国の華人に対する姿勢などであった。そこに触れる限りにおいて華人が研究課題として浮かび上がってくる構造がここにあった。

しかも当時の中国研究者はいわゆる中国学（sinology）をバックグラウンドに持ったため、中国との関係で華人を見る（華人は中国の周縁）のは自然の成り行きであった。彼らのように華人を中国との関連で見ていた研究者にとっては、華人が実は現地に同化しつつあるというところが逆に斬新であったかもしれない。

しかも、現地の政府がうまく政治のかじ取りをしないと、彼らが中国になびいてしまうのではないかという危機意識もあった。しかしスキナーは、政策によっては、中国人コミュニティーが今後タイ社会へと同化していくという結論を導いている［Skinner 1957, 1958］。そしてタイという国民国家の政策を後押しするのはアメリカであるというわけである。

この同化パラダイムは影響力を持ち続けた。そしてどうやったら同化できるか（どうやったら中国の影響力から切り離されるか）ということが議論されたのである。ここでは華人の言語文化、政治的志向性というものがいっしょくたにされ、華人は同化、非同化の二択問題として理解された。しかも、その変化が不可逆のものとして描かれていたのである。

このようにアメリカの利害にスキナーの研究姿勢は大変適合的であったと言えよう。またこれは、植民地支配が終わったこの地域の近代化、開発を率いていくという使命感（共産主義の影響を廃して）も背後にあったことだろう。小泉順子によると、スキナーの後、アメリカのタイ研究の中心的テーマになったのは、近代化論と、それと関連した東北タイ研究であったという。東北タイは、共産主義の影響が問題化した地域であり、一九六〇年代には、アメリカが軍事援助、開発援助を行っていた［小泉 二〇〇六］。このようなアメリカの世界戦略を背景としたアメリカの東南アジア研究においては、重要な関心事として華人の動向がナショナリズムとの関連で盛んに議論されたのである。

インドネシアの華僑華人に関する研究

次にインドネシアの事例を見てみよう。インドネシアにおいても、華人はナショナリズムの中心的な推進者ではなかった。一時期はインドネシアのナショナリズムに合流しようという動きもあったものの、[2]それは果たされず、結局インドネシアナショナリズムは華人を除く形で非華人の現地民（プリブミ）（pribumi）[3]中心で発展したのである。

この要素のほかに、華人と中国との密接な関係が確かに存在したため、[4]これによって華人はナショナリズムの担い手ではないだけではなく、むしろそれとは正反対の、ナショナリズムを阻害するような要素、新国家形成の過程における外部者、しかも共産主義をもたらすことが危惧される危険な存在と認識されたのである。

このように、華人という存在はナショナリズムの推進者、当事者から見ても異質な辺境的存在として認知されており、それは新しいナショナリズムの率い手からしても、異質な存在と見なされた。

いずれにせよ、ここで注目を浴びてきたのは、ナショナリズムと関連があった人々であったということである。ではそれ以外の人々への関心はどうであったのか。

主な研究対象となったのは、専らインドネシアを志向する華人であり、彼らはインドネシアを支えるナショナリズムに積極的に参画し、インドネシアの国づくりに関して意見を表明していた一部の人々である。彼らに関心が集まるのはそれが華人の同化を示すものであったからである。しかしそれ以外の大多数の華人については調査の対象となりにくかった。中国研究と東南アジア研究のはざまでどちらからも周縁的位置づけを与えられていたのである。

西カリマンタン華人を上述の構図に位置づけると、ナショナリズムを背負った華人でも中国人でもなく、その外部にいた人々であり、インドネシアの政治について積極的に発言することもなく、地域に密着して、しかも中国の側も見ながら暮らしていた人々となるだろう。

一九五〇年代においてインドネシアの外部に存在した彼らは、上述のような問題関心には含まれようがなかった。これが彼らの人的な辺境性を形成している。

華人同化論を展開した王賡武（ワン・ガンウ、Wang Gungwu）の研究においても、華人の帰属意識の変化が中心的主題となっていた［Wang and Cushman 1988］。また、ジャワ島中部北岸のスマラン（Semarang）を中心としたフィールドワークによる文化人類学者ウィルモット（Donald E. Willmott）の研究においても現地化した華人の存在が特に強調されている。この研究、『スマランの華人』は、華人の商業生活と信仰生活について描いているが、ここでも華人がいかに現地民と調和しているかが強調されている［Willmott 1960］。インドネシア出身の研究者メリー・G・タン（Mely G. Tan）（彼女もアメリカで研究生活を送り、アメリカの知的風土の影響を受けている）の研究においても、西ジャワのスカブミ華人の現地化した側面が強調されている［Tan 1963］。これは当初の、「中国人はどこまで行っても中国人」であるというようなパーセルの時代の表現を裏切るような華人のありよう、しかも多様なありようがあるのだということを、事例をもって示す研究が次々と現れたことを示している。

後に西カリマンタン華人の歴史書を著すソマーズ・ハイトヒュース（Mary Somers Heidhues）は一九六〇年代、ジャワの現地化した華人の政治行動を主題とした博士論文を執筆している。主な研究対象は、一九五〇年代に活動したインドネシア国籍協商会（Badan Permusyawaratan Kewarganegaraan Indonesia, Baperki）[5]と、一九六〇年代に入ってから現地志向の華人がインドネシア国軍と協力して結成した国民一体性育成機構（Lembaga Pembinaan Kesatuan Bangsa, LPKB）[6]であった［Somers 1965］。当時の彼女が用いた枠組みは、スキナーらと同様である。ジャワの華人の政治活動を描くことは、現地志向の彼らが自分たちをどのようにインドネシアの中に位置づけるかという政治的議論を分析することを通じてなされたからである。インドネシアに強く関わりたいと思っていた現地志向の華人を描く点で、同化志向の華人を描くというこの時代の政治的要請にもかなった研究となっていた。では、そのようなことを考えもしなかった華人についてはどうであったのか。彼らはインドネシアに関与することに消極的であり、熱心に政治活動をしていなかったためにあまり注目されなかった。

これまでの研究動向を振り返ると、ナショナリズムに反応する限りにおいて華人は存在するというような理解の方法が主流となっていたのではないか。それ以外の人々の営みは等閑視された。しかし、そのようなナショナリズムの明確な表明を人々は日常しているわけではないし、ナショナリズムや国家の圧力に、人々は日常的に対応してきたはずである。

両極端に引き裂かれる存在として描かれた華僑華人

またそのほかに強調したいのは、これまでの華人研究の多くが、文化的な同化、現地化と政治的な現地志向を特に区別せずに分析している点である。中国的なものへの愛着と中国への政治的コミットメントは相関関係にあるだろうが、必ずしも一致するものではない。しかし、この時代のいわば政治的な問題関心の中では「同化＝現地化＝政治的な現地志向」という定式は不問に付されてきた。この定式を試みに裏返してみよう。そうすると「同化しない華人＝中国的な文化を残している＝政治的な親中国」となり、中国で共産主義国が成立したので、親中国＝共産主義支持、というように連想的に容易に結び付けられてしまう。この枠組みはまさしくスハルト体制が実際の政治において施行したことであった。共産主義拡散への恐怖から、中国文化の総体をインドネシアから消滅させるという一種アレルギー反応とも言えるようなスハルト体制下の華人同化政策を生み出したのである。このことを考えると、当時の研究動向が、（文化的）同化派華人かそうでなければ（文化的）同化に消極的な華人かの二つに分けたうえで、華人はそのどちらかであり、文化的な同化（インドネシア化）と政治的インドネシア志向、それからそのネガである、中国的な文化の存在と中国志向（インドネシア志向とは両立不可能とされた）という極端な華人像を作り上げたことの影響は大きかった。

華人の日常生活においては、インドネシアへの忠誠あるいは中華人民共和国万歳を唱える人々はもちろんいたものの、それほど政治意識だけで物事を決めていたかというとそうではなく、やはり生活上のさまざまな制限の中で暮らしていたのであろうに、それがあたかも政治的な志向だけで行動しているように描かれるという問題があった。

(3) 華僑華人研究の展開

スハルト体制期におけるインドネシア華人研究

上に述べたような現地化志向の華人研究への偏向は、その傾向の強いジャワの華人研究へと直結したことは先に述べたが、その結果、それ以外の地域の華人は研究対象となることが少なかった。スハルト体制期には、インドネシア華人に関する研究は一時下火になる。その理由は、スハルト体制期には、華人に関する事柄は民族あるいは人種に関わる問題として言論のタブーとなったからである。[7] このような状況においても、歴史分析には一定の成果が上がっていた。ここでは、一九七〇年代からインドネシア華人研究を牽引したスルヤディナタ(Leo Suryadinata)[8]とコペル(Charles Coppel)[9]を挙げておこう[Suryadinata 1978 a:b, Coppel 1983]。コペルの研究は多様な分野にわたっているが、特に注目すべきは、一九六〇年代前後のインドネシアの華人社会に関する見取り図を描いたことである。そのほかに、ジャワの華人に関する歴史研究も存在する。特にスハルト体制期に書かれた『危機の中のインドネシア華人』は同時代的な内容を研究しているが、情報源が非常に限られていたため、その情報源の多くは、新聞報道などによるものも多い[Coppel 1983]。また、主に華人の政治的局面が強調されたのもこの時期の研究の特徴であろう。

スルヤディナタの研究対象も多岐にわたっているが、彼の研究の特徴は、華人の活動をいくつかの流派に分類する手法である。彼の『プリブミのインドネシア人と華人マイノリティー、そして中国』という一九七〇年代の著作[Suryadinata 1978 a]は、この見方を定着させた。オランダ時代の華人の動向を、オランダ志向の中華会、中国志向の新報グループ、インドネシア志向のインドネシア華人党の三つに分類し、第二次世界大戦後は、「中国志向の華人」と「インドネシア志向の華人」がおり、そのインドネシア志向の中でも同化派と統合派の別があるといった具合である。このような整理は明快でその後のインドネシア華人研究において多く参照される枠組みとなった。しかしその一方で、この視角には、華人の政治的側面に注目しすぎ、華人の行動を政治志向に帰結させて理解することの限界も感じられる。筆者が本論の記述において、〇〇志向といった分析の仕方に一定の距離を置いているのもこれによって表に表れなくなる、華人の生活の実態があると考えているからである。

同時代の華人の問題は非常に研究が難しかったスハルト時代においても、華人史研究は着々と進んでいた。それが実を結んだ例として、オランダ植民地期のジャワの華人に関するロハンダの研究［Lohanda1996, 2002］が挙げられる。これらの歴史研究においても、主に記述の中心となったのはやはりジャワ島の事例であった。このようなジャワ偏向の趨勢の中で、インドネシア華人の持つ多文脈性に注目した画期的研究には、ソマーズ・ハイトヒュースのバンカ島、ブリトゥン島、西カリマンタン地域の華人に関する一連の歴史研究［Somers Heidhues 1992, 2003］がある。ジャワ以外の地域における華人の歴史学的研究は非常に限られていると言ってよいであろう。

以上のように東南アジア地域研究における華人研究を概観する中で浮かび上がってくる特徴は、明確なインドネシア志向を抱く華人、インドネシアに馴染んでいる華人、特にジャワの華人に注意が集中してきた点である。しかし一方で、プランテーション労働者や、錫、金鉱開発の労働者として、オランダ時代、あるいはそれ以前からインドネシアに住み続けている、西カリマンタンやメダン、バンカ、ブリトゥンの華人についての研究は、ごく少数にとどまっていた。

この現地志向か中国志向かという枠組みの中で、ソマーズ・ハイトヒュースの考察が秀逸であるのは、中国志向と言ってもその内実には実に多様なレベルがあるということを見抜いていた点である。それは、政治的志向、文化状況、言語集団、同族集団ごとの凝集性などである。この多層性に意識が至らなかったために、いまだに中国志向かインドネシア志向か、華人はいまだに中国志向でインドネシアナショナリズムがない、という聞き飽きた言明が繰り返されることになったのである。確固たるアイデンティティを持って生きているのではない彼らがそのアイデンティティを問われ続け、それに答え続けなくてはならないという状況が生じた理由もこのあたりにあるのではないだろうか。

華人には同化（現地志向）か中国志向しかない、あるいは中国志向から現地志向へという流れがあるという従来の東南アジア華人へのまなざしに対して、筆者は、西カリマンタンの事例から、そのどちらでもない華人の歴史と現実を検討することを試みる。これは、華人をナショナリズムとの関連のみで理解することがいかにインドネシアに生きる華人の現実とかけ離れたものであるかを浮き彫りにすることであろう。

二〇〇〇年代の研究動向、「同化パラダイム」への疑問

インドネシア華人史についての最近の研究成果の中では、貞好康志のインドネシア華人に関する一連の研究は、同化派華人の研究を俯瞰するのに大変有用である。時代的にもオランダ植民地期におけるインドネシア志向の華人の活動、一九五〇年代の同化統合論争、一九六〇年代からの同化派の国策化、スハルト体制の華人同化政策、ポストスハルト期の華人性表出に関する議論など、網羅的である［貞好 二〇一六］。貞好のこの研究は、国家建設、国民統合を目指す中で、華人たちがこの問題をどのように考えたのかを主題として、国民統合に関わり、積極的に意見を主張してきた華人に焦点を当てたものである。よって必然的にジャワの現地志向の華人について書くことになる。

宮原曉は華僑華人研究の特徴について次のように整理する。彼は、華人学では、華人が移民先国民国家に統合されるべき存在として、その辺境のポジションを獲得し、そのポジションのゆえに特権化されて描かれてきたと説く。それは「周縁性をもって中心となってきた」のである。これはあくまで閉ざされた国民国家の枠組みを前提とした場合である。宮原によると、周縁を特権的に記述することで自らの中心性を表象してきたという。この中心性はリアリティーの一部ではあろうがすべてではないだろう。周縁として華人を定置する限り中心が必ず想定され、それが中国か居住国かということになるのである。そうすると、以前の華僑研究においては、華僑が中国社会の代表性を表している部分を喜んで書くということになり、その逆パターンの同化論においては、そうではない部分だけに焦点を当てて、その部分を喜んで書くということになるが、それはどちらも華人の実態の一部しか切り取っていないというのが宮原の主張の要諦である［宮原 二〇〇二］。

たとえば、中国を中心と見た場合、華人の漢族社会や中国社会の特質を表している部分だけ意味を持ち、そこだけ

取り上げられ、それ以外の部分は捨象される。宮原のフィールドであるフィリピンにはその逆パターンがあり、反共、反華人という歴史的、政治的背景から、中国からの乖離を最大限に強調することが重要となり、華人の同化、文化変容に関する研究が多産されたという。

篠崎香織は、特に日本における華僑華人研究の総括を行っている。篠崎が挙げる注目すべき傾向として、華人が受動的な主体として描かれる傾向があるという点がある。どうしても社会、政治、国家の中での華人のポジショニングという問題がクローズアップされ、国家や社会の構築、再編の過程での華人の位置づけが問題化される。そこでは特に国家との関連においてのみ、国家の要請によって登場する存在として描かれるのである［篠崎 二〇一三］。

市川哲の整理にも同様の関心が見られる。元来、パプアニューギニアにおける華人を調査研究してきた市川であるが、中国との関連において見るのもそれに対するアンチもどちらも、華人をどこかに括り付けてそれに対する関係においてしか見ない、そこの限りでしか問題にしないことを指摘している。その枠組みにおいて目立つ動きのみがクローズアップされてきた。だから、同化パラダイムが問題であるというのである。それは極端から極端へと移動するものであり、そのように華人を捉えることで華人の現実を歪ませてしまう。そのようなアプローチが幅を利かせた背景には「いつも華人は華人である」という本質主義的議論があった。そこでは「華人というのはこうするものだ」というような幻想が存在し続けてきた［市川 二〇一三］。

「華僑から華人へ」という枠組みにおいて、結局中国中心での見方と、居住国中心での見方は、その根本的な思考方法は同じであり、どちらかへの常時の帰属意識を華人に投影するものである。華人はAでなければBというわけである。不可逆的なアイデンティティ変化とも表現できる。またそれは政治的に要求されたものであった。

「華人はいつも華人」か？

アイワ・オン（Aihwa Ong）は、かつての祖国である中国との関係の中でのみ議論する華人研究の枠組みを変化させると主張する［Ong 1999, Ong and Nonini 1997］。中国との紐帯において華人を議論せず、彼らが持つトランスナショナルネットワークに注目すべきだというのである。ところが、この論もまた、このトランスナショナルネットワークなるものを均質な華人の閉鎖的空間と捉えていることが批判されている。ネットワークは国境という概念こそないものの、閉鎖的国民国家のような性質を持つ概念であり、その中が均質な空間として想定されることから、各々の華人の行動が「華人であること」に縛られて理解されることになるというイエン・アン（Ien Ang）の主張はその代表である［Ang 2001］。

以上のような背景があったため、華人には一律のイメージが抱かれ、しかも中国か居住地か、というアイデンティティをいつも貼り付けている人々として描かれることが多かったのである。そして、当事者の一挙手一投足をすべて、これは華人のナショナリズムを表しているとか、華人の中国人性（華人性）を表しているとか、当人の意図とは別にいろいろな重い意味が観察者によって読み込まれてきたのである。

この問題に改めて正面から取り組んだ研究に［津田・櫻田・伏木 二〇一六］がある。この研究では、ある個人の行動、組織の活動全部を「そうするのは華人だからだ」というように民族の特性に引き付けて本質主義的に理解するのではなく、調査対象の人々の生活を「行為実践の場から」読み解くことの重要性が指摘されている。確かに、この研究の基盤にある発想は「オリエンタリズム批判」をはじめ、かなり以前から提起されていたものである。しかし一方で、人間がとりとめない現実を理解するうえで物語（一定の解釈）を必要とするのも事実である。それでもなお、この問いかけはなぜ必要なのかという点について、筆者は本質主義的理解の習慣化が相互理解を妨げる（ある民族イメージを目の前の生身の個人に押し付ける）要因になるからではないかと考えている。この視点は、周囲からさまざまなイメージを押し付けられ、華人の固定的イメージの中でがんじがらめになり、中国と居住国の間の二つのナショナリズムに関係する部分だけが過剰に取り上げられてきた華人を見るうえで重要な示唆を持つものと考える。

(4) 西カリマンタン華人に即した研究

西カリマンタンの華人社会については、オランダ植民地期にはすでに歴史研究が進められていた［Groot 1885］。また華人の自律的政体であった「公司」の時代とオランダ政庁との関わりについては、［Somers Heidhues 1993, Yuan 2000］といった研究が存在する。しかしインドネシア独立後の時代の西カリマンタンに関する研究は長らく現れなかった。この背景には、すでに述べたインドネシアナショナリズムへの関心の集中があった。

後に詳述する、一九六七年に起きたインドネシア国軍による西カリマンタン内陸部の華人の追放事件に関する研究は少々存在する［Coppel 1983, Mackie 1976］。しかしこれは、西カリマンタン華人について通史的に取り上げるのではなく、この事件に特化して、インドネシア各地の華人社会で起こったことを検討するものである。また当時の研究は、得られる情報が限られていたため、新聞報道を資料としてなされており、十分に対象に迫ることができていなかった。二〇〇〇年代に入るまでは、インドネシアの現代史に関する研究は困難を極めたのである。

二〇〇〇年代以降に華人をテーマとした研究が盛んになったとはいえ、西カリマンタン華人の現代史を対象にした研究はソマーズ・ハイトヒュース、許耀峰（Hui Yew-Foong）の研究以外には管見の限り存在しない。

ソマーズ・ハイトヒュースの研究は、西カリマンタン華人の通史を書く初めての試みであった［Somers Heidhues 2003］。しかしこの著作においても焦点を当てているのは、インドネシア独立以前の西カリマンタン華人の歴史であり、用いられている資料はオランダ政庁によるものが大半である。インドネシア独立後の西カリマンタンの動向にも章が割かれているが、アウトラインにとどまっている。これはそれまで長期滞在して資料収集をすることがなかったための限界であると言えよう。また、華人同化論に依拠し、西カリマンタンにおいても、インドネシアへの帰属意識が増してきているとしている。

また、許耀峰の研究［Hui 2011］は、西カリマンタンでの長期調査に基づいた文化人類学の分野の初の達成と言えるだろう。参与観察、インタビューの成果を駆使して書かれている。

しかしながら、彼の研究は、詳細なフィールドのデータ集積の上に立ちながらも、結論としては地元民であるというのに、地元からは外来者（Strangers）と見なされる居心地の悪い思いをしてきた西カリマンタン華人がインドネシアへの帰属意識を持つようになったという華人同化のストーリーへの批判は含まれていない。これは彼が、華人の帰属意識に特に注目するために、そのような結論が導き出されているのだと考えられる。しかし、これから漏れ落ちる華人の実態があるのではないかというのが筆者の問いである。

また、許の著書では、西カリマンタンの地元華人の語りがクローズアップされる一方で、インドネシア国家との双方向的な交渉の過程に関しては詳細には描かれていない。その意味で、地域の内在的視点に特化したものであるが、それを完結した社会として描く傾向がある。本書では、西カリマンタンを世界の多様な地域につながる開かれた場所として位置づける。また、ソマーズ・ハイトヒュース、許耀峰両方の研究について言えるのは次のようなことである。それはいずれの研究も、インドネシアの国民統合という面から西カリマンタン華人を見ているという点である。すなわち、国民統合と関係がある部分を取り上げているため、どれだけその情報が詳細であろうとも、結局国民統合論に回収されてしまうという問題点があると考えられる。この傾向には、前述したような華人研究、ナショナリズム研究の持つ特徴が横たわっている。そのため、結局同化パラダイムに逆戻りしている。

二〇〇〇年代には、西カリマンタンの民族関係に関する研究が次々と発表されることになった。西カリマンタンが民族紛争地域として知られるようになり、その原因を探るという動機から研究が進められたのである。多くの研究が登場したが、その中でもデイヴィッドソン（Jemmie Davidson）とカンメン（Douglas Kammen）による共同研究［Davidson and Kammen 2002］や、デイヴィッドソンの単著［Davidson 2008］が最もよく知られている。

これらの研究成果により、「一九六七年華人追放事件」（サラワク由来の共産主義勢力と通じているとインドネシア国軍に見なされた内陸部の華人が沿海都市部へ追放された事件。後述）におけるインドネシア国軍によるゲリラ掃討の中で、西カリマンタン内陸部の華人も共産主義ゲリラと同一視され追放することが決定されたこと、またその過程で先住民族であるダヤク人が利用されたことがインドネシア国軍の資料から確証された。当該事件における国軍の役割を明確にしたことにより、この事件をダヤク人と華人の間の民族紛争とするそれまでの先行研究を塗り替えることになった。筆者もこれらの研究を援用する。しかしこれはあくまでもインドネシア国軍側から見た「一九六七年華人追放事件」像であり、実際に追放された華人への聞き取りもなされていない。本書は、国軍関係者や被害者となった華人、ダヤク人首長、一般のダヤク人、華人追放事件に関与したダヤク人など多方面の人々の証言とそれに関連する文字史料を利用することにより、この事件の包括的理解に取り組む。これについては第Ⅱ章において取り上げる。

最近の西カリマンタン社会に関する目覚ましい研究成果として、ダヤク政治史という主題に取り組んだタナサルディの研究が挙げられる［Tanasaldy 2012］。彼自身は西カリマンタンのムンパワ（Mempawah）出身の華人である。彼は西カリマンタン内陸部の個人宅に保存されていた行政資料やインタビューを駆使することでダヤク人の政治を二〇世紀初頭から二一世紀まで俯瞰している。この研究成果も本書にとって大変有益であるため、随所に引用した。

西カリマンタン華人に特化した研究では、スハルト体制期の同化政策を前提とした研究がインドネシア国内でインドネシア語によって二〇〇〇年代に発表された。スハルト体制期から研究を進めていたラ・オデ（La Ode）の研究［La Ode 1997, 2012］や、プルワント（Hari Poerwanto）の研究［Poerwanto 2005］である。これらは人類学、政治学的な方法論によって書かれており、データは豊富であるものの、結局「華人はいまだにインドネシアに同化していない。特に西カリマンタンにおいてそうである」という結論を導いている。

以上挙げた先行研究には、依拠できる資料の不足と関心の欠如から、インドネシア独立後の西カリマンタン華人について研究されることが少なかったこと、二〇〇〇年代に入って本格的に、西カリマンタン華人についての研究が登場したが、その思考枠組みは広く言えば「華人同化論」に基づくという限界がある。

また、「一九六七年華人追放事件」に先行研究が集中している一方、それ以前の時代の西カリマンタン華人社会と、それ以降の連綿と続くスハルト体制期、そしてスハルト体制崩壊後に変化が生じた様子については、その変化が大規模で明確であるにもかかわらず、それらを実証的、包括的に検討するという目的で書かれた論文、著書も存在しない。

(5)「辺境」からの視点

これまで西カリマンタン華人に関する研究動向を述べてきた。ここでは、本書で追究する西カリマンタン華人の経験をより広い研究動向の中にどのように位置づけることができるかということについて述べる。

「辺境」からのナショナリズム形成

東南アジア研究においてナショナリズムと国民統合が中心的主題だったことは確かであり、この傾向はインドネシアにおいては特にジャワに多い同化派華人が注目されてきた要因でもあった。本書もまたナショナリズムを考察対象としている。しかし、それを率いた人々ではなく、かなり後になってそれに加わった人々を中心に考察する。そして「加わった」＝「辺境からのナショナリズム形成」というものがどのような性質であるか、彼らには加わらないという選択肢もあったのであるが、加わったというのにはどのような彼ら自身の論理があったのかという点を追究する。

実際にはナショナリズム形成は紆余曲折をはらむものであり、中心においてナショナリズムが展開した後も、それが他の地域に展開する過程においては、その地域に住んでいる人々の自発的な国民国家への関与というよりも中央政府による抑圧と押し付けが発生する。国民国家がすんなりと立ち上がるわけではない。

東南アジアの王権の構造

元来、東南アジア地域は全般的に人口が疎であり、土地よりも人への支配が重要であった。そのため、各地の君主はその王国の周りの人々を支配したものの、領土は明確に線引きされるものではなく、中心（君主の居住している場所）から同心円状に広がっている権威があり、それがその中心からかなり遠い部分であっても曖昧に存続しうるというものであった［Tambiah 1976, Wolters 1982］。その辺境地帯においては、人々は、二人以上の君主の庇護下に入るということもありえた。国民国家の構造は、この緩やかな政体の構造とは性質の異なるものであった。

国民国家は、国境によってその近隣国と明確に区別される。東南アジアの国民国家は植民地国家の区分をもとに成立したものが多い。しかし、植民地国家においては、その国境を管理したのは宗主国であり、そこに住む大多数の住民ではなかった。彼らが独立を達成した後、国の主となった現地住民が一義的に定められる国境内部を自分たちのものと意識し、その外部に居住する人々を自分たちとは異なる人々だと見るようになる過程が、国民国家誕生の過程であったと言える。このような、それまでは存在しなかった統治システムがカリマンタン島に及んだ際、現地住民は多様な対応をしたはずである。

国境が整然と引かれ、それが実質的な意味を持つまで、サラワクと西カリマンタンの間には人々の行き来が頻繁になされていた。また、サラワクと西カリマンタンの華人は言語的・文化的にも類似している。そのような地域に国民国家が生じ、国境を明確にしていこうとするとそこには、それを押し通そうとする国民国家中枢の意図と現地住民との間で衝突、妥協、和解の一連の過程が生じる。

国民国家の国境と新たに定められた場所には、このような試行錯誤があり、その後にようやく国民国家の一員であるという意識が現地住民の間に生まれる。

国家の存在が自明ではない場所――「辺境」

前出の石川登の研究は、サラワクのインドネシア、マレーシア両国の国境地帯をフィールドにして、歴史人類学的手法でこの問題に迫っている。「辺境」においては、国民国家が成立した時点で截然と国境が画定され、それが実質化するのではないことが緻密なフィールドワークから明らかになっている［石川 二〇〇八］。

このような視点は、さまざまな論者が述べてきたところのものである。高谷好一は、想像の共同体論を批判して、ナショナルなものを想像するということ自体が現実を反映していないのではないかと述べる。生態史を研究した高谷は、政治学の描くような図式的な理解法に異議を唱え、そのような普遍的な概念を明確に発言することのできる政治家以外の「無告の民」と言われるような人々がそれを共有することはなく、彼らはそれとは別の原理を持っていると主張した。また、インドネシアに含まれる地域とはいっても、ジャワとその他の地域は別個の文化圏、生態圏を形成していると述べている［高谷 一九九六］。

また加藤剛は、行政空間や政治空間と自生的文化圏の間のギャップに注目する。彼によると、インドネシアは地理的空間というだけでなく政治的空間であり、その統治が及ぶ段階においては、それまでの自然な生態による区分とは無関係に線が引かれてしまうことになり、しかもそのように管理され始めると、政治的に閉じられた空間となってしまうと指摘する。たとえばスマトラ島では、東西で区切るのが自然であり、西海岸地域、真ん中の山脈地域、それから東海岸地域とその地域を流れる河川によった人々の暮らしに沿って出来上がる生活圏であるという。ところがオランダ政庁は、スマトラを面として統治しようとし、それまでの自生的な枠組みとは無関係に、南北軸による政治的行政空間を創出した。それは自然条件や環境、生態、人々の生活感覚から乖離したものとなり、閉じられた空間として認識されるようになったという［加藤 一九九六］。

また片岡樹は、タイ北部の山地民社会を研究する中で、国民国家形成の段階で、その統治が一律に行き渡るというのは理念的なものにすぎなかったと述べている。実際の国境地域では、タイ政府の政策にも裏表があり、表向きは国内の一元的統治を展開していたとされるものの、国境地域においては、山地民と中国国民党軍を使っての防共政策が推進されていたという［片岡 二〇〇四］。

ここで重要なテーマは、任意に区切られた国境線内に均質に主権が行使されるという近代国家モデルが実際にはどのように運営されてきたかということである。トンチャイは地理的身体（geobody）という概念をもとにタイの国家形成の歴史について論じている［Thongchai 1994］。しかしこれは概念上ということであり、国境線内の領域支配が確立することとは別である（確かにそうあらねばならない、という理念はナショナリズムの担い手には意識されるであろうが）。片岡の論文はその国境地域での領域支配を及ぼそうとする勢力と在地勢力、外国勢力（国民党軍、共産党勢力など）が入り混じってせめぎ合っている様子を緻密に描いている［片岡 二〇〇四］。ここで片岡が指摘しているのも高谷や加藤の指摘することと共通する。近代になって突如として登場した統治システムが、それを支える文化的基盤がないまま導入された権力装置であるがゆえに、それが機能するには、社会的文化的に適合的な形で埋め込むことが必要だったのである。そのため建前上の一律統治と本音の部分の地方ごとの文脈に沿った統治の食い違いが生じるのである。これらの研究を見ると、国家の「異物」性、人為性が浮き彫りとなる。

西カリマンタンの住民も、インドネシアという国民国家の枠組みを受け入れていくものの、彼らが国民国家の中央から求められるままに受動的にインドネシア国家の期待どおりに多数派に同化していったわけではないことは、本書が依拠する多様な歴史資料から読み取ることができる。

スハルト体制下で進められた華人同化政策においても、西カリマンタン華人は、国家勢力との交渉を繰り返し、その中で国家の意志を巧みに読み替えて、したたかに生き抜いてきた。そのような活発な活動を基礎にして、スハルト体制崩壊後、彼らは旺盛に政治参加したのである。

これまで見てきたように、先行研究の限界は、ナショナリズムに重きを置く東南アジア研究の中で、西カリマンタンに関して詳しく研究されたことがないこと、また華人についても、インドネシアのナショナリズムとの関連においてのみ議論されてきた、という点であると言うことができる。

これらの点を意識しつつ、先行研究で強調された、ナショナリズムとも親和性の高い、インドネシアの華人同化という思想についても再検討する。国家の影響・統治が自明ではない場所「辺境」で国家の意志の貫徹と現地の自主的秩序の間で、どのような葛藤があったのかをこれから時代を追って追求していく。その過程で国家の持つ「異物」性が顕わになろう。辺境の視点は、国民統合は絶対的な善であると信じられた時代が過ぎ去り、多様な地域間の国家を必ずしも介さないつながりが重要になっている今、意義を増していると筆者は考える。

3　インドネシアの華人社会

(1) 世界最大のアクティブな華人社会

インドネシアの華人人口は国民総人口の約二〜三%と推測される。絶対数では五〇〇万〜七〇〇万人にのぼり、マレーシア、タイと並び世界最大規模である［貞好 二〇一六：三］。インドネシア華人の語りの中には、オランダ時代の分割統治の影響で、華人がオランダ寄りと見なされたことにより、現地民（プリブミ）から浮いた存在となり、さらにそれが独立後も持続したために差別や暴動の対象になってきたというよく聞かれるストーリーがある。

特にスハルト体制期（一九六六－一九九八）には、インドネシア全国で華人同化政策のもと、中国語学習は禁止され、中国語学校も閉鎖された。しかし、ポストスハルト期（一九九八－）には、スハルト体制期に存在した華人に対するさまざまな制限が撤廃され、華人も文化的自由（自らの文化を公の場で表現する自由）、政治的自由（国籍問題の解決、また、政治参加の権利）を達成した。法律上だけでなく、人々の関わりの中でも年々華人に対する差別は改善されており、華人文化も称揚されている［北村 二〇一四］。このように、長らくインドネシアにおいて辛酸を舐めてきた華人も、二〇〇〇年代に入ってインドネシアに名実ともに受け入れられて生きることができるようになった。

二〇〇〇年代に入って、最初はおそるおそる始まった華人文化の表出（たとえば春節における祝い）は、年々華やかさを増し、インドネシアの社会の中でも受け入れられるようになり、インドネシアを彩る一つの文化として定着してきている。また、政治のうえでも華人が活躍するようになり、行政機関の長にも就任した。二〇一六年現在、ジャカルタ州知事として活躍するバスキ・チャハヤ・プルナマ（Basuki Tjahaja Purnama、通称アホック A Hok）はその代表例である。彼は二〇〇六年に西ブリトゥン州の州知事になり評価を得て、二〇一二年にジャカルタ首都特別州副知事に就任した。さらに二〇一四年、ジョコ・ウィドド（Joko Widodo）が大統領に就任したため、ジャカルタ州知事にまで上り詰めたのである。本書に登場する西カリマンタンのシンカワン市市長に就任したハサン・カルマン（Hasan Karman）は、アホックとその政治参加の時期を同じくした「同志」であった。その他、二〇一六年現在の西カリマンタン現副知事、クリスティアンディ・サンジャヤも華人である。華人の活発な政治参加はスハルト体制期には想像できなかった。

(2) 各地域の華人社会の特徴

上記はナショナルな華人の歴史であったが、「インドネシアの華人はこれである」と表現することには困難が伴う。インドネシアの華人社会とは言っても大変多様だからである。

まず中国における言語文化の差異に注目しよう。少数民族は言うまでもなく、漢族の中にも大きな文化的、言語的差異がある。特に上海以南の沿海部では、地域により言語の差異が大きい。広東語という別個の言語については日本でも知られているところであろう。しかしそのほかにも、潮州語、福建語、福州語、海南語、客家《はっか》語といった地方語は、地域ごとのバリエーションを持ち、その差異も際立っている。言語集団は基本的には出身地によるもので、広東語であれば現在の広東省、潮州語であれば広東省の北沿岸部、福建語であれば福建省南部、福州語であれば福建省の北部、海南語であれば海南島、客家語であれば広東省北部、福建省西部の内陸部を故地とする人々とさしあたり述べて差支えないであろう。彼らは、移住先の東南アジアにおいても言語集団ごとの結社を形成した。出身地域ごとの言語の差異ゆえに、それぞれの言語集団への帰属意識を持ち、それは特に一九世紀以前には中国人としてのナショナルアイデンティティに勝《まさ》っていた。

この状況が大きく変化するのは、二〇世紀初頭の中国ナショナリズムの興隆の時代であった。ジャワ島における華

図序－1　華南における移民の主な出身地

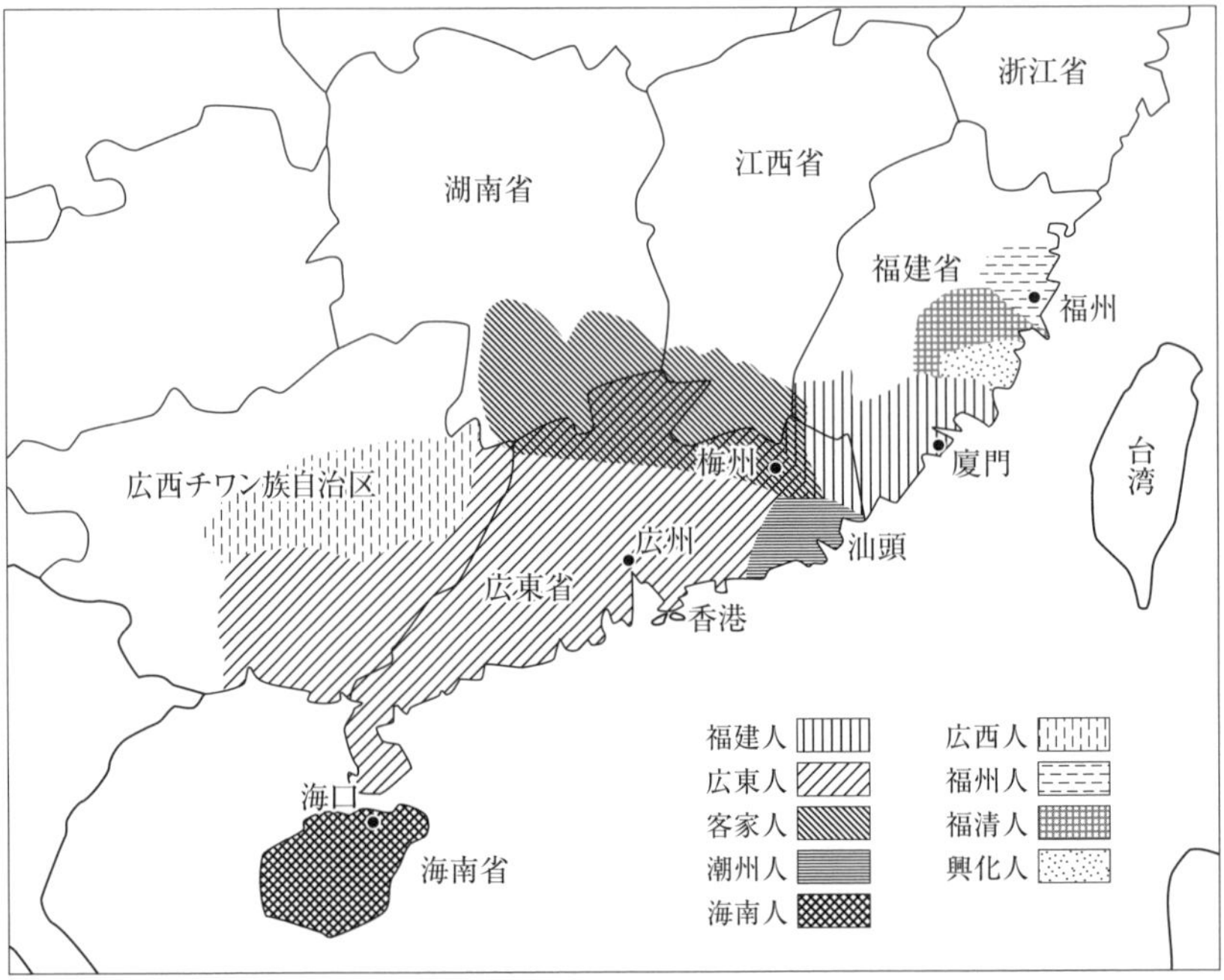

出所：山下［1987: 18］による。

人は総じて現地語（ジャワ語やスンダ語）を話し、彼らの多くは福建系であるにもかかわらず福建語など中国起源の言語を話さなかった。彼らには緩やかな移民の経緯があり、早期から継続的に中国から渡来し、商業に従事した。彼らのコミュニティーは、その後一九世紀後半以降の中国からの新たな大量移民（労働力としての移民）と、自分たちは違うという意識を持っていた。彼らはプラナカン（Peranakan）と自称し、後に大勢で渡来した労働者の華人を新客（Sinkeh）と呼んだ[10]。これに対し、スマトラやバンカ・ブリトゥンの華人は、オランダ植民地勢力と関係のあるプランテーション農園や錫鉱床の労働者として一九世紀後半以降に移民した人々である。彼らの特徴は、中国南部の言語、そして出身地の文化をジャワ島のプラナカン華人と比べて比較的保持していることである[11]。

西カリマンタン華人の場合、これらとは異なり、移民の歴史は大変古く、一八世紀中葉（オランダ勢力がこの地域に及ぶ前）から移住した客家人の集団が金鉱開発に関わっていた。彼らは独自の政体を持っており、出身地の言語文化を継承している。集団で移住した労働者中心の華人社会に、後代に渡来した人々が加わり、さらに二〇世紀に至るまで中国との往来が途絶えることがなく、より中国色を残した社会が形成された。

4 西カリマンタン社会の基層構造

二〇一〇年のインドネシア国勢調査によると、西カリマンタン州の全人口は四三九万三二三九人である。これに占める各民族のおおよその割合は、ムラユ人四〇%、ダヤク人四〇%、華人一五%、その他（ジャワ人、マドゥーラ人など）五%である［Somers Heidhues 2003:259］。(12)

西カリマンタン全人口に占める華人の割合から概算すると、西カリマンタンには六〇万人の華人が居住しているということになり、西カリマンタンは人口規模が小さい割には、華人がそれに占める割合が他の地域に比べて高く、インドネシアの華人の一四%が西カリマンタンに住んでいるという計算となる。これほどの密度で華人が集中している地域はインドネシア国内でも稀である。しかも西カリマンタンの華人人口は、西沿岸部、特に西カリマンタン州の州都でもあるポンティアナック市と第二の都市のシンカワン市に集中している。(13) 現在の西カリマンタン州は、オランダの統治下では西ボルネオ（Westerafdeeling van Borneo）という区分となっており、ポンティアナックにオランダ人の行政官（Resident）が住み、統治を行っていた。とはいえこの地域は、オランダとイギリスがそれぞれの領土を定める国境線を引いた一九世紀前半以降も、植民地政庁の支配網が行き渡るのに時間を要し、実質的、画一的な統治をつに徹底することはできず、地元の社会はオランダの表層的な権威のもとで、自律性を保っていた。

西カリマンタンにはムラユ人、ダヤク人、華人の区別が存在する。この民族区分は、以下に示すような歴史的過程を経て形成された。最も古くからカリマンタン島（ボルネオ島）に居住した人々（後にダヤク人と総称されるようになる人々）は、特に西カリマンタン州に限って言うと西沿岸部から内陸部までの広い地域で生活していたが、彼らはスマトラ島やマレー半島からの移民やアラブ系などのイスラム教徒の渡来により、沿岸部ではイスラム化した。彼らが緩やかなムラユ人意識を形成し、ムラユ人を自称するようになる。またイスラム化されなかった人々は内陸部に主に居住した［Somers Heidhues 2003:27-28］。彼らが現在ではダヤク人と総称される人々であるが、この「ダヤク人」という呼称は元来オランダ人が内陸部に住む非ムスリムを指して用いた言葉であった［Bamba 2008］。彼らの中には「われわれはダヤク人である」という意識はなく、各地域の言語、文化を同じくする集団としてカナヤン人（Kanayatn）、マニュケ人（Manyukeh）、イバン人（Iban）といった民族区分が存在したし、現在もその区分は残っている。

ダヤク人の間では、オランダ植民地末期より、カトリック教会の提供する教育を受けた人々の間で、ムラユ人に対して劣位にある人々全体の地位改善要求が叫ばれ始め、汎ダヤク意識が普及した。ダヤク人の多くは内陸部に居住し、油ヤシの大規模農園での労働、小規模なゴム樹液採取、稲作によって生計を立てている。また元来彼らは独特の精霊信仰を持っていたが、二〇世紀初頭のオランダから来たカトリックの宣教団の活動によってカトリック化が始まった［Somers Heidhues 2003:23］。

一九五〇年代まで内陸部のダヤク人たちは精霊信仰を保っていた。しかし、スハルト体制期に入り、反共の立場から宗教を持つことが政治的な理由で推奨されるようになるとカトリックへの改宗がさらに進んだ。

ダヤク人と華人との関係について重要なことは、二〇世紀に入る前までは、単身で中国から渡ってきた中国人男性はダヤク人女性と結婚することが多く、通婚が進んでいた点である［Ibid.:26-27］。現在のダヤク人の間でも親族の中に華人を持つ人もある程度おり、一部のダヤク人の間にも中国起源の姓が引き継がれている。ダヤク人と華人の親和性は、ダヤク人が華人をソバット（sobat）と呼ぶところにも表れている。ソバットはインドネシア語のサハバット（sahabat）にあたり、親友という意味である。華人も、ダヤク人との関係について語る場合にダヤク人と華人はソバットであると言うことが多い。

その近しさはたとえば、一九五〇年代の西カリマンタンの内陸部ムンジャリン（Menjalin）やトーホー（Toho）といった現在のランダック県（Kebupaten Landak）に属する内陸部において、ダヤク人と華人が共同で農作業をしたり、華人商人が内陸部に来て、ダヤク人の日用品をもたらし、ダヤク人の生活を支えたりしたという点にも表れている。[14]

一方ムラユ人は、西沿岸部のポンティアナックやムンパワ（Mempawah）、サンバス（Sambas）のスルタンの権威のもとに王国を形成した［Ibid:27–28］。ムラユ人は自らをイスラム教徒として規定するところが特徴的である。[15] スルタンをいただく西カリマンタン西海岸のムラユ人王国を中心として、マレー半島やスマトラとも密接な関係のあるムラユ人が生活しており、彼らが現在のムラユ人を構成している。もちろんマレー半島やスマトラ島からの移住者がイスラムを広めたのであるが、次第に西沿岸部でダヤク人の中にイスラムに改宗する人々が増え、彼らもムラユ人とみなされるようになった。現在でもダヤク人がイスラムに改宗した場合、当人はダヤク人社会から排除されてしまう。このように宗教のバウンダリーは社会的な区分として西カリマンタンでは明確に機能している［Ibid: 22］。

さらに、一八世紀中葉より中国華南地域からの移民が流入した。彼らの多くは広東省出身の客家系移民であり、スルタンたちの許可を得て金鉱開発に携わった。客家系華人の出身地は主に、中国華南の福建省・広東省の山岳地帯（梅州、恵州など）であるが、その一部は中国大陸の四川省などにも居住する。彼らは多様な方言に分かれる客家語を話す。客家系華人の東南アジアへの移民は、西カリマンタンの金鉱床採掘、マレー半島や蘭領東インドのバンカ島（Bangka）、ブリトゥン島（Belitung）における錫鉱床採掘の分野に多い。その初期には、羅芳伯（Lo Fong Pak, 1738–1795）という人物に率いられた客家人の集団が金鉱運営に携わり、自治的組織を形成した。これらの政体は一八世紀末から一九世紀中葉まで、植民地政庁も制御することができなかったほどに政治的、軍事的権力を持っていた［Yuan 2000］。

現在の西カリマンタンからマレーシア領サラワクにかけては、一八世紀から一九世紀にかけて金の採掘が盛んであった。最初、スルタンの指示のもとで金採掘に従事した客家人であるが、次第にスルタンに税のみ納めるだけになり、自治組織を築いていった。中でも有名なのは、前述の羅芳伯が創設した、西カリマンタン州中部を東西に流れるカプアス川流域のマンドル（Mandor）を中心とする蘭芳公司である。これは独自の警備隊を持ち、リーダーは構成員間の互選で選ばれた。彼らは一致団結して金鉱開発に従事し、砂金の取引も自分たちで行っていた。このほか、北部国境近くのモントラド（Monterado）周辺に栄えた和順公司も知られていた。西カリマンタン北部沿岸に位置するシンカワンは、金鉱開発に従事する客家人たちが通過する通路上にあり、交通の要衝として栄えた［Ibid. 2000］。

金鉱は南中国からの労働力を引き付ける力を持っていたが、一九世紀中葉に枯渇し始めた。客家人は、金鉱開発のほかに内陸部での農業（稲作、ゴム園、胡椒、コプラ）にも携わった。労働者としては男性が単身で南中国から移住したので、現地の人々との通婚が進んだ。華人の間では、イスラム教徒のムラユ人よりも宗教上の規制の少ないダヤク人との結婚がより好まれたようである。彼らの勢力範囲は、現在の西カリマンタン北西部のサンバス、シンカワン、ブンカヤン（Bengkayang）一帯とカプアス川流域のマンドル、アンジュンガン（Anjungan）を中心とする地域に広がっていった。華人社会の結束は、一九世紀後半に「公司」がオランダ勢力に敗退した後も強固であり、二〇世紀に入ってもオランダは公司戦争に明け暮れた。

ポンティアナックには、客家系移民とは系統の異なる潮州系移民が定住し、商業に携わった。潮州系華人は、中国広東省の潮州、汕頭を主な出身地とする民族集団であり、福建省南部で話される閩南語に近い潮州語を話す人々である。ただ、各「公司」の構成員や商業従事者が、特定の言語集団に限定されるわけではなかった。彼らの行動領域は広く、シンガポールやリアウ諸島との交易も多く行っていた。

5　二〇～二一世紀の西カリマンタン華人社会の動向

(1) 中国ナショナリズム

西カリマンタン、特に西沿岸部の都市部に多く居住していた華人は、二〇世紀の中国での政治変動に敏感に反応した。彼らは、交易活動を通じてシンガポールとの関係を緊密に保っており、日本軍政期には反日運動においてシンガポールの華人と協働した。また西カリマンタンの華人の中にもシンガポールや中国に渡り高等教育を受ける中で、中国ナショナリズムを強く抱く人々が登場した［Hui 2011:43–69］。

また西カリマンタンの華人が運営する中等教育機関においては、オランダ語ではなく英語と中国語が教授された。このようなオランダ植民地支配の枠組みに収まらない西カリマンタンのありようは興味ぶかいものである。西カリマンタンでは「オランダの枠組みを引き継いだインドネシアの誕生」という物語は共有されにくかった。

西カリマンタン華人にとっての公式言語は標準中国語であった。華人が運営する学校は中国文化継承の場として存在していたが、二〇世紀初頭の中国ナショナリズムの勃興の影響を受け、民族主義的色彩を持つようになった。さらに、一九四九年の中華人民共和国成立後は、二つの中国の間でそれぞれの政権を支持する学校が対立した。

(2) 日本軍政の傷跡

ムラユ系のスルタン王国はオランダとの協力関係にあった。オランダは統治階級であるスルタンに接近し、彼らを利用しようとしたのである。ダヤク人に対しては、オランダは特に実益を得ようとして近づくことはなかった。

ムラユ人スルタンにとって、日本軍政期（一九四二－一九四五年）にはオランダとの親密な関係が仇となった。当時オランダに加担したとして当時のポンティアナック王国のスルタンやムラユ人の名士は日本海軍憲兵隊に殺害された。インドネシア独立後も、ムラユ系スルタンは親オランダと見なされ、彼らの権威は失墜した。

日本軍により被害を受けたのはムラユ人だけではなかった。日本軍政に対する反乱を画策したとして、日本軍は華人知識人、有力者、資産家を日本軍に対する反乱を計画したとのかどで摘発し殺害した。殺害された人々の遺体はマンドルに埋められた。ここにはスハルト体制期に記念碑が建てられ、当時の日本軍による殺害行為を記念している。

日本軍は、一九四一年一二月二四日に英領北ボルネオ（現在のサラワク州）のクチン（Kuching）に上陸し、さらに、カリマンタン島東部のタラカン（Tarakan）には一九四二年一月一一日、さらに、一月二七日に西海岸のプマンカット（Pemangkat）に上陸した後、そのままポンティアナックに達した［早瀬二〇〇六：四〇］。

当初は陸軍が上陸したのだが、開戦前の規定により、西カリマンタンはスラウェシ島マカッサル（Makassar）に拠点を置く海軍が管轄することになった。この海軍の占領のもとで日本企業によるこの地域の開発が進むことになった［Somers Heidhues 2003:203–210, 早瀬二〇〇六：四〇－四一］。

日本軍政期には、ムラユ人の権威が失墜し、華人有力者も多くが殺害された。残ったダヤク人の中から、強力なイニシアチブが登場した。これが汎ダヤク主義であり、ダヤク人の指導者、ウファン・ウライ（Oevaang Oeray）に率いられたものであった。これは権力の空隙に起こったダヤク人の、西カリマンタンの現地民としての地位を高めることを意図した運動であり、スカルノの支持も受けて拡大した。このように一九五〇年代に入ると、西カリマンタン在地の動きとしてはムラユ系の失墜とダヤク人の権力増長、華人の間では、抗日戦争を通して中国ナショナリズムが高まり、さらには一九四九年の中華人民共和国建国後、国民党支持者と共産党支持者との間での対立も深まった。

(3) インドネシア国家の影響

一九五〇年代末まで、インドネシア国家の西カリマンタン華人に対する影響は限定的であった。しかし一九六〇年代に入り、西カリマンタンがマレーシア構想[16]に抵抗する共産主義者ゲリラの活動の舞台になったことがこの地域の華人の命運を左右した。

西カリマンタン州とサラワクの間の国境地帯で活動するゲリラは、マレーシア構想に反対するインドネシアのスカルノ政権の支持も受けて急成長した。ところが、インドネシアで一九六五年九・三〇事件後成立したスハルト政権は、カリマンタン国境地域の共産党ゲリラの掃討作戦を展開した。

この余波を受け一九六七年、西カリマンタン内陸部に居住していた華人は、国境地帯で活動していた、サラワク出身の共産主義ゲリラ（ゲリラ部隊の成員も多くはサラワク出身の華人であった）を支援しているとの嫌疑をかけられ、インドネシア国軍によって居住地を追われ、沿岸部のポンティアナックやシンカワンに強制移住させられた［戴・井草一九七四、Mackie 1976:127, Coppel 1983:145-149, Somers Heidhues 2003:243-255］。このとき、都市に流入した難民は六万人に上る［Davidson and Kammen 2002:72］。元農民であった彼らは、主な財産たる土地を失い強制移住させられたため、貧困の底に突き落とされた。彼らの間では困窮のあまり自らの子どもを売る者も現れ、栄養失調により多くの人々が命を落とした［Somers Heidhues 2003:252-255］[17]。また西沿岸部で元来商業に携わっていた華人も多かったが、彼らの商業活動も、一九六七年以降、一九七〇年代半ばまで軍の統制を受けた。この一連の華人追放と難民流入の過程を本書においては「一九六七年華人追放事件」と呼ぶ。

⑷ スハルト体制下の西カリマンタン華人

続くスハルト体制期には、西カリマンタンの華人は政治参加を阻まれ、政治を統制したのはイスラム教徒のムラユ人、移住してきたジャワ人、軍人であった。スハルト体制期には、華人に対する同化政策が強力に推進された。華人が政治参加するためには与党ゴルカルの賛同を得なくてはならず、実質上政治的自由はなかった。また政府による制限は、華人の文化、祭礼の分野にも及んだ。この時代、政府に協力するという選択肢しかなかった西カリマンタン華人は、政府との関係を良好に保ち、その中で自らの祭礼の自由を保障させようと最大限の努力を行った。特にシンカワンの華人の間でこの動きは盛んであった。

政治的な選択肢がなく、共産主義者の嫌疑をかけられる恐怖と隣合わせの華人は、専ら商業に精力を傾けた。生活水準の向上のためにジャカルタに移住する人々も増加し、ジャカルタの西カリマンタン出身華人の数は膨れ上がった。

これはシンカワンの華人とジャカルタの密接な関係を形作った。一九八〇年代には縫製業分野で成功を収める西カリマンタン出身の華人が続出し、タナアバン（Tanah Abang）地区の縫製業のかなりの部分を掌握するまでになった。

またこの時期、シンカワン周辺の若い女性が香港や台湾の男性と結婚する事例が相次いだ。外国人男性との結婚は、最初かなり逼迫した状況の中で始まった。しかし次第に、台湾や香港からの送金をもとに経済的に上昇する手段としての有効性が確かめられると、これを希望する家族が増え、台湾、香港、シンカワンの間の結婚斡旋のビジネスも発展した。

(5) ポストスハルト期の西カリマンタン華人

スハルト政権崩壊(一九九八年)後、華人に対する制限が撤廃されると、華人は政治の分野にも参入した。西カリマンタンもその例外ではなかった。それまで蓄えた経済的実力をもとに政治参加を果たした華人は、スハルト体制期に西カリマンタンの政治を独占していたムラユ人にとって脅威となった。ムラユ人の「ひとり勝ち」状態が終わることで、ポストスハルト期にはムラユ人、ダヤク人、華人の三つ巴の民族間の政治抗争が激化した。これは二〇〇七年にシンカワンで華人市長が誕生し、同年西カリマンタン州知事にダヤク人、州副知事に華人が当選を果たすという事態が現出した後、ますます顕在化した。

華人の政治活動への制限が撤廃されたことは、華人とその他の民族間の緊張関係を高めただけでなく、華人社会内での分裂ももたらした。特にシンカワンの政治の中でジャカルタを基盤にして成長してきた一派とシンカワン在地の人々との間で抗争が繰り広げられた。この対立はさまざまな現れ方をしたが、特にシンカワンにおける一大イベントである、中国正月十五日目の元宵節における伝統行事のイニシアチブをめぐる争いで激化した。

ポンティアナック市においても、それまでの在地で華人社会を統率する役目を帯びていた「西加孔教華社総会」(Yayasan Bhakti Suci)の勢力に対して、若い世代の華人がこれとは別の組織を立ち上げ対抗するようになった。このようなことは華人の活動が政府によって制限されていた時代には起こりえなかったことであり、自由ということになったので、華人と非華人の間においても、また華人社会の中においても対立が深まったのである。

華人が多数を占めるシンカワンやポンティアナックで起こったこれらの事例は、今後のインドネシア全国でますます顕著になるだろう華人の政治参加の実験場という意味合いも持ちうる。

また、地場産業の不足、貧困などシンカワンを中心とする客家系華人社会が抱える問題も解決されることなく残っている。しかし一方で、香港や台湾に結婚を機に紐帯を築きつつ、ジャカルタでは縫製業を中心として成功者を続々と生み出している。

このように、インドネシア独立後、一九五〇年代においては、西カリマンタンにおけるインドネシア国家の影響は限定的であった。ところが一九六〇年代の政治変動を経て、この地域はインドネシア国軍によって、いわば強引にインドネシア国家の枠組みに引き入れられた。その枠組みの中で、西カリマンタンの華人は、インドネシア国家との関係を引き受けつつ、自分たちの生活の場を切り開いてきたのである。

6 研究方法

本書は、文献資料とインタビュー調査結果を組み合わせるという研究方法を採用している。多くのインタビュー調査を行い、その結果の用い方を工夫しつつ論述に用いている理由は、研究に利用できる文字史料が西カリマンタンにおいては極端に不足しているからである。オランダ統治期については、オランダ本国およびジャカルタの国立公文書館にオランダ側の残した史料が存在する。しかし、これはインドネシアの一九五〇年代の歴史資料に共通することであるが、インドネシア独立間もない時期、特に一九五〇年代の文字史料は極端に少ない。西カリマンタンに関する史料はなおさらのことである。さらにスハルト政権期、中国語で書かれていた史料は、中国語禁止令のもとで多くが失われた。

このような状況下で西カリマンタン華人に関する文献調査を行うのには困難が伴った。文献資料を利用するにしても、それは文書館で体系的に資料収集することもできず、人的ネットワークを頼り、個人所蔵の文字資料を複写する、あるいは普段部外者が立ち入りを禁じられている部署に、知り合いを通じて特別に許可を得て資料調査を行うなど、その場に応じた調査の方法を考える必要があった。

このように文字史料が不足しているため、次善策としてインタビュー結果を利用したことがまずある。しかし、インタビュー資料を用いる際にそれよりも重要な点は、人の記憶をもとにして何かを述べる際に、それが忘却と事実歪曲によって、事後的に想起されるものであるという現実に無自覚であってはならないということだ。この点は十分に配慮した。また、インタビューをもとに「いつ、誰がどうした」というように文中に埋め込み、歴史記述の文体にするのではなく、一つの事件に関して「誰々はこれについてこう言っている。その他の立場の人は同じ事件に関してこう言っている」というように、誰に対するインタビューで、その人物はいかなる人物かを本文中に記載する手法により、一つ一つの語りの主体を浮かび上がらせる手法を採用した。

これに関してインタビュー結果の寄せ集めではないかという批判は免れえないだろう。しかしこれによって、歴史記述の中に埋め込むことである一つの立場が特権化するのを意識的に避け、歴史の見方を多面的にすることを企図した。そのほかに筆者が拠った史料を以下に挙げる。

一九五〇年代に関しては、当時シンカワンに存在した華人の運営する学校、南華中学の校友会の記念誌［南中特刊委員会 二〇〇九］および、南華中学を卒業し現在香港に居住している人々が編纂した記念誌［成・鐘 二〇〇八］を用いる。この史料は回顧録である以上、同時代史料とは言えない。しかしその点を考慮したうえで引用した。

一九六〇年代の西カリマンタンに関する史料には、当時の共産ゲリラ自身による史料群がある。筆者は、当時西カリマンタンやサラワクでゲリラ活動に参加していた人々と知り合う機会があり、彼らから多くの情報を得たほか、西カリマンタンで共産主義活動に参加した林世芳による、西カリマンタンの共産主義運動および一九六七年華人追放事件に関するインタビュー調査を基盤にして書かれた書籍［林 二〇一〇］を参照した。その他、サラワクで行ったインタビュー結果や、サラワクゲリラがこれまで公刊してきた書籍も参照した［蔡二〇〇〇、幹二〇〇九、莉二〇〇三、盧二〇〇九、羅二〇〇三、揚二〇一〇、盧二〇一二］。

第Ⅲ章で用いたスハルト体制期の史料では、一九七四年にポンティアナックで発行が始まった『アクサヤ（*Akcaya*）』紙を使用した。この新聞の創始者はタブラニ・ハディ（Tabrani Hadi）という州官庁（Kantor Gubernur）に勤務していた公務員である。彼は元来、州政府の広報部に属していた。よって『アクサヤ』は、政府の広報誌という意味合いを持っていた。よってこの新聞は、特に政府がどのように華人社会を見ていたかがわかる資料と言える。もちろんそのためにかかるバイアスには十分な検討を要する。西カリマンタン州立図書館の『アクサヤ』コレクションは不完全なものであったため、特別許可を取得し、西カリマンタン州官庁（Kantor Gubernur Kalimantan Barat）の参考図書室において調査を行った。

ポストスハルト期については、この時期に登場した西カリマンタン華人を束ねるという意図を持った組織、中華文化慣習協会（ＭＡＢＴ）に関する史料は、二〇一二年当時の当協会会長、ハルソ氏から譲り受け複写した。また、ポストスハルト期に『アクサヤ』紙が名前を変えて生まれ変わった『ポンティアナックポスト（*Pontianak Post*）』紙、およびこれと並び西カリマンタンで購読者が多い『ボルネオトリビューン（*Borneo Tribune*）』紙を使用した。さらにジャカルタのシンカワン同郷会である山口洋地区郷親会（*Permasis*）が発行している『Permasis 広報（*Buletin Permasis*）』、ジャカルタの西カリマンタン出身のコミュニティーで広く読まれている『カリマンタン情報（*Info Kalimantan*）』を主な同時代の文字史料として利用した。

インタビュー調査は質問票を用いない自由口述方式によって行った。各インタビューは、特に詳細を記した注に断りがない限り、筆者との一対一のインタビューである。また、基本的に調査はインドネシア語を用いて行った。

7　本書の構成

本書執筆の目的は、一九五〇年代には「インドネシアの外部」に位置した西カリマンタン華人が、インドネシアという国家に組み込まれていく過程を分析することである。彼らは受動的に組み込まれていったように見えるものの、彼らがたどったのは、国家勢力との絶え間ない交渉の中で、彼らなりの落としどころを探る過程であった。この過程を明らかにし、スハルト体制崩壊後に華人の国家政治への直接参与を生み出すまでに至った原因を歴史的に分析することを主眼とする。

本章は以下の四章から成る。

第Ⅰ章では、一九五〇年代の西カリマンタン華人社会を検討する。当時の華人社会の性質、その帰属意識が表れるメディアの状況および、華人の文化継承と思想形成に影響を与えた学校教育の諸相を分析する。しかしながら一方で、インドネシア国家との関わりは限定的であったとはいえ、西カリマンタン華人は、一九五〇年代末に生じた華人の国籍問題を経験することによって彼らの日常生活に忍び寄る国民国家の存在をかすかに感じ取るようになった。

続く第Ⅱ章では、西カリマンタン華人に大きな衝撃を与えた一九六七年華人追放事件に焦点を当て、当該事件の原因、経過、帰結を分析する。この事件はインドネシア国家の存在感が前面に登場した画期であった。この時代、西カリマンタン華人は、国家にとっての脅威と見なされ、国軍による監視の対象となった。

第Ⅲ章では、スハルト体制期に発動された華人同化政策に対し、西カリマンタン華人がどのように対応したのかを考察する。当時、確かに中国起源の文化の公的な場での表出は制限を受けていた。しかし彼らはその制限があることを受け入れたうえで、国家勢力と交渉していた。これは、一九五〇年代には西カリマンタン華人がそれほど意識していなかったインドネシア国家の存在が彼らにとって前景化していく過程でもあった。

第Ⅳ章では、ポストスハルト期（一九九八－）に西カリマンタン華人の間、また西カリマンタンの華人とその他の民族との間で起きた変化について考える。内容は多岐に渡るが、スハルト体制期に課せられた華人に対する諸制限が撤廃されたことにより、華人の政治参加が加速したこと、またそれに伴い、その動きに不満を覚える勢力が登場し、民族間の関係が悪化したこと、さらに、華人の文化表象が西カリマンタンにおいてどのように展開したのか、についても検討する。それは、一つには、ハサン市政で登場した市政を挙げての文化表象であり、もう一つは二〇〇〇年代になって盛んに撮影されるようになったシンカワンを舞台にした映画表象である。

終章では、本論における議論の整理を今いちど行い、「辺境」に暮らす華人とインドネシア国家の関係の歴史からどのような知見が導き出せるのかについて考察する。

注

(1) 九・三〇事件とは、インドネシア陸軍の中の左派中堅将校がスカルノを擁護するためとして、首都ジャカルタでクーデターを決行し、六人の陸軍高官を暗殺した事件である。事件の背景にインドネシア共産党が存在していることに疑いを持たない陸軍、そして陸軍のトップに上り詰めようとしていたスハルトは、この事態を収拾するため、共産党員とその同調者に対して容赦ない弾圧を行い、治安維持を図った。

(2) インドネシアの独立を目指す勢力との提携を画策したインドネシア華人党(Partai Tionghoa Indonesia, PTI)がオランダ植民地期の末期一九三〇年代から登場する[貞好 二〇一六:六九－一一二]。

(3) プリブミは「土地っ子」を意味する言葉で、ブミプトラ(Bumiputra)と同意である。特に華人は、スハルト体制期において、そのノンプリブミ(Non-Pribumi)性が強調された。

(4) マラヤ共産党などの例がある。また当時中国は、東南アジアの華人に関して、祖国である中国における新国家の建設に参加するように盛んに呼びかけていた。また実際に中国に帰還する大規模な動きがインドネシアでも生じた。

(5) インドネシア国籍協商会は一九五三年に蕭玉燦(Siauw Giok Tjhan)によって結成された。彼は一九一四年、スラバヤに生まれ、オランダ植民地期には多民族協和的なスカルノのインドネシア建国の理想に共鳴し政治活動に没頭した。インドネシア独立後はインドネシア国籍協商会を設立し、当時まだインドネシアに属するという意識が希薄であった華人に、インドネシア国民として生きることを説き、インドネシア国籍を取得するための各種援助を行った。彼はまた、一九五〇年から一九五九年の間、インドネシア国民議会議員も務めている［Siauw 1999］。

（6）同化派華人としては、オランダ期においては、オランダ支配に対して比較的肯定的な中華会（Chung Hua Hui）派、オランダ勢力に対抗してインドネシアナショナリズムとの共闘を目指したインドネシア華人党（Partai Tionghoa Indonesia, PTI）、インドネシア独立後は、このＬＰＫＢが挙げられる。ＬＰＫＢが掲げる理念は、華人的な性質を最小化して、インドネシアの地元の文化に溶け込むのが良いというものであった。華人はインドネシア各地の地元民に同化（asimilasi）するべきとしたのである。これに対して、インドネシア国籍協商会は、華人としての性格を残したまま、インドネシアを構成する、ジャワ人やスンダ人といったカテゴリーと同列に華人もインドネシアに統合（integrasi）されるべきであると主張した。この発想は、華人というカテゴリーがインドネシアにおいて最終的に消滅してしまうことを理想とする同化派とは異なっている。一九五〇年代末から一九六〇年代初めにかけて、新聞、雑誌上で同化・統合論争が繰り広げられた。またスハルト体制においては、この同化派華人の主張が国策化した［貞好一九九五；一九九六］。

（7）スハルト体制期には、華人に関する問題はＳＡＲＡ（種族 Suku、宗教 Agama、人種 Ras、集団間関係 Antar golongan）という略語によって表現される政治的タブーに抵触するとされ、国家によって厳しく統制された。

（8）中国名は廖建裕である。インドネシアに生まれだが、シンガポール国籍を取得し、シンガポール国立大学を拠点にインドネシアを中心とする東南アジアの華人に関する包括的な研究を進めてきた。

（9）オーストラリア国立大学を拠点にしてインドネシアの華人に関する多岐にわたるテーマで研究を行った。

（10）新客（Sinkeh）自体が福建語読みであり、彼らが新しい移民のことを指して呼んでいたことを表していると言えよう。

（11）このような華人のあり方を「トトック（totok）」と呼ぶことがある。これはジャワ語で「純粋、まじりっけなしの」という意味である。

（12）東部ジャワのスラバヤから近いマドゥーラ島を出身地とする民族集団で、敬虔なイスラム教徒としての自意識を持っている。西カリマンタンへの移住は一九世紀からすでにあったが、スハルト政権期にその数は飛躍的に上昇した［Somers Heidhues 2003:274-275］。

（13）シンカワン市の二〇〇九年センサスデータによると、人口二四万六三〇六人のうち華人四九・六％、ムラユ人二三・四％、ダヤク人九・五％、マドゥーラ人七％、その他一〇・五％である。また、ポンティアナック市の二〇〇六年センサスデータによると、華人三二・一五％、ムラユ人二五・七一％、ブギス人一二・九六％、ジャワ人一一・五％、マドゥーラ人六・二六％、ダヤク人二・七九％となっている。統計『数字に見るポンティアナック市二〇〇六年（Kota Pontianak Dalam Angka, tahun 2006）』による。ポンティアナックでは、ダヤク人の比率が少ないのが注目される。シンカワン市においてもダヤク人の比率は少なく、ポストスハルト期の両市の選挙においても華人対ムラユ人の構図が両都市で見られることになった。

（14）曾松輝、黄国謀へのインタビュー、ポンティアナック郊外のシャンタン郡、二〇一一年六月二四日。アプイへのインタビュー、ポンティアナック、二〇一二年六月二六日。

(15) 現在でも「ムラユに入る(masuk Melayu)」と言えば、イスラムへの改宗を意味する。

(16) マラヤ連邦のアブドゥル・ラーマン首相(Tunku Abdul Rahman)が主張した、マレーシア半島部、サラワク、サバを含めて独立政体を作るという構想である。

(17) 元難民の生活水準は現在までも特に低く、シンカワン郊外のロバン(Roban)やコピサン(Kopisan)といった彼らの居住地域は質素な家が密集している[Karman 2010]。

第Ⅰ章　インドネシア国家との弱いつながり

本章では、本格的にインドネシアの国家権力と遭遇する以前の西カリマンタン華人社会の動態について、特にインドネシアのオランダからの独立（一九四五年）から一九六〇年代前半までの状況を取り上げる。この時代の華人社会がどのように構成されていたのかを可能な限り追究するのは、一九六〇年代以降、特に一九六五年九・三〇事件以降の西カリマンタン華人社会の大変化を理解するうえで不可欠だからである。当時の華人社会が一九六〇年代以降、さらには現在と比較してどのように「違っていた」のかを理解することは歴史研究の主眼の一つとも言えるだろう。

インドネシア独立当時の同国の華人社会の状況は極めて多様であった。インドネシアの中心に近いジャワのプラナカン華人は、新しく成立したインドネシア国家に対して、それに反発するも同調するも自らのものと受け止め、中国に移動するなり、オランダに移り住むなり、インドネシアに残って生き続けることを選択するなど、インドネシアの成立を踏まえた行動を取った。しかし同時期の西カリマンタン華人社会には、そもそもインドネシア国家成立の直接的な影響はまだ及んでいなかった。一九五〇年代においては、当地の華人たちにとって、ジャカルタよりもシンガポールの方が地理的にも心理的にも近かったのであり、実際に人の行き来も盛んであった。また、西カリマンタンと地続きの現在のマレーシア領サラワク州は、当時はイギリスの統治下にあったが、こちらとの相互交渉の方が、ジャカルタとのそれよりも活発であった。このような地域の特性を考察することによって、ある地域が国民国家に編入されることの暴力性が浮き彫りになる。西カリマンタンは自明のように国民国家インドネシアに組み入れられたのではなく、一九六〇年代の軍事支配をもってそれは成し遂げられたのである。

特にインドネシアの場合、あたかも多様な地域に住むさまざまな背景を持つ人々が協力してインドネシア国家、インドネシア民族を創造したというナショナルヒストリーがよく語られる。しかし、国家の支配が及びにくく、しかもその支配のほころびが見えやすい国民国家の「辺境地域」とも呼べるような西カリマンタンの歴史状況を振り返るときに、国家の領域支配が及ぶ条件として、単に合意形成過程や「想像の共同体」論ではすまず、強制的な国家による統治が必要であるという、国民国家形成のリアリティーを感受することができるのである。

一九五〇年代、西カリマンタンの華人と一言で言っても、その自己認識のあり方にはさまざまな様相があった。まず、二〇世紀初頭の中国ナショナリズム勃興の時期以前からの、潮州人、客家人としての同胞意識があったが、それに加えて、二〇世紀になって「われわれ中国人」という自己認識が力を持ち始めた。

また、華人の自己認識は居住地域によっても異なっていた。西カリマンタンの内陸部では現地民とは異なる中国系であるという共同意識、ダヤク人との一定の距離を置いた連帯感などが混ざり合った状態であった。一方、一九四九年の中華人民共和国成立は、西カリマンタンの都市部の華人社会に大きな変化をもたらした。中華人民共和国の成立を自分たちの喜びとしてかみしめ、自分たちをその一員と考える機運が高まったのである。これは、抗日戦争に際し、中国を支援する行動が東南アジアの華人社会においても明確に表れてくるのと軌を一にして登場してきた。そして、日本敗戦後、国共内戦を経て一九四九年に建設された中華人民共和国は、祖国を解放し統一を達成した政権として海外の華人にも強力な支持を受けることになる。一九五〇年代前半の、この新しい国への希望が満ち溢れていた時期には、西カリマンタンからも多くの若者が大学教育を受けるために続々と中国を目指した。これは、中国語で教育を受けてきた彼らからすればごく自然な選択であった。

本章では、インドネシア国家との弱いつながりしか持っていなかった一九五〇年代の西カリマンタン華人が、どのような自己認識を持ち生活していたのかを考察する。そのために、一九五〇年代の西カリマンタン華人の教育とメディアの問題を取り上げる。特に、シンカワンおよびポンティアナックにおいて、一九五〇年代に活発に活動していた華人が運営する学校の具体例を検討する。それに続き、内陸部にも展開していた華人社会の独特な社会状況についても考察する。さらに、限定的ではあるが存在した、当時の西カリマンタン社会に対するインドネシア国家の影響についても述べる。一九五〇年代末、特に西ジャワを中心として外国人の商業活動制限が施行され、これを契機として多数の華人の中国への移住が生じたことはつとに知られている。しかし西カリマンタンにおいては、その独特の「辺境性」のため、この政策は徹底されることはなかった。そのため西カリマンタンにおいては、商業活動制限と華人の中国帰還との関連性については不明瞭であった。西カリマンタンの場合はむしろ、シンカワンの北に位置する港町プマンカット（Pemangkat）で一九六〇年に起こった大火災に際して、中国政府がそれによって住居をなくした華人を救助するために船を送ったというこの地域独特の事情の影響が大きかった(1)。

1　西カリマンタンにおける教育とメディア

一九五〇年代の西カリマンタン華人は自らの住む地域や民族をどのように捉えていたのであろうか。彼らが自らを世界の中に位置づける際に、それは西カリマンタンの民族関係の中でなのか、西カリマンタンという地域的な括りか、あるいはインドネシアというナショナルな括りか、トランスナショナルな華人という括りか、自らは中国に属するという認識なのか、という点である。またそれは一人一人が選択するというよりも、集団の中での、あるいは集団間のコンテクスト、コミュニケーションの場に依存するものである。「出版資本主義」をナショナリズムの源泉の一つと主張するアンダーソンは、この出版資本主義により、直接に顔を合わせずとも、文字言語の共有によるナショナルな括りでの共通の出来事の追体験を通じて、同じ境遇にあると自覚した人々の間に連帯意識が生まれたと説く［アンダ

ーソン 二〇〇七]。これを踏まえると、一九五〇年代の西カリマンタンの華人メディアが専ら中国語のものであり、中国での同時状況を報じる内容に親しんでいたことは、彼らの自己認識を考えるうえで重要である。一方、ジャワのプラナカン華人は、中国語が読めず、オランダ語や現地マレー語の読み書きをした。またプラナカン華人知識人たちは、マレー語を用いて新聞を発行し、優れた文学作品を生み出していた。これと対照的に、西カリマンタンにおいては、知識人の言語は専ら中国語であった。ジャワのプラナカン華人には閉ざされており、西カリマンタンの華人には開かれていた中国語の言語空間という「想像の共同体」は、容易にシンガポールおよび中国に接続するものであった。

さらに、西カリマンタンの華人が運営する小学校レベルの教育機関は、古くは、二〇世紀初頭に中国ナショナリズムが勃興する以前から、沿岸部の華人が特に多い地域はもちろんのこと、大きな華人コミュニティーが存在した内陸部の金鉱地帯においても存在していた。これらの学校は二〇世紀に入って増加し、都市部では中等教育機関も作られていった。二〇世紀に入ると中国南部から渡ってきた教師がこれらの中国語の学校で教えるのが一般的となった。また、ポンティアナックやシンカワンのような中規模以上の都市には中等教育機関が誕生した。ポンティアナックの坤甸中学[(2)]、振強学校、シンカワンの南華中学はその代表である。教師の中には西カリマンタン出身でありながら、中国に一時期住み、そこで高等教育を受けた人々が多かった。一九四九年の中華人民共和国成立後、中国帰りの教師の影響を受け、学生の間では中国への愛国心が育まれた。この愛国心の高揚の発端となったのは、抗日戦争に際しての「中国人」の団結意識であった[Hui 2011:76]。西カリマンタンにあった中学校、高等学校を卒業した後、中国の大学に進学する人も多かった。

一九五〇年代、西カリマンタンの華人は総じて、自らがインドネシアという国家に属するとは思っていなかった。インドネシアという存在は知っていても、それに自分たちが属することになるとは夢にも思わなかったのである。一九五〇年代の西カリマンタンの華人社会においては、生活言語は潮州語や客家語であり、そのほかに内陸部のダヤク人との関わりの多い生活状況においてはダヤク語[(3)]を用いていた。

2　自生的教育機関と中国ナショナリズムの流行

二〇世紀に入る以前から、西カリマンタン各地に中国語を用いて子どもたちを教育する小規模な学校が存在したが、「中国人」としての近代的なナショナリズム概念とは関係のないものであった。彼らは、客家語や潮州語といった現地語を教授言語にした教育を通して、客家人、あるいは潮州人としての文化継承を行っていた。一八三八年には、モントラド（Monterado）に四つ、マンドル（Mandor）に三つの学校があった。当時、この地域で活動した宣教師の記録によると、相当数の大人は読み書き能力を持っていたという。シンタン（Sintang）のような内陸部においても、一八九九年に学校があったことが報告されている。そこでは、農業（主にゴム栽培）を行う人々の子どもたちは中国語を学習していた［Somers Heidhues 2003:186］。オランダ政庁の記録によると、一八九〇年、西カリマンタンには華人が設立した私立学校が四六校あり、生徒は二六三人いた。また一八九九年には、学校の数は五四校に増加している。これは、ジャワを除いた中国語が教授される総学校数の三分の一を占めていた。西カリマンタンの学校数は、一九〇一年には八〇校に増加しており、一〇〇九人の生徒がいた［Ibid.:187］。二〇世紀に入るとこれらの学校にも中国のナショナリズムの影響が深く刻まれるようになる。一九二二年に西カリマンタンの華人が自ら運営する学校を調査したオランダ政庁の役人は「学校は中国ナショナリズムの影響を受けているものの、オランダ人に抵抗するものではない」と書き残している。オランダ政庁としては、教師のみを監視対象とし、学校に関しては監視をしなかったようである［Ibid.:187］。

第二次世界大戦前において最も有名であった学校は、ポンティアナックにあった中華学校であった。これは、一九〇八年にポンティアナックの有力者が作った学校である。一九三九年には、この学校には二二〇人の生徒がいた。同じくポンティアナックの中等教育機関であった振強学校には、二〇〇人以上の生徒がいた。またこの学校には徳育学校という名の女子部があり、一六〇人ほどが学んでいた［Ibid.:187-188］(4)。

ソマーズ・ハイトヒュースが著作の中で強調していることは、これらの学校は、ジャワと同時期に設立されているが、ジャワから西カリマンタンへの影響はほとんどなかったことである。それを証明する事例がある。一九四〇年代に華人の歴史を記述したニオ・ユラン（Nio Joe-Lan）は、二〇世紀初頭の華人の教育機関として有名な「中華会館（Tiong Hoa Hwee Koan, THHK）」(5)の歴史にも触れているが、そこでＴＨＨＫは、西カリマンタンにおいてはまったく組織的な活動をしていないとし、南カリマンタンのバンジャルマシン（Banjarmasin）の中華学校はＴＨＨＫ系であったが、西カリマンタンの学校は別系統であったと述べている［Nio 1940］。オランダ政庁の史料によると、当時、多くの西カリマンタンの華人の子弟がシンガポールで教育を受けていた。バタヴィア（Batavia、現在のジャカルタのオランダ植民地期の名称）ではなくシンガポールとの紐帯の方が強く、シンガポールの新聞を購読することも可能であった［Somers Heidhues 2003:188］。

ここから見える、西カリマンタン華人の中国ナショナリズム興隆以降の「中国人化」の過程は、第一にジャワの同時期の活動を経由していなかったという特徴がある。それまであった中国語の教育機関は、中国ナショナリズム勃興後のその影響を受けた教育内容が接ぎ木されることによってスムーズに発展した。その間に、ジャワのプラナカン華人が経験した葛藤はそれほどのものではなかった(6)。また彼らの間にはすでに自前の中国語教育が浸透していたために、オランダ政庁がオランダ式の教育を普及させようとしても、西カリマンタンの華人はそれほど呼応しなかった。一九二〇年のオランダ政庁の報告の中には、「オランダが華人のために設立したオランダ語学校であるオランダ中国人学校（Hollandsch-Chineesche School, HCS）に西カリマンタンの華人が関心を寄せないのは不思議だ」という記述がある［Ibid.:189］。西カリマンタンの華人がオランダ語よりも重視したのは標準中国語と英語であった［Ibid.:189］。宗主国の言語よりもより広がりを持つ言語への関心が高いというのは、オランダの植民地支配の境界に必ずしも収まらない彼らの帰属意識の特徴の一端を表すものと言えよう。

一九三〇年代になると、西カリマンタンにおける華人が運営する学校は一〇〇以上になる。シンカワンの北に位置する港町、プマンカットにも四つの学校があり、そのうち二つは、客家系住民が運営していた。一つは潮州系、もう一つは福建系であった(7)。また、華人社会を束ねる組織である「商会（Siang Hwee）」が一九〇八年に設立された。この支部は各地にあり、ポンティアナックの本部が全体を統括していた。その他、中国のナショナリズム思想について議論する勉強会も各地で発展した［Ibid.:191］。

ただ、これらの学校が中国の動きと連動していたかというとそうでもなく、中国内部でもまだ分裂状態が続いていたために、本格的に「中国人」意識が高まるのは、やはり日中戦争（一九三七－四五年）以降であった。この時代に、反日を旗印にしてシンガポールと西カリマンタンの華人が協力するという動きもあった［Hui 2011:35–69］。たとえば、西カリマンタンで日本統治時代に抗日運動の組織として「西盟会」が組織された。その結成時の成員には、シンガポール出身の人物が散見される［Ibid.:52］。また、一九五〇年代に西カリマンタンで普及していたメディアには、『黎明報』や『誠報』のようなポンティアナックで発行されていた新聞、ジャカルタの中国語紙に加え、シンガポールで発行されていたものも含まれていた［Ibid.:80］。

西カリマンタン出身者で、中国大陸で日本軍と戦った経験を持つ人もいる。このように「反日」を媒介にして、彼らの中国人意識は頂点に達したと言える。日本降伏後、国共内戦、そして、一九四九年中華人民共和国の成立による「祖国の解放」という物語を共有する人々が育っていった。許耀峰によれば、一九四五年に結成された「中華公会」が当時の華人社会を束ねるうえで重要な役割を果したという。「中華公会」は、西カリマンタン各地に支部を持ち、教育も統制していた。そこでは「標準中国語を」教えるのではなく、「標準中国語によって」教え、「祖国中国（彼ら自身が生まれたのは西カリマンタンであるにもかかわらず）」の建国を助ける「中国人」として育てるという方針が採られた［Ibid.:71–73］。シンカワンの南華中学はちょうどこの時期に設立された学校であり、設立当時からこの理念を重視していた。それまであった華人の運営する学校においても、この路線を受け入れつつ、その内実は、それまでのどちらかというと土着の華人の学校といったものが「中国人」の学校に変化していったのである。

一九四九年、中華人民共和国が成立すると、これらの「中国人化」した人々の間に新たな問題が生じた。「二つの中国」が並立することになり、台湾の国民党政権支持者と中華人民共和国支持者の間で対立が深まったのである。この様子は、西カリマンタンに生まれた華人の一部が「中国人化」した証拠である。

許耀峰によると、当時の西カリマンタンでは「藍派」（国民党政権支持）と「紅派」（中華人民共和国支持）が、学生を中心に抗争を繰り広げていた。ポンティアナックの北に位置するムンパワ（Mempawah）は「藍派」の中心地となっていた。またシンカワンは「紅派」、ブンカヤンは「藍派」という差も見られたようである。これらの支持者は掲げる旗の色で区別されていた(8)。当時、教育水準の高くないであろう商店の店主も、自らの支持を表すためにいずれかの色の旗を掲げていたという［Ibid.:89–90］。

ポンティアナックでは、「紅派」と「藍派」の勢力は拮抗していた。次節で登場する振強学校は中華人民共和国支持であり、カトリック系の坤甸中学は反共産主義であった。この坤甸中学の立場を表す史料を許が紹介している。それは、この学校の運営委員会の議長が書いたものであるが、おおよその内容は次のとおりである。

> 共産主義の学校（具体的には、ポンティアナックの「振強学校」）は、若い世代に共産主義を植え付けており、学生たちも学校の指針の言いなりになっている。学生をこのような学校教育から救い出すために、坤甸中学は速やかに設立された。坤甸中学は公正の揺るぎない砦となるだろう。またそこで育つ学生は、我々の生活様式を守る最も勇敢な戦士となっている［Ibid.:96］(9)。

許も指摘しているところであるが、一九五〇年代の「藍派」と「紅派」の抗争は、この坤甸中学の表明にも表れているように、「進歩」(10)派の「紅派」が現状を作り替えようとしていることへの危機感が昂じたものであると解釈される。ではここで、一九四九年の中華人民共和国建国時の西カリマンタン華人社会の反応が非常に鮮明に表れている具体例を紹介する。

3　中華人民共和国成立への反応

南華中学卒業生の回顧録［南中特刊委員会 二〇〇九］の中で黄振霊[11]は、一九四九年一〇月一日の中華人民共和国成立の知らせを一九四九年一〇月一日、シンカワンの喫茶店のラジオで聞き、胸の中に沸きあがる喜びと期待を感じたと書いている［同：二四］。以下にその部分を引用してみよう。

1951 年、中国の駐バンジャルマシン領事、蔣樹民（右から 2 人目）がシンカワンを訪問［成・鐘 2008:112］。

南華中学からほど近くに南光喫茶店がある。私たち、「南中同学会」の教師はここの常連であった。店には非常に性能のよい一台のラジオがあり、私たちは祖国の放送[12]を聞いた。当時のシンカワンは中規模の都市であり、ラジオはそれほど普及しておらず、置いてある店は非常に稀だった。南華中学の教師と学生はよくこの喫茶店に集い、ラジオを聞いていた。当時ひっきりなしに中国人民解放戦争の戦況が報道されていた。

一九四九年一〇月一日、私たちはこの喫茶店で、天安門の城郭上の開国典礼の放送を聞いた。毛沢東主席が厳粛に建国を宣言し、中央人民政府が成立した瞬間だった。中国人民が立ち上がったという出来事に、祖国中国からは遠く隔たったインドネシアの一隅ではあったが、教師と学生の気持ちは高揚し、涙を流し新中国の誕生を祝った。祖国のたどった歴史を振り返れば、苦難の連続であり、華僑の置かれた立場は海外の孤児のようなものだった。このような日が来るとは思ってもみなかったので、その喜びはひとしおであった。

シンカワンの中華人民共和国支持の人々は一〇月一日（国慶節）に中華人民共和国成立祝賀会を催した。会場の舞台の上には、幅の広い五星紅旗が掲げられた。会場を埋め尽くした人々の心は興奮に浮きたっていた。当時の「中華公会」主席、陳醒民（元「南華中学」初代校長）と、現「南華中学」校長の曾祥鵬が最初に挨拶をすると、万雷の拍手が起きた。中国人民政府と毛沢東主席の通電(13)が用いられた大会が終わると、参加者は喜びを胸に町中を練り歩き、国旗や毛沢東の肖像とともに多くの写真を撮った。［同：二四－二五］。

「祖国解放」の知らせを聞いた喜びが直接的に表現されているとともに、中華人民共和国成立祝賀会の賑やかな様子も伝わってくる文章である。

次に挙げる逸話も同じく、当時の西カリマンタン華人エリートの政治意識の一端を浮き彫りにするものであろう。一九四九年一二月二五日のオランダからインドネシアへの政権移譲の際に起きた国旗掲揚をめぐる事件である。南華中学では中華人民共和国国旗とインドネシア国旗の両方を掲揚していたが、それを見たオランダ人の官憲に「共産国の国旗」をすぐに降ろすように言われたのである。当時の校長は「これは共産主義の旗ではなく、われらが中華人民共和国の国旗である」と言って中国国旗を降ろすことを断固拒否した。結局オランダ官憲は、学校の関係者が発砲しようとした、と言いがかりをつけて、校長と幾人かの華人は逮捕、拘留されてしまったのである。裁判にかけられた校長は、裁判官の「なぜインドネシア国旗とともに、中華人民共和国国旗を掲揚したのか」という問いに対して「われわれは中華人民共和国国民として、インドネシアの独立を祝ったのである」と答えたという。次に掲げるのも同じく黄振霊による文章である。

オランダからインドネシアへの政権移譲を祝う際に南華中学ではインドネシア紅白旗に加え、中華人民共和国国旗を掲げたことが問題となった。これが「掲旗事件」である。その詳細は以下のようであった。

われわれが校庭に旗を掲げたところ、シンカワンの警察局政治部警官の葉小華が五名の警察官とともにやってきて「共産党旗」を降ろすように命じた。曾校長は落ち着いた口調で言った。「降ろせと言っているのは、インドネシア国旗か、それとも中国旗か？」

オランダ警察の葉小華は「共産党旗である」と言った。校長はすこし口ごもった後、厳しい口調で次のように言った。「ここには共産党旗はない。あるのはただ中華人民共和国の国旗とインドネシアの国旗だけだ。これはあなた方の関与するところではない」

校長は続けてさらに次のように言った。「国際連合憲章には、あらゆる公民は、本国政府を選択する権利を有するとある。われわれ華僑は中華人民共和国政府を選ぶ。よって私たちが行っていることは法律違反ではない」

オランダ当局から旗を降ろさせるよう命令を受け、任務を遂行しなければならない立場にあった葉小華はそれを受けてこう言った。「旗を降ろせ」

校長は毅然とした態度でこれに対応した。「一度揚げた旗は夜になるまで降ろすわけにはいかない。絶対に降ろせない」

その周りにいた教師や学生は拍手をして校長に続いた。「そうだ！　そうだ！」

葉小華は二人の部下に力ずくで旗を降ろすように命じ、警察と学生たちの間で押し問答になった。膠着状態の中で葉小華はインドネシア語で下士官に向かって「撃て、撃て」と指示し、それに気づいた学生たちは散り散りになった。下士官の一人が撃った弾丸の一つがすれすれのところをかすめると、校長は弾を逃れるために校門の前の排水溝に身をうずめた。

曾校長と学生一人が警察に拘留された、という知らせは瞬く間に広がり、シンカワンのみならず西カリマンタン全域の華人の抗議運動を惹起することになった。警察はその晩二人を釈放したが、事態はこれでは収まらなかった。

警察は、校長が学生に発砲するように扇動したと、事実と異なる情報を発表したのである。曾校長を支持する西カリマンタン華人は多く、ジャカルタ、ポンティアナックなどの中国語紙は、インドネシア各地の華僑団体からの曾校長への応援文を掲載した。さらにシンカワン中華公会は裁判所に手紙を送り、校長の無罪を主張した。裁判の弁護は、ポンティアナックで著名な黄真節が無償で引き受けることになった。

シンカワン地方法廷は一九五〇年四月六日に開かれた。傍聴席は満員で、外も人で埋め尽くされた。華人のほかに少なからずプリブミ(14)の姿も見られた。オランダ人の裁判官のもと、裁判は終始オランダ語で行われたため、通訳がつけられた。

裁判官は「どうして中華人民共和国国旗を掲げたのか？　このことについて、あなたは過ちを認めるか？」と校長に尋ねた。

それに対して校長は次のように答えた。「ジャカルタのインドネシア国家準備委員会(15)主席からすでに公開で通告があり、インドネシアに政権が移譲されるこの日に新中国を擁護する華僑は、新中国の国旗をインドネシア国旗とともに掲げてもよいとされている。国際連合憲章によると、各国の公民は自分たちの国家を選択する権利を有するとされる。われわれは中華人民共和国を自らの祖国として選択し、国民党政権は承認しない。われわれは新中国を擁護する華僑の身分において、インドネシアの政権移譲に祝賀の意を表するものである。よって、われわれは中華人民共和国国旗を掲揚したのである。これに関して何か問題があるだろうか」

これに続き、証人として二人の警察官が登場したが、彼らは明らかに混乱しているようであった。一人が、「被告の曾校長は学生たちに発砲するように指令を出した」と証言した。その口調は小学生が暗誦しているかのような、たどたどしいものであった。それを受けて曾校長は裁判官に対して「この証人に質問をしてもよいですか？」と要求した。

裁判官は頷き、手ぶりで質問の許可を与えると、曾校長は証人にこう質問した。「あなたは中国語が理解できますか？」

その警察官は声を張り上げて「理解できない」と言ったので、曾校長はすかさず「理解できないのなら、どうやって私が学生に発砲を命じたということがわかったのか？」と尋ねた。

警察官はますます混乱してどうしてよいかわからない様子であった。校長は身を翻して裁判官に対して発言した。「この証人は嘘の供述をしています。私は裁判官に対し、法律に基づいて彼に懲罰を与えるように望みます」

さらに校長は続けた。「それだけではありません。警察は私たちに向かって発砲したのです。それは違法行為です」

これによって被告と原告が入れ替わったのである。これに続いて、黄真節弁護士は曾校長を弁護した。最終的に裁判官は、警察官の面子《メンツ》のために校長に二週間の禁固刑を言い渡したが実行はされなかった。いわゆる形式上の刑罰である。最後に裁判官は曾校長に、判決に不服な場合、提訴することもできることを付け加えた。

曾校長は身を起こして「それなら提訴します」と言おうとしたところ、それを遮るように黄弁護士が立ち上がって曾校長にささやいた。「複雑な政治状況の中ではこれが精一杯だ。これで引き下がるべきだ」。こうして裁判は終わり、一人のプリブミの友人が身を乗り出してきて次のように校長に言った。「たいしたものだ、本当におめでとう！」［同：二二五－二二八］。

当時の高等教育を受けたシンカワン付近の華人は、自分たちをインドネシアの外側にいるものと位置づけ、外国人として「友邦インドネシア」の独立を祝うという意識を持っていたのである。また、オランダの官憲の「共産旗を下ろせ」という要求に対して、「あれは共産旗ではない。中華人民共和国の国旗である」と弁明するような曾校長の言動やそれに同調する様子は、どちらかというとイデオロギーとしての共産主義を強調しそれを奉じているというよりも、自らは中華人民共和国に連なるものであるという意識が前面に出ていることを表していると言えよう。

4　シンカワンとポンティアナックの中国語教育機関

本節ではシンカワンの南華中学、ポンティアナックの振強学校、坤甸中学の実例を紹介する中で、当時の華人の教育がどのような性格を持つものであったのかを考察する。

シンカワンには、南華中学設立以前から、いくつかの教育機関が存在した。華人自身が作った小学校である培南学校、維新学校、中華学校、南光学校である[16]。南華中学を卒業した阿強（A Khiong）によると、当時シンカワンには四つの小学校があったという。彼が卒業した南華中学のほかには、カトリック系の真光小学、真光中学、印度尼西亜中学があった。南華中学やその他の小学校にはジャカルタにあった八華中学、華僑中学出身者が教師として教えに来ていたという。後に南華中学の初代校長となる陳醒民は、これらの小学校を卒業した子弟の進学先として南光中学、華僑中学を設立した。一九四二年、彼の開いた南光中学、華僑中学は日本軍によってその他の学校とともに閉鎖された［南中特刊委員会二〇〇九：一六―一七］。

日本降伏後、シンカワンの中華教育委員会は、中華公学という名前の小学校を再び設立した。そしてその校長には陳醒民が就任した［同：一七］。当時、シンカワンには高等教育機関が存在しなかったので、経済的に恵まれた少数の家庭の子女はポンティアナックやジャカルタの学校に進学した。さらに一九四八年二月二五日、陳醒民は小学校卒業生のために南華中学を正式に開校し、自身が校長を務めた。学校での使用言語はすべて標準中国語とされた［同：一七］。ジャカルタにある南華中学校友会は、現在に至るまで活発な活動を行っているが、この組織が出版した記念誌［同］には多くの卒業生の回顧録が掲載されている。以下では主にこれによって、当時の状況を述べる。

一九六〇年代初頭に結成され二〇一二年現在まで存続している「山口洋南華中学旅椰校友会（ジャカルタ南華中学校友会）」は、同校の卒業生から成る組織である。会長を務める蔡伝賢は、南華中学の変遷を三つの時代に区切って説明している。第一の時期は、一九五〇年代初頭に新中国成立に沸きかえったときである。この時代、多くの教師が中国から戻ってきて教鞭を執った。彼らが新しい思想を持ち込んだのである。彼らの影響で、学校卒業後に中国にさらなる教育の機会を求めて移住する卒業生が多かった。

第二の時期は、一九五〇年代中期以降である。この頃になると中国への移住が減少し始め、代わってジャカルタへの移動が増えていく。これは、ジャカルタの高等教育機関の発展と軌を一にする動きであろう。一部は中国に移動するものの、インドネシアに残る者も少なくなかった。彼らの中には、ジャカルタで学問を続ける者、あるいは各地の小学校や農村で教職に就く者が多かったようである。この時期に中国語学校で教鞭を執る者には、ジャカルタにあった華僑中学や八華中学の卒業生が多かった。

第三の時期は、一九五〇年代終わりから一九六〇年代初めである。この時期の南華中学の方針は、当時の政治変動の影響を受けて変化した。当時の校長であった謝庭鵬は、学生のインドネシア語の能力を高めることを重視した。一九六三年、スカルノが「新植民地主義の産物であるマレーシア」に反発し闘争を展開すると、世界の反帝国主義、反植民地主義の潮流の中、多くの南華中学の学生はインドネシアの政治動向に注目し始めた。彼らはスカルノの思想を彼が得意とする演説から学んだ。彼らの中には、次第に「僑民」思想を捨てて、インドネシア人民と共同で戦うという思想を持つ人々も現れた。また、「労働人民の生産闘争を実践するために」一部分の学生と教師は労働班を組織し、授業の後は田畑で農作業に励んだ。ところが、一九六五年九・三〇事件が起きた後、状況は一変し、一九六六年四月二二日、南華中学は閉校となった［同：二二一–二二三］。

これが南華中学の設立から閉校に至る大まかな経緯である。初代校長であった陳醒民のこの地域における教育への貢献は以上のとおりであるが、彼の後に同校の校長に就任した曾祥鵬の経歴について紹介しよう。一九四〇年末、曾祥鵬は母親の意向で中国に「帰国」することになった。太平洋戦争が勃発し、当時一六歳であった曾も戦争に巻き込まれ、ビルマ戦線で中国遠征第五軍の少尉として戦った。その後、中国雲南省の保山華僑中学、雲南農業学院で社会学を修め、さらに北京の清華大学を卒業後、南華中学を設立して間もない陳醒民の誘いを受け、シンカワンに戻って同校で教え始めた［同：四六－四八］。彼の中国での研鑽の成果を西カリマンタンの教育現場にもたらすことが求められたのである。彼は、一九五一年後半にポンティアナックに移り、半年ほど振強中学の教師を務めた後、一九五二年から一九五六年までスマラン（三宝龍）や、インドネシアで三番目に歴史が古く、八華中学に次いで著名な中華中学（中華会館系）で教鞭を執った。その後、中国語紙『生活報』の編集に携わった[18]。

後に南華中学の教師となる鄭仲騮は、一九一七年シンカワンの裕福な家庭に生まれ、当時、陳醒民が教鞭を執っていた南光中学、華僑中学で学び、卒業後中国へ渡った。曾と同様に、雲南省の保山華僑中学を卒業し、抗日戦争の一時期をそこで過ごした。戦争が終わった後、シンカワンに帰り、創立間もない南華中学で理科系の科目を教え始めた［同：四二］。

南華中学には、シンカワン周辺の出身で、中国に渡って高等教育を受け、シンカワンの教育界からの依頼により故郷に戻り教鞭を執る教師が多かった。彼らが西カリマンタンの華人社会に、中華人民共和国成立前後の中国の思想状況を伝えたのである。教師陣は、南華中学を卒業した優秀な学生が、北京大学、清華大学といった中国の名門校に進学することを期待していた。楊世俊（南華中学一九五二年卒）[19]は、当時の曾校長からの言葉を次のように記憶している。「お前は何があっても勉学を続けなくてはならない。お前は学費を納めなくてよい。お前には清華大学や北京大学に合格するだけの素質がある」［同：四八］。曾は、貧しい家の出身であった楊の事情を知り、このように言って学費を免除し、勉学を続けさせたのである。南華中学を卒業した後、北京大学に進み、現在東南アジア華人研究の分野で大きな成果を残している厦門大学南洋研究院の蔡仁龍も南華中学出身（一九五〇年卒業）である［同：三二－三三］。

次に、当時の卒業生の行動が如実に表れている「南華中学卒業生の現在の居住地」（表Ⅰ－1）を見てみよう。表を見ると、その一期生（一九四八年）から一九五〇年代中ごろまでの卒業生に占める現在の中国在住率は非常に高く、卒業年によっては七〇％ほどの卒業生が中国あるいは香港に滞在していることがわかる。一九五〇年代前半までは、そのまま中国に移住する傾向が顕著だが、一九五六年からは半数を割るようになり、さらに減少の一途を辿る。

表Ⅰ－1　南華中学卒業生の現在の居住地

（人）

卒業時期	中国・香港	インドネシア	その他	不明	合計	中国在住者の全体に占める割合（％）
1948年 7月	11	8	0	4	23	48
1950年12月	21	2	0	12	35	60
1951年 7月	22	2	0	10	34	65
12月	17	4	2	8	31	55
1952年 7月	18	4	3	7	32	56
12月	36	16	1	33	86	42
1953年 7月	21	2	1	10	34	62
12月	42	10	0	8	60	70
1954年 7月	37	8	5	15	65	57
12月	75	39	4	22	140	54
1955年 7月	27	17	0	12	56	48
12月	51	30	0	21	102	50
1956年 7月	30	40	1	25	96	31
12月	21	34	1	66	122	17
1957年 7月	34	23	0	26	83	41
12月	24	27	1	47	99	24
1958年 7月	29	33	0	37	99	29
12月	32	34	0	10	76	42
1959年 7月	16	24	4	34	78	21
12月	7	39	1	19	66	11
1960年 7月	3	31	0	5	39	8
12月	1	35	0	13	49	2
1961年 7月	2	34	1	9	46	4
12月	3	26	0	24	53	6
1962年 7月	1	29	1	17	48	2
12月	0	29	3	16	48	0
1963年 7月	2	20	3	9	34	6
12月	0	73	5	14	92	0
1964年 7月	0	56	2	10	68	0
12月	2	26	0	13	41	5
1965年 7月	2	47	2	28	79	3
12月	0	38	1	21	60	0
1966年 4月22日	5	90	0	30	125	4

出所：［南中特刊委員会 2009：311-336］をもとに筆者作成。

一九六〇年代に入ると、中国への渡航者自体がごくわずかとなる。それに代わり上昇するのが、ジャカルタなどインドネシア内の移住者である。中国在住者の数は一九五六年から減少し始め、彼らの多くはジャカルタに住むようになる。この傾向は一九六六年四月二二日に南華中学が閉校となるまで続く。彼らの中国への帰還熱は一九五〇年代前半に頂点に達し、その後インドネシア内、特にジャカルタへの移住が中心となる傾向が読み取れる。ただ、この表が示すのは現在の居住地であり、いつ移住したか、また再移住の経緯に関してはここからはわからない。しかし、一九六〇年代初めにジャカルタで「山口洋南華中学旅椰校友会（ジャカルタ南華中学校友会）」が設立されているので、彼らは一九五〇年代後半にはすでにジャカルタに移住していたと推測される。この背景には、ジャカルタにおける中国語教育機関の発展があった。シンカワンの南華中学は、あくまで中学校レベルの教育機関であり、高等学校レベルでは、ポンティアナックでは振強学校と一九五〇年代後半に高等部ができた坤甸中学しかなかった。後者については一九五八年にインドネシア学校に再編されており、実質上南華中学卒業生が高等学校に行く場合にはポンティアナックの振強学校に行くか、ジャカルタの中華中学あるいは八華中学に行くかという選択肢しかなかったのである。中国語で運営されている大学はインドネシア国内にはなく、最も近くにあったのはシンガポールの南洋大学（現南洋理工大学）であった［田村 二〇一三］。一九五〇年代後半にジャカルタへの進学が増えたことが、一九六〇年代初めの「ジャカルタ南華中学校友会」設立につながったのであろう。

(1) 南華中学の教育状況

南華中学では、基本的に中国の学校と同じ教科書が使われた。ある卒業生は当時の授業風景について次のように書いている。初代校長の陳醒民が退任した後、代わって一九四八年秋には曾祥鵬が校長に就任した。曾校長は他の教師陣と協力し、政治、言語、歴史に関しては、自身で教材を作った。曾校長は、社会発展史、歴史唯物論、弁証法を教え、李冰は中国の労働者の状況、農民からなる紅軍五千里の長征、西カリマンタン華僑の開墾史、彼らのオランダ政庁への抵抗の歴史について講じた。廖文仲は中国語の講読と作文を教えた。また彼は課外で読み物の指導をし、世界の名著を理解する能力を養わせた［南中特刊委員会 二〇〇九：一八］。また学生たちのために、教師は資金を融通して図書館を創設した［同：二〇］(20)。

学校の方針として、学内の勉強だけでなく、課外活動、社会活動への参加が勧められた。学生たちの自発的な運動も盛んであり、日常の学生活動を運営する学生自治会や女子学生会が組織された。学生会には主席、学習委員、生活委員、財務委員などの役割分担があった。合唱団、バスケットボールクラブ等各種のスポーツ・文化活動も盛んであった［同：一九］。

山邦青年旅行歌劇団（1950年7月）［南中特刊委員会 2009：195］。

一九五〇年夏、南華中学の学生は、プマンカットの学生と共同で組織される「山邦青年旅行歌劇団」を結成した(21)。

この劇団は、シンカワンだけでなく、ジャワイ（Jawai、前出のプマンカットよりも北に位置する町）、スクラ（Sekura）ブンカヤン（Bengkayang）、モントラド（Monterado）、スンガイ・ピニュ（Sungai Pinyuh）でも公演を行った。彼らはその劇中で祖国の解放を宣伝して回り、各地で教育のための資金を募った［同：一九］。この山邦青年旅行歌劇団の写真が記念誌内に掲載されている。ここには中国の革命を演劇化したと思われる様子が描かれている。集合写真の背後には、毛沢東の大きなポスターが掲げられているのが印象的である［同：一九五］。

南華中学には南中女同学会という女性の組織があった。この組織は愛国的精神が強く、中華人民共和国を支持し、封建制度からの女性の解放をテーマとした雑誌を発行した。そこでは中華人民共和国における男女平等が基本になり、女性が儒教の桎梏から解放されることが強調された［同：三一］。では当時のポンティアナックの教育機関の状況はどうだったのであろうか。

(2) ポンティアナックの高等教育機関

ポンティアナック在住で後に新聞記者として活躍したマリウス（Marius, A. P.）（中国名は白聴賢）[22]によると、ポンティアナックには、坤甸中学・振強中学[23]・華僑中学[24]の三つがあったという。このうちポンティアナックで特に影響力が強かったのは坤甸中学である。この中学校を設立したのは当時中国を拠点に活動していた修道会である、「主徒会」（ラテン名Congregatio Discipulorum Domini）の修道士であった[25]。当時「主徒会」は、中国で共産主義からの弾圧を受けて台湾に移り、台北を中心に活動していた。

ポンティアナックのサント・ヨセフ教会を率いたのはオランダ人司教のタルシシウス・ファン・ファレンベルク（Tarcisius van Valenberg）であったが、オランダ式の華人向けの教育機関であるオランダ中国人学校（ＨＣＳ）は存在していたものの、華人に対する教育環境が整っているとは言えなかった。彼は華人への教育の遅れの危惧から、中国語で華人の教育に携わることのできる教師陣を整える必要を感じていた。ポンティアナックの華人の大部分は潮州語や標準中国語しか解さなかったのである。

そこで司教は、当時台湾で活動していた「主徒会」の神父六人を一九四九年三月二六日、ポンティアナックに招聘した。そして翌一九五〇年、坤甸中学を創設し、神父たちはそこで教鞭を執った。この学校は一般に英語で「ポンティアナック・ミドル・スクール（Pontianak Middle School, PMS）」と呼ばれていたが、華人の間では坤甸中学（略して「坤中」）という呼び名で親しまれていた［Gereja Katedral Santo Yoseph Pontianak 2011:48–49］。

しかし坤甸中学は、一九五八年に中国語学校からインドネシア語で教授される学校に変わった。この年に起きた、スマトラを中心とする「インドネシア共和国革命政府（Pemerintah Revolusioner Republik Indonesia, PRRI）」の反乱[26]を、台湾政府がアメリカの後ろ盾を得て支援していたことで、インドネシア政府が国内の台湾系機関を全面的に禁止したためである。これにより校名も「カリマンタン学校（Sekolah Kalimantan）」に改められ、中国語のカリキュラムは廃止された。[27]

坤甸中学とは異なり、左派系の華僑中学と振強中学の二校は、九・三〇事件後の一九六六年、シンカワンの南華中学と共に閉校となった。

この振強中学とカトリック系の坤甸中学は没交渉であった。坤甸中学の実情について、振強中学の卒業生である林世芳はまったく知らなかった。彼女は「台湾系の坤甸中学とはほとんど交流がなかったので本当のところはよくわからない」と筆者に述べた。[28] また坤甸中学に関わり、その後身の「カリマンタン学校」の校長を長く務めたジミー・シマンジャヤでさえ、振強中学についてはほとんど情報がないと述べた。[29] 一九五〇年代のポンティアナックのこの二つの学校の絶縁ぶりは徹底したものであったようである。

以上のことを簡潔にまとめるならば次のようになるであろう。一九世紀以前には、客家語や潮州語といった現地語を用いた初等教育が普及していたが、二〇世紀に入り、中国ナショナリズムの興隆、日中戦争、中華人民共和国成立という一連の歴史過程の中で、西カリマンタン華人の中国への関心と自己同一化の度合いは高まった。これを支えたのが、民族主義的色彩を持つようになった在地的教育機関であり、さらに中国の思想的影響を受けた中等教育機関も誕生した。しかしながら、それぞれの学校の志向性は多様であった。直接に中国の共産主義の影響を伝えるものもあれば、ポンティアナックの坤甸中学のようにカトリック色が強いものもあり、華人の運営する学校とは言っても、必ずしも「中国への帰属意識」には直接つながらないものもあった。それでもなお言えることは、以上述べてきたような西カリマンタンの状況は、ジャワのプラナカン華人の活動ともインドネシアナショナリズムとも接続しづらいものであったということである。

5　マスメディアの状況

当時、西カリマンタンの華人社会に普及していた新聞には、中華人民共和国支持の立場を明らかにしていた『黎明報』、台湾支持の『誠報』、そして中立の『中華日報』があった。これらはすべてポンティアナックで編集・印刷されていた。[30]

一例として、中国国民党支持の『誠報』の創刊号を見てみよう。この新聞の創刊は民国三六年、つまり一九四七年である。紙面には「三民主義万歳、中華民国万歳、中華民族万万歳！」[31]といった明らかに中国民族主義を讃える文辞が並ぶ。『誠報』は自らを、西カリマンタンにおける中国民族主義の先導役と位置づけ、抗日戦争を展開する中国戦線の動向についても多く紙面を割いて報道している。これらの新聞を購読できるだけの中国語の素養を身に付けた人々は、中国ナショナリズムの影響下の学校教育を受けるとともに、このようなメディアによって、客家人や潮州人といった在地的なアイデンティティに加え「中国人」としての意識を併せ持つようになったことだろう。また、特に一九四九年に中華人民共和国が成立してからは、「中国人」としての意識が、中華人民共和国支持と台湾の国民党政権支持に、二分することになった。

当時、ポンティアナックで新聞発行に携わった人物たちの経歴を見ると、彼らはインドネシア内にとどまらず、中国や東南アジアの各地を移動していることがわかる。[32]たとえば、ポンティアナックの『誠報』の主筆として新聞創刊時から活躍した鄭徳慶という人物は、原籍は広東省梅県であるが、インドネシア西カリマンタンのムンパワに生まれ、中国で日本軍と戦い、勝利後ビルマで華人女性と結婚した後、ムンパワに戻って来ている。彼は非常に健筆であり多くの華僑の支持を受けたという。

彼の経歴のうち重要なのは、西カリマンタンに生まれながら、ビルマで日本軍と戦うというような、中国に対する愛国的な行動をとっているという点である。このような編集者によって書かれた紙面はそのナショナリスティックな側面が明確に表明されたものであった。一方、新中国支持の『黎明報』については、親共の潮州人が主導しており、これら二紙は紙上で言論闘争を行ったという。(33)

また当時はマレー語の新聞は人々にとっては馴染みのないものであった。この状況は当時のジャワのプラナカン華人の世界とは対照的である。ジャワでは中国語の新聞のほかに、プラナカン華人が活発に発行していた『新報（sin po）』、『競報（keng po）』などのマレー語紙が多くあり、多数の読者を獲得していた。このような状況と比較すると、中国語と現地語である客家語や潮州語で生活をしている西カリマンタンの華人の特性が浮き彫りになる。一九五〇年代のメディアについて西カリマンタンに当時住んでいた華人にインタビューしても、登場する新聞は、前述の『黎明報』、『誠報』、『中華日報』という西カリマンタンで出版されていた中国語紙、およびジャカルタで発行されていた中国語版の『新報』、中国語紙『生活報』であった。マレー語紙を読んでいたという話は聞かれなかった。(34)

以上のメディアの状況を見ると、彼らの在地的な自己認識のほかに、「中国人」という共同体意識の形成に関して、これらのメディアは促進剤の働きを持っていたということがわかる。インドネシア語のメディアがこの地域に普及する前に、西カリマンタン華人にとっての第一の公式言語である標準中国語によるメディアが普及していたことは、彼らの自己認識のありように大きな影響をもたらすものであった。

6　内陸部の華人社会

以上西カリマンタン都市部の華人の状況を述べてきたが、シンカワンやポンティアナックといった都市部から比較的離れた内陸部に居住した華人は当時どのような状況にあったのだろうか。

彼らは元来、金鉱開発に従事していたが、一九世紀中葉に金が枯渇すると、農業（稲作、ゴム栽培）に従事するか、小規模な商人として内陸部に広く居住した［Somers Heidhues 2003:136–158］。内陸部の小村においても、華人が生活するところには小さな中国語学校があり、そこで華人の子弟は中国語の読み書きを、客家語や潮州語といった現地語を使って学習していたことは先に見たとおりである。

ブンカヤン（Bemgkayang）からさらに奥まったマジュン（Majun）村やその隣の小村にも中国語学校があった［林二〇一〇：一八－一九］。また、ブンカヤンからさらに山奥に入ったところにあるサジュン（Sajun）村にも多くの中国語教師がいたという。シンカワンに南華中学が設立されてからは、同校を卒業した人々が内陸部の中国語学校の教師として活躍することも多かった(35)。

ポンティアナックの郊外、カプアス川を隔てて北岸にあるシャンタン（Siantan）地区は、元来内陸部に居住していた華人が「一九六七年華人追放事件」（第Ⅱ章で詳述）の際に移動してきて住みついた客家人が多い地区である。この地区に現在居住している人々に対する「一九六七年華人追放事件」以前の内陸部での暮らしについての聞き取りをもとに、一九五〇年代の西カリマンタン内陸部の生活を考察してみよう。

一九三〇年生まれの曾松輝(36)は、「一九六七年華人追放事件」以前には、内陸のトーホー（Toho）に居住していた。トーホーは激烈な華人追放が起こった地区の一つで、かつて曾はこの地でゴムを植え、その樹液を採集するほか、稲も栽培していた。彼の回想によれば、当時華人とダヤク人の関係は良好であり、ともに食事をしたり農作業をしたりすることも多かったという。しかし一方で曾が強調するのは、両者の居住地域が分離していたという点である。また彼によれば、ゴムの樹液採集のために、ダヤク人を雇用していた。また彼の知る限り華人とダヤク人との結婚は稀であった。内陸部での食事は自給自足に近いもので、栽培していた米とキャッサバ（Singkong）の葉、シダ、イモ類などを食していたという(37)。

同じく現在シャンタンに居住する黄国謀（Bong Khet Meu）は、内陸ムンジャリン（Menjalin）郡にあるカンプン・バウェン（Kampung Bawen）（中国語表記では茅恩）出身（一九四一年生まれ）である。彼によると、カンプン・バウェンにおいても、ダヤク人とともに農作業に励んだが、居住区は分かれていたという。しかし、現在までダヤク人と華人は「親友（sobat）」であるということを強調した。彼は流暢な標準中国語を話した。どこで中国語を勉強したのかと筆者が尋ねると、ムンジャリンにあった華僑学校で勉強したと答えた。彼はゴム園を持っており、ダヤク人を雇っていた。(38)

ダヤク人と共に生活し、「一九六七年華人追放事件」に際して移動した人の中には、ランダック県のクアラ・ベヘ（Kuala Behe）出身の華人、アプイ（A Pui）がいる。彼は「一九六七年華人追放事件」を直接経験しており、家族の多くは、現在ンガバン（Ngabang）に住んでいる。(39)彼の父親は建設業が専門であったが、船も作っていた。彼は一三人兄弟の八番目であり、家族の中にダヤク人もいると述べた。(40)彼もダヤク人との農作業での協力、居住空間の分離について聞き取りの中で語っている。

これらの聞き取りからどのようなことが読み取れるであろうか。内陸部においては、ダヤク人との関係から「異化される」華人性、客家系あるいは潮州系の華人であるという認識と、「中国人」としての共同性が微妙に混合していた。これに加えて、ダヤク人との「一定の距離を置いた」共同意識も重要であった。これらの内陸部の華人の自己認識の中には、南華中学の卒業生が内陸部の小学校で一部教えたことからくる、新中国への関心が少しはあったかもしれないが、「中国人」としてのアイデンティティと、西カリマンタンの在地的なアイデンティティがともに強い西沿岸部の都市部と比較して、内陸部では両者ともそれほど強くなく、生活のためにダヤク人と協力関係にあり、メディアもないため、そもそも「自分たちは何者であるか」といった、民族・地域概念とはほぼ無縁の生活を送っていたと思われる。

7　華人の国籍問題と外国人の商業活動制限

これまでの節においては、一九五〇年代の西カリマンタン華人社会の状況を、彼らの自己認識形成に大きな影響を持つ学校教育とメディアを主軸に考察した。都市部に暮らし、新聞などのメディアに触れる機会が多かった華人はインドネシア国家の存在を知識としては知っていた。しかし、前に強調したように、彼らはインドネシア国家を肯定的に受け止めるものの、そこに自らが属しているとは捉えておらず、その国家がその後、具体的に彼らの生活に及ぼす影響についての考えはなかった。

本節では、インドネシア国家が彼らの生活にどのように影響を与え始めたかについて考察する。もちろんその後の時代と比較すれば限定的であったものの、その影響力は確実に大きくなっていった。それは特に華人の国籍問題と、一九五〇年代のインドネシア政府による「経済のインドネシア化」、「産業の国有化」を受けた、外国籍を持つ人々の商業活動制限（特に「一九五九年大統領令一〇号」）となって現れた。しかし西カリマンタンにおいては、施策は徹底されることがなかったため、その影響力は限定的であった。そこを詳細に見ていこう。

(1) 華人の国籍問題

ここでは、一九六〇年代初頭に問題になった華人の法的帰属の問題について述べる。オランダ植民地期まで遡って、インドネシア全体に関わる華人の法的地位に関する基礎的な事項を解説した後、西カリマンタン華人がこの問題にどのように対応したのかを論じる。

オランダ政庁は元来、宗教ごとの区別を重視しており、国内における地位についてもキリスト教徒かどうかが重要な指針となっていた。キリスト教徒であれば、ヨーロッパ人に準ずる地位が与えられ、イスラム教徒などその他の宗教の現地民とは厳格に区別されたのである。しかし、一九世紀中葉にはこの原則は変化し、民族によって人々を区分するという原則が確立した［吉田 二〇〇八］。そして、プリブミともヨーロッパ人とも異なる、華人、インド人、アラブ人はその宗教ではなく、民族によって区別され、統治されることになった。

一九世紀のオランダ政庁は植民地社会内での華人の地位に注目し、彼らを徴税請負人、あるいはアヘン取引に利用した。ここにおいて、華人を少しずつプリブミから法制上、切り離すという動きが生じる。[41][42] この区別は最終的に以下の蘭領東インド内での住民の三区分となる。オランダ政庁は、領内に居住する華人に対してアラブ人、インド人といった同じく領内に居住する外国人と合わせて外来東洋人（Vreemde Oosterlingen）という地位を与え、これを原住民（Inlanders）の上位に置いた。オランダ統治期、ヨーロッパ人（Europeanen）を頂点とし、外来東洋人、原住民の順に地位が下がっていく階層構造が構築されたのである。[43]

一方中国清朝（一六四四－一九一二）は海外に出て行った中国人を長らく冷遇していた。国を捨てた人々には関知しないという態度である［Willmott 1961:16; 劉 二〇〇四：四七－五八］。しかし、一九世紀末に起こる清朝の改革運動の中で、海外の華僑もできる限り国力として動員するようになり、国家建設への賛同、資金面での援助を求めたのである。この清末中国の変動を受けて、オランダ領東インドの華人の間にも中国人意識が興隆した［Coppel 2002:313–333］。このような華人は清朝政府に対して、自分たちの中国人としての地位を保障するように呼びかけた［劉 二〇〇四：七八－七九］。それに答えて清朝政府は、一九〇九年に発布された「大清国籍条例」において父親が中国人であれば、その子どもにも中国籍を認める血統主義原則を定めた［同：七九－八一］。領内の華人に清朝が勢力を拡大することを恐れたオランダ政庁は、[44] 一九一〇年、東インドで出生した中国系住民にはオランダ臣民籍（onderdaanschap）を与えるという原則を打ち出した［Willmott 1961:31］。[45] 清朝が定めた、この血統主義に基づく国籍原則は、一九一二年に成立する中華民国において、さらに一九二九年の中華民国国籍法においても引き継がれている［同：一三五－一三六］。このように、出生地主義（Jus Soli）、つまり東インド領内で出生すれば東インドの領民として認めるという原則を採るオランダ政庁と、血統主義（Jus Sanguinis）を採る中国の国籍政策の狭間で、東インドに居住する華人は二重国籍となったのである。[46]

この二重国籍状態は、オランダ植民地期にはほとんど問題にならなかった。しかし、新しく成立したインドネシア国家が、国民に対してインドネシア国家への忠誠を求め、自国民か否かを確定するようになると、二重国籍状態の華人の帰属問題が浮上した[47]。

一九四五年のインドネシア独立当初、政府は、領土内に居住する人々をできる限り多く取り込んで自国民として扱うオランダ植民地期の出生地主義を引き継いでいた。とはいえ、インドネシア国民と見なされる人々には「生粋のインドネシア人（Indonesia Asli）」と「法律によりインドネシア国民となることが認められる人々」の二種類があった。この区分は、インドネシア共和国一九四五年憲法に明記された[48]。ここで重要なのは「生粋のインドネシア人」、つまり現地民は、法律に規定されることによってインドネシア国民となるのではなく、「本来的に」インドネシア国民であるという点である。一方オランダ政庁が現地民とは違う地位を与えていた華人は「生粋のインドネシア人」にはなりえず、「法律によってインドネシア国民となることが認められる人々」に含まれた。インドネシアの民族独立の運動は、オランダ植民地期の現地民によって進められてきたのであるが、オランダ人が「インランデルス」と呼んだ彼らは、現地の言葉ではプリブミあるいはブミプトラ（Bumiputra）[49]であり、この区分がインドネシア独立後の憲法に法律用語として「生粋のインドネシア人」[50]として記載されることになったのである。一九四五年憲法に続き、一九四六年に定められたインドネシア共和国初の国籍法[51]は、インドネシア領内で生まれた人にはインドネシア国籍を与えるとし、一九四九年のオランダとインドネシアの間でのハーグ円卓会議での取り決めにおいてもこの原則は引き継がれた[Willmott 1961:46]。ただ、先ほどの「生粋（Asli）」かそうでないかという区別の原則がその後も引き継がれたことには注意を要する。

ところがこの原則は次第に変容を遂げる。当初は、華人は特別に手続きをしない限りインドネシア国民と見なされた。しかし一九五〇年代半ばになると、政府中枢の議論において、華人を無条件にインドネシアに受け入れることが問題視されるようになった。

その理由の一つは、華人の社会的地位であった。華人は、経済活動の面で現地民よりも優位な立場にあったのである。インドネシアはプリブミ（「生粋のインドネシア人」）のものである、とするインドネシア国家にとって、現地民が外部者より低い立場にあるという状況は受け入れ難いものであった。インドネシアは、一九四九年にオランダから政権を移譲されて政治的には独立したが、経済的にはいまだにオランダ企業が残存し、その他、華人を代表とするプリブミ以外の企業に牛耳られているというのが政策決定者の見方であった。一九五〇年代を通して、インドネシアの「経済的な独立」を達成することを目的に、インドネシア経済からヨーロッパあるいは外来の企業の影響を駆逐する「経済のインドネシア化」が執行された。具体的には、ヨーロッパ系企業の接収・国有化が推進されたが、華人企業に関しても制限が加えられ、その一方でプリブミ企業家の活動は政府の支援を受けた［Lindblad 2008］(52)。

インドネシアの華人の地位に特に配慮した新しい国籍法の議論は、一九五四年に一応の結論に達した。華人には法的地位を明確にするため、中国籍をいったん捨て、その後に自らインドネシアの地方裁判所に行きインドネシア国籍を申請することを求めるという変更が加えられたのである［Willmott 1961:52］。しかしこのような立法を行うには、華人の二重国籍状態について中国側の理解を得なくてはならないため、この時点では決着は付かなかった。

翌一九五五年、バンドン市で開かれたアジア・アフリカ会議の折、中華人民共和国(53)の首相周恩来とインドネシア外務大臣スナリオ両代表の間で交渉が行われ、両国はインドネシア国内の華人の二重国籍状態を今後は認めないという方針に合意した［劉二〇〇四：五二－五八］。

この国籍法案が初めて起草された一九五四年から四年経った一九五八年、新しい国籍法が定められた。そこでは、華人がインドネシア国籍を取得するためには、自ら中国の代表機関に赴き中国籍を離脱した後、インドネシアの地方裁判所で手続きを行い、インドネシア国籍を取得することが求められた。中国籍を選ぶ場合には、その逆にインドネシア国籍を離脱したうえで、中国国籍を改めて選択することが求められた。

しかし、この法律の存在によって華人自身がどのような影響を被るのかという不安、当時の華人迫害を目の当たりにしてまでもインドネシアに残ることを決断することへの躊躇、またこの施策についての説明不足に端を発する混乱や情報伝達の不徹底により、多くの華人がこの手続きを踏まなかった。この傾向は、インドネシア国家と限定的な結びつきしか持たず、そもそもインドネシアに自分たちが属するという意識が希薄であった西カリマンタン華人社会において明確にあり、この時点でインドネシア国籍を取った華人は非常に限られていた。このとき、中国国籍を放棄してインドネシア国籍を取得した人に対して、インドネシア国籍の取得を証明する国籍証明書が発行された。商業に携わることの多かった華人にとって上述の国籍問題は非常に重要な意味を持っていた。これには次のような背景があった。

インドネシア独立後の華人の経済面での優位については先に述べたが、「経済のインドネシア化」は一九五七年以降ますます激化した。それ以前から展開されていたベンテン政策[54]のほかに、プリブミの輸出入業者を優先するアサアット運動[55]が展開されたのもこの時期である。さらに一九五九年には「大統領令一〇号(Peraturan Presiden No. 10, PP10)[56]」が発布される。これは、外国籍の人が州都および県都以外の場所で小規模商業、小売業を行うことを禁止する法令であった。この法令は大都市以外の場所での商取引へのプリブミ企業家の参入促進を企図したものであった。またこの法令の施行に当たり、インドネシア国軍のイニシアチブが強力であった[57]。華人の経済面への優位に警戒した政府の施策と、華人にインドネシア国籍を与えるのを困難にするような国籍法の制定はコインの裏表であったのだ。以下では西カリマンタンにおけるインドネシア政府の施策の展開過程について考察する。

(2) 西カリマンタンにおける国籍問題と「経済のインドネシア化」政策の展開

西カリマンタンにおいても一九五〇年代、商業活動、内陸部の物品流通を掌握していたのは華人であった[Somers Heidhues 2003:238–239]。彼らはインドネシア国籍を持っていなかったため、当然「一九五九年大統領令一〇号」施行の対象となった。しかしながら、西ジャワ州でこの法律の施行が徹底され、外国籍の華人の強制移住が軍主導で行われたのと異なり[Coppel 1983:37–38]、西カリマンタンでは曖昧模糊とした実施過程が見て取れる。ソマーズ・ハイトヒュースの見解は次のようである。

この法令の適用範囲は、西カリマンタンにおいては、ポンティアナック（州都）、シンカワン（当時のサンバス県の中心的都市）、サンガウ（Sanggau）（カプアス川上流の中心的都市）、シンタン（Sintang）（カプアス川上流の中心的都市）以外の場所であった。つまり、外国籍の華人が商業活動に携わることができるのは上掲の四地域に限られた。またソマーズ・ハイトヒュースが一九六三年に行ったポンティアナックとシンカワンにおける聞き取り調査によると、「一九五九年大統領令一〇号」は西カリマンタン地域においても施行されたが、都市以外の外国籍民居住が禁止されることはなく、彼らはその後も商売を継続できた［Somers Heidhues 2003:236］(58)。

このような緩やかな制限を受けつつも、西カリマンタン華人が一九六〇年代に入ってもなお、インドネシア国家による諸制限を潜り抜けて商売を行っていた様子を表す事例がある。

「ポンティアナック海軍兵站司令部発表の報告書によると、①西カリマンタン省《ママ》の密輸は甚だしく、外貨の損失は五〇％に達する。②密輸出品はゴム、コプラ、胡椒、テンカワン（tengkawang）(59)など。③毎月の損失は一〇〇万ルピア以上。④直接間接にシンガポールに送られる。⑤大部分が「華僑」であるが、軍人、公務員もおり、取り締まりは困難」であったという［戴・井草 一九七四：一七五］。

これは、インドネシア国家から見れば「密輸」だが、西カリマンタンでは政策の徹底が曖昧なため、慣習として継続されていた。また、この交易活動は、そもそも国家が貿易を管理するという概念になじみのない西カリマンタン華人にとっては「密輸」とさえ認識されていなかったことであろう(60)。これは「一九六七年華人追放事件」直前の記録であり、この事件が起きるまで、九・三〇事件以降も西カリマンタン華人のシンガポールとの活発な商取引は続いていた。

では、西カリマンタン華人のインドネシア国籍取得に対する態度はどうであったのだろうか。九・三〇事件前後のインドネシア華人社会を主題とする一九七〇年代の研究には、西カリマンタン華人の国籍取得状況について、「「華僑」は全国人口のわずか五％しか占めていないが、地域によっては非常に高い密度を持っている場合がある。［中略］

同地（西カリマンタン――筆者注）総人口に占める「華僑」の比率は西カリマンタン海岸三七％（西カリマンタンの総人口一六〇万人中二一％が「華僑」であり、その八五％が中国支持、一〇％が台湾支持）となっている。このような状態であるから、インドネシア語を知らぬインドネシア人[61]がいて、華語放送を聞いているという事態も発生するわけである」と記述されている［同：一四四］。また別の箇所には次のような記述もある。「「華僑」が集中居住し、かつ帰化によって利益があると考えられぬ地域、たとえば西カリマンタン省《ママ》では帰化に乗り気ではない。同省サンバス県のサンバス、シンカワンの華僑の七〇％、ベンカヤン《ママ》の九〇％、ポンティアナックの六〇％がいずれも申請を拒否している」のだという［同：一四九］。この研究成果によれば、当時の西カリマンタン華人の中には、あえて中国国籍を取る者、何も手続きをせずに無国籍状態になる者以外にも、インドネシア国籍取得に向けた準備も行う人々がいたことがわかる。それはジャワのプラナカン華人が主体となって創刊した『新報』中国語版に掲載された次の記事からも読み取れる。[62]「西カリマンタン州のポンティアナック（坤甸）中華公会とシンカワン（山口洋）中華公会が近日中に南カリマンタン州のバンジャルマシン（馬辰）の中華人民共和国領事館に、華人コミュニティーで集めた中国国籍離脱申請のための書類を持参する予定である。彼らは中国国籍から離脱した後、インドネシアの地方裁判所に赴いてインドネシア国籍を取得したはずである」[63]。国籍の取得は、経済活動を滞りなく続けるために必要であった。その一方で西カリマンタン内陸部では、インドネシアの国籍を取得せず、無国籍になった人々がいる。西カリマンタンでは、第Ⅲ章で考察するように、一九八〇年に多くの華人が国籍証明書を取得するまでは、無国籍の人の方が全体の数から見れば多かったのである。

8　一九五〇年代の西カリマンタンの繁栄

筆者が香港で行った、複数の南華中学卒業生に対する聞き取りからは、彼らの郷愁が多分に含まれていることを差し引いても、一九五〇年代の西カリマンタンの繁栄ぶりが読み取れた。これは、その後のインドネシア国軍による厳格な監視下に置かれ、恐怖のうちに暮らさざるを得なくなった時代とは対照を成す。

西カリマンタンの繁栄は、豊かな森林産物（ゴム等）、農産物（胡椒等）のシンガポールへの輸出に支えられていた。西カリマンタンは、法制上はインドネシアに含まれていたものの、その実質的統治は行き渡らず、独自の経済活動が行われていたのである。ところが一九六〇年代以降、西カリマンタンがインドネシア国家の支配領域の中に組み入れられ、国防上の理由から外界との交渉が断たれることにより、経済は衰退したのである。では、一九五〇年代の状況を見てみよう。

筆者が香港で出会った符功彬は、一九三八年に中国の海南島で生まれ、ベトナムを経由してシンガポールに移住し、日本のシンガポール占領後シンカワンに移動した。そこでまた日本占領を経験することになる。彼は一九五〇年代のシンカワン近辺の発展について次のように語った(64)。

雑誌、ラジオ、映画といった文化的側面は次のようであった。一九五〇年代のシンカワンでは多くの種類の雑誌が普及しており、現地の華人による『黎明報』や『誠報』のほか、中国政府発行の『人民画報』、香港の『週末報』、中国の『覚醒周刊』も流通し、各誌とも一～三カ月おきに刊行されていた。ラジオを所有する人は限られていたが、ジャカルタの短波ラジオ番組を聴くことができた。また南華中学の教師は教育上の配慮から、学生がアメリカ映画（マリリン・モンローの映画など）を観ることを禁止していた(65)。シンカワンにある三つの映画館では、香港映画、インド映画が上映されていた。当時は「進歩映画（中国の社会主義革命を描いた映画）」が人気であった。映画館には一八歳以上でないと入場できなかったが、符功彬は背が高かったので、成人だと偽って映画館に入ったという。その他『西遊記』や数編の日本映画も一九四〇年代から五〇年代にかけて公開された。

当時の商業については、シンカワンは西カリマンタンの産品の集積港であり、胡椒、ゴム、丁子（クローブ）といった商品作物が輸出されていた。これらをシンガポールに輸出することで財を成した人も多かった。ほかにも、高価なペンや洋服、靴などの高級品も手に入り、まるで香港のような賑わいであったという。さらには、バスケットボール（南華中学の記念誌にも当時のバスケットボールのチームの写真が多数掲載されている）やバレーボールなどのスポーツに親しむ人も多かった。

ここに見るように一九五〇年代のシンカワンでは大衆娯楽が盛んであり、経済的・文化的に繁栄していた。ところが、一九六〇年代の軍事化の時代に突入した後、インドネシアのナショナルな経済開発の中では、西カリマンタンの経済は後退の一途を辿ることになる。シンガポールなどの他地域との交易によってもたらされた繁栄は、一九六〇年に国家権力によって遮断、制限されることで失われたのである。そのうえ、国家権力が華人を監視しその行動を制限したことで、西カリマンタンの経済状況はますます悪化していった。

9　一九六〇年前後の中国への帰還

一九五〇年代初頭に見られた、西カリマンタンで中学校、高等学校を卒業した後、中国にさらに学問を深めに旅立つという傾向は一九五〇年代後半には下火になった。代わってジャカルタへの移住が顕著になったことはすでに述べたとおりである。[66]一方、「一九五九年大統領令一〇号（ＰＰ10）」が引き金となって、インドネシア各地の大きな華人社会を抱える地域においては、インドネシアに住み続けることを諦め、中国に移住する道を選択する者が続出した。中国側も中国への帰還を、「ラジオ北京」を通じて勧めており、インドネシア各地に船舶を送って華人の中国への帰国を助けた［Somers Heidhues 2003:239］。

ソマーズ・ハイトヒュースの研究によると、「一九五九年大統領令一〇号」の影響を受けて中国に移住した華人は二万五〇〇〇人とされているが、インドネシア政府による公式発表では、一九六〇年の中国への帰還者は一〇万二〇〇〇人である。ただし、これらはインドネシア全体の数字であるため、西カリマンタンからの帰国者数だけを抽出することはできない［Ibid.:239］。

一般的には「一九五九年大統領令一〇号」が華人の中国への移住の直接的原因であったとされるが、西カリマンタンに限れば因果関係は不明確である。西カリマンタンにおいては、上記のように「大統領令一〇号」の影響によって中国に移住した人々はほとんどいなかったと推測されるが、それとは異なる原因による大量移住が生じた。その契機となったのが、一九六〇年に起こったシンカワン北部の港町プマンカット（Pemangkat）での大火災であった。華人が所有する多くの商店は焼失し、六〇〇〇人が家を失った。このうち五〇〇〇人が中国への移住を希望し、これに応じて中国は船舶をプマンカットに送ったのである［Ibid.:239］。この事件について、当時プマンカットに居住していた貝仲敏は次のように述べている(67)。プマンカットの全人口はおおよそ六万人であり、華人が五分の二を占めていた(68)。当地は農業に従事する華人が多く、ゴム樹液採集、ヤシ、胡椒、稲、野菜などの商品作物栽培、家畜飼育を行っていた。そのほかに商業に携わる華人も多かった。

火事が起こったのは、一九六〇年二月二日である。夜中の一時ごろから明け方六時まで炎は燃え盛った。この火災の火元は未だに謎であり、失火なのか放火なのかは不明である。プマンカットの大火災は、西カリマンタンだけでなく、ジャカルタやスラバヤの華人の関心も集めた。火事の後間もなくして、シンカワンやサンバスから救援物資が届けられた。

ポンティアナックの「中華公会」の張世成とジャカルタの中華人民共和国総領事館は救済委員会の設置を検討した。そして、火事から四日が経過した一九六〇年二月六日、これらの総領事を含めた救済委員会が設立され、中国からの送船を要求した。ポンティアナックの中華公会は、バンジャルマシンにあった中国領事館に救済を要請した。火事の被害を受けたのは六〇〇〇人に上った。三月五日、ジャカルタ総領事館の毛欣禹領事（総領事ではない）はポンティアナックで西カリマンタン各地の「中華公会」の責任者を集めて話し合った。

毛領事は明快な調子で次のように述べた。「祖国が西カリマンタンに船を送るのは、プマンカット火災の被害を受けた人を助けるだけでなく、貧困の中で暮らす華僑を助ける目的があってのことである。これはインドネシアの排華運動に対する闘争なのである。祖国政府は、六〇万人の難儀をしている華僑を祖国に送り届ける準備をしている。インドネシアからの帰国華僑は一〇万と見積もられる。旧中国の国力は衰弱しきり、華僑は海外の孤児になってしまった。新しく誕生した中国は、インドネシアの排華運動に遭っている人々を救う心積もりがある」。

毛領事は、ポンティアナック、シンカワン、プマンカットの各都市に「扶助政府遺僑工作委員会」を設立した。この声明の中で「遺僑」の言葉を用いた理由について毛領事は、「インドネシアの排華によって華僑が被害に遭っているので、これを中国が祖国に送り届けるのは中国の責任だという意図を込めた」と説明した。この記事によると、このときプマンカットから三六〇〇人が中国に帰還した［貝二〇一〇］。一九六〇年前後の西カリマンタン華人の中国への帰還は、それ以前の、一九五〇年代初めからのエリートの継続的な中国への移住とは性格の異なるものであった。

南華中学の元校長である曾祥鵬は中国広州での筆者とのインタビューに際し、一九五九年に「大統領令一〇号（PP 10）」が発布された際、西カリマンタンから中国に移住する計画を立てていた人もいるにはいたが、切符が高額であったため、実現しなかった例が多かったと述べた。彼も、西カリマンタンにおいては、一九六〇年のプマンカット火災が華人の中国への移住の最大要因であったと証言している。彼ら「遺僑」を救出するために中国は四回プマンカットに船を送り、現在、このときに中国に移住した人々は、広州近くの海宴華僑農場、汕頭の陸豊華僑農場、福建省の大南山華僑農場、香港に今も居住している(69)。

10 インドネシアに遭遇する前の西カリマンタン華人社会

本章を通して、一九五〇年代から一九六五年九・三〇事件前夜までの西カリマンタン華人社会の状況とその自己認識のありようを見てきた。ポンティアナックやシンカワンにおいて中学校・高校に通った人々の間には、中国への愛国心が高まっていた。彼らは、在地的な客家人、潮州人といった言語集団ごとの紐帯を意識するとともに「われわれ中国人」という自己認識も持つようになった。この中国人意識の興隆を背景に、一九四九年以降、華人社会は中華民国支持、中華人民共和国支持の二派閥に分裂した。

本章では、これらの意識変化に特に影響を与えたであろう、ポンティアナックやシンカワンの華人の教育機関、メディアの状況について述べるとともに、これらの都市部から比較的離れた内陸部における華人社会の状況についても考察した。そこでは、沿岸部にあったような「われわれ中国人」という認識よりも在地的な自己認識が主調となっており、それは在地のダヤク人との日常的な関わりの中で保持された。さらに、当時まだ限定的であったインドネシア国家との関わりについても考察した。そこで重要だったのは、華人の国籍問題と外国籍民の商業活動を制限するインドネシア国家の施策であった。ジャワでは実質的な意味を持ったこれらの施策であったが、西カリマンタンにおいてはその貫徹が不徹底であった。西カリマンタンでは、インドネシア国籍を取得する人々は少数にとどまったし、商業活動制限とはいっても、華人社会への影響は曖昧模糊としている。一方で西カリマンタン華人社会では、この時代、学業を目的とした中国への移住が目立っていた。

本書全体との兼ね合いの中でこの時代を考察すると、西カリマンタンの当時の華人社会はインドネシア国家との関わりがまだ限定的であり、国籍問題に関しては、結局インドネシア国籍は取得せず無国籍状態となることも多かった。しかし、これはインドネシア国家が彼らを「無国籍」と把握したのであって、彼ら自身は「無国籍」の意味もわからなかったであろう。西カリマンタンという地域は、オランダ植民地時代から、オランダの一元的統治を受けることなく自治領にとどまった。つまりこの地域の特性は、西欧による植民地統治を間接的にしか受けなかったため、序章で述べたような前近代の統治システムが残存し続けたということである。そのような地域に突如、国民国家への一元的な所属を刻印する「国籍」という概念を突き付けられたところで、彼らがその意味を理解できなかったのはむしろ当然のことではないだろうか。

彼らにとっては、中国が二〇世紀初頭から採用していた血統主義原則の方がすんなり理解できる国籍概念であり、だからこそ、彼らは中国の呼び声に応え、「中国人」として中国に移住したのである。対してオランダ植民地期からその直接統治を受けてこなかった人々にとっては、カリマンタンはあくまで居住地であり、そこへの帰属意識など想像できなかったであろう。特に西沿岸部の中国式の教育を受けた青年層にとって、彼らが唯一所属すると言えるのは中国であった。彼らにとって、この時点でインドネシア国籍を取得するというインセンティブは極めて低かったことであろう。煩雑な手続きをしてインドネシア国籍を選択するリスクに比べれば、中国に移動する方が当時の彼らにとってはより現実的な選択肢であった。

さらに、国家による規制が不徹底であったために、国籍取得をしなくとも彼らの生活そのものにそれほど影響はなかった。一部には、中国籍を捨てて積極的にインドネシア国籍を取得する努力もシンカワンおよびポンティアナックの「中華公会」を中心になされたが、それは少数派にとどまった。また、「一九五九年大統領令一〇号」の影響も、施行が徹底していなかったために西カリマンタン華人に対する影響はほとんどなかった。この時期において総じて彼らにとって意味を持つのは、インドネシア国家との関係よりも、在地的な、つまり西カリマンタンにおける民族関係の只中での自己意識と中国への帰属意識の方であった。

西カリマンタンの華人にとって、インドネシア国家の存在が初めて重要な意味を持ち始めるのは、第Ⅱ章の考察対象である「一九六七年華人追放事件」においてであった。

注

（1）プマンカットの大火災に焦点を当てた論考として［Hui 2013］がある。
（2）「坤甸」とはポンティアナックの中国語表記である。
（3）ダヤク語と一言で言っても内陸部の各地域においてダヤクの言語は多種多様であり、類似するものから、まったく意思疎通が不可能なものまでさまざまである。詳細は［Bamba 2008］参照。

（4）ポンティアナックの女学校、徳育学校の設立は一九一一年である。またポンティアナック近郊のシャンタン（Siantan）には新草学校（一九二一年設立）があった。「バタヴィア新報二五周年記念特刊：東印度華校調査表」参照。

（5）インドネシアの華人が自ら開いた学校では、ジャワの「中華会館（Tiong Hoa Hwee Koan）」が代表的である。「中華会館」はジャワの福建系華人が一九〇〇年に初めてバタヴィアに建設した華人の集会所兼中国語教育施設である。これがバタヴィアに建設されて以来、インドネシアの各地に「中華会館」の分校が作られていった［Lohanda 2002］。

（6）コペルが指摘するように、ジャワのプラナカン華人は、中国起源の言語を用いて生活する能力をすでに失っており、彼らの日常の会話はジャワ語などの現地の言葉を用いていた。そのような中で、「中国人化」が進んだ結果、現地の文化は中国人としての文化にそぐわないとして、ジャワの文化風習の排除、中国人としてのアイデンティティの純化運動が起こった。こうして、それまでのアイデンティティとの間に葛藤が生じた［Coppel 2002：313-333］。

（7）当時プマンカットで学校教育を受けた李紹発へのインタビュー、ポンティアナック、二〇一一年一月一四日。

（8）筆者が内陸のサマランタン（Samalantan）でインタビューしたダヤク首長、トーマス・ムラド（Thomas Murad）も、一九五〇年代には「藍派」と「紅派」が旗を掲げて抗争していたと筆者に語った。トーマス・ムラドへのインタビュー、サマランタン、二〇一〇年一一月二〇日。

（9）この文章は一九五三年に坤甸中学が出した設立三周年記念誌の中に登場するものだという。原題は「坤甸中学与共産主義」。

（10）「進歩」は当時の中華人民共和国支持派を指す際に西カリマンタンにおいて用いられた言葉であった［Hui 2011：94］。

（11）南華中学二期生（一九五一年卒）。卒業後中国に戻り、江西省僑聯副秘書長を務めた。また江西省の『八桂僑刊』の副編集長を務めた。現在は引退。

（12）この中国のラジオ放送は、当時から北京、雲南を経て短波で受信されるものであった［相沢二〇一〇］。

（13）通電とは同文電報であり、当時の外交手段として重要であった。

（14）原文では「印尼人」である。

（15）この組織について詳細は不明であるが、ここで引用している南華中学の記念誌の表記は「印尼国家籌委会」である。また、当時のこの組織の主席は隆姆という人物である［南中特刊委員会二〇〇九：二七］。これは、オランダからインドネシアへの政権委譲に際して、華人の主張を代弁する組織であったと考えられる。なぜなら、この組織の表明したスタンスをシンカワンの南華中学の校長も認知しており、これを自身の意見表明の根拠としているからである。

（16）一九二七年シンカワン生まれでシンカワン在住のサン・リモ（San Limo）（別名Fung Ku）へのインタビュー、シンカワン、二〇一一年一二月二八日。彼はオランダ時代にオランダ式の教育と中国語教育の両方を経験している。一九五〇年代には彼は、シンカワンの映画館で仕事をした。またこれらの学校は、一九三五年に出された『バタヴィア新報二五周年記念特刊』の中の「東印度華校調査表」の中に簡単な紹介がある。それによると、シンカワンの中華学校は一九一二年、培南中学は一九一九年設立である。

（17）僑民とは、文字どおり「仮住まい」を表すが、ここではインドネシアに今住んでいるといってもいずれは中国に帰るのだという意識を持った人々の意である。

（18）曾祥鵬へのインタビュー、中国広州、二〇一二年五月四日。

（19）彼は一九五二年に南華中学を卒業し、その後中国に移住した。中国で大学を卒業し現在天津大学で教えている［南中特刊委員会二〇〇九：四八］。

（20）この図書館に収められた蔵書は、一九六六年に南華中学が閉校となり、中国語図書はスハルト政権によって全面的に禁止となったので、全部焼き払われた［南中特刊委員会二〇〇九：二〇］。

（21）「山邦」の名は、シンカワンの中国名である「山口洋」と、プマンカットの中国名である「邦戛」の頭文字から取ったものである。

（22）マリウスは、一九三九年ポンティアナックに生まれ、一九五〇年代に写真家として活躍した。一九六二年にスカルノ大統領がポンティアナックを訪問したときには、彼がその報道写真を多く撮影している。スハルト体制期の一九七六年、華人として初めて、インドネシア語の新聞ハリアン・ムルデカ（Harian Merdeka）の新聞記者となったことは誇りだという。マリウスへのインタビュー、ポンティアナック、二〇一一年一二月二〇日。

（23）ポンティアナックの振強中学の設立は古く一九〇六年である。そのほかに、中華学校（一九〇八年設立）があった。「バタヴィア新報二五周年記念特刊：東印度華校調査表」参照。

（24）李開訓という人物がフランス留学から帰ってきて、ポンティアナックに一九三八年「坤甸華僑中学」を開き、校長になる。日本占領時代が終わった後、坤甸華僑教育委員会の管理のもと、中華中学が設立された。『千島日報』二〇一一年二月一日。

（25）カトリック教会修道会の一つ「ドミニコ会」。戦前に活躍したコンスタンティーニ（Constantini）（漢名は剛恒毅）が一九二七年に創設した団体である。

（26）一九五八年、スカルノらの左傾に反対した政治家らがスマトラ島中部に位置するブキッティンギ（Bukittinggi）を本拠地に定めて結成を発表した臨時政府であるが，すぐにインドネシア正規軍に鎮圧された。

（27）一九八〇年代、「カリマンタン学校」は、カトリック学校「サント・ペトルス校（Sekolah Santo Petrus）」として有名になり、華人が多く好んで入学する学校となった。一九八〇年代から、中学課程と高校課程の両方を担う学校として現在まで発展している。ジミー・シマンジャヤへのインタビュー、ポンティアナック、二〇一一年一二月一五日。

（28）林世芳へのインタビュー、ジャカルタ、二〇一二年六月一五日。

（29）ジミー・シマンジャヤへのインタビュー、ポンティアナック、二〇一一年一二月一五日。

（30）『坤甸日報』二〇一一年一月一三日。

(31) 『誠報』創刊号一頁。
(32) 「台湾印尼僑生聯誼会（台湾インドネシア僑生聯誼会）」のウェブサイト参照。http://perpita.freeinterchange.org/zh_tw/0103-023.htm（二〇一六年一〇月二九日閲覧）
(33) 右のウェブサイト参照。
(34) 香港における「南華中学校友会」メンバー八人に対するインタビュー、二〇一四年九月一三日。
(35) 黄少蘭へのインタビュー、シンカワン、二〇一一年一月二〇日。
(36) 曾は、インドネシア語および標準中国語両方がまったく話せなかったため、通訳を友人に依頼してインタビューを行った。そのすべてを彼は、梅県方言の客家語（シンカワン付近の河婆方言とは異なる客家語）で話していた。彼はほとんど中国語教育を受けていないようである。
(37) 曾松輝へのインタビュー、シャンタン、二〇一二年六月二四日。
(38) 黄国謀へのインタビュー、シャンタン、二〇一二年六月二四日。このシャンタンの表通りから一歩入った路地に住む華人は多くが、「一九六七年華人追放事件」の際に内陸部から移住してきた人であると黄は述べた。
(39) アプイは、ンガバン在住の華人であるが、シンカワンやポンティアナックの華人と異なり外見もよりダヤク人に近い。彼は内陸部のダヤク人の言葉数種類を流暢に話し、客家語二種類（内陸とポンティアナックの方言とシンカワン方言）と潮州語も話すことができる。
(40) アプイへのインタビュー、ポンティアナック、二〇一二年六月二六日。
(41) 外来東洋人にはヨーロッパ人と同じ民法、商法が適用された。しかし刑法は現地民と同様のものが適用された［Lohanda 2002: 80-81］。
(42) オランダ植民地期における華人とオランダ政庁の関係に関するものには、アヘン取引における華人の役割を扱ったルシュの研究［Rush 1990］、オランダ政庁と華人の関係を包括的に描いたロハンダの研究［Lohanda 2002］、蘭領東インドにおける華人に関わる法制史を詳説したチョーク・リムの研究［Tjook-Liem 2008］がある。
(43) 「外来東洋人」という区分が法律文書に明確に記されるようになったのは比較的遅く、一九二五年のことである［Coppel 2002: 132–135］。
(44) 華人の間での中国人意識の高揚、華人独自の教育組織である中華会館の急速な拡大を脅威と見たオランダは、一九〇八年、華人向けのオランダ語教育機関を設立している［Willmott 1961: 22］。しかしそもそも、華人が自前の教育機関を発展させた理由は、オランダが華人の教育に熱心でなく、教育の機会が一部の富裕層に限られていたからであった［Lohanda 2002］。
(45) 実際の運用過程においては、清朝がオランダ政庁に妥協し、一九一一年、オランダ領に居住する限り、中国系住民はオランダ臣民籍を優先させるという原則に同意した［Willmott 1961: 32］。

(46) 二重国籍状態は、父母の国籍が異なる際、その子どもに対して期限付き（一般に成人するまで）で与えられる場合、あるいは出身国、移住先の国が両方とも二重国籍を認める国家（カナダ、スウェーデンなど）であり、ある人がこれらの国家間で移住したときに、その個人が二重国籍となる場合など、個人的に二重国籍を取得するのが一般的である。しかし蘭領東インドの華人の場合、中国と蘭領東インドの政策の狭間で、集団として自動的、受動的に二重国籍となったところに特徴がある。

(47) 植民地期には、オランダ臣民（onderdaan）はあくまで主権を持つ宗主国に従属する存在であり、彼らが直接国政に関わる機会は限られていた。独立後のインドネシアでは、これまでの従属民の中から彼らを代表するリーダーが登場し、彼ら自ら国政を運営していくことになったのである。当然、国政の主体たる国民とは誰かという厳密な定義が求められた。

(48) 一九四五年憲法の第二六条第一項には「インドネシア国民となるのは、生粋のインドネシア人と、法律によりインドネシア国民となることが認められるその他の人々である」と規定されている。

(49) どちらの語も「土地っ子」の意味である。

(50) アスリ（Asli）の語は、元来アラビア語の「根源」を意味する言葉に由来を持つ。この言葉には「生粋の」「純粋な」「本来の」「元来の」「土着の」といった含意がある。

(51) 官報（一九四六年六月一日）に記載された「インドネシア国籍及び住民に関する一九四六年法律三号」参照。

(52) 一九五〇年代、名義上はプリブミの名前を使っているが、実際の運営は商業の手法の蓄積のある華人が行う企業が増加した。このような企業は当時アリババ企業と呼ばれた。アリはプリブミに多いイスラム教徒の代表的名前であり、ババとは現地化した華人を指す言葉である。

(53) インドネシアは一九五〇年に中華人民共和国を承認しており、台湾政府を一貫して支持していない。

(54) ベンテン政策のベンテン（benteng）とは「砦」の意味であるが、プリブミ中心のインドネシア経済を守る砦を作る政策ということで、当時の福祉大臣（Menteri Kesejahteraan）であったジュアンダ（Djuanda）が唱えたもので、プリブミ業者への輸入許可や融資・契約の割り当て優先を柱とする政策である［貞好 一九九五：四］。

(55) アサアット運動は、元内務大臣であったアサアット・ダトゥック・ムド（Asaat Datuk Mudo）が起こした華人企業批判の運動であり、一九五六年、全インドネシア輸入業者大会で、華人は排他的であり、彼らだけでインドネシア経済を独占していると主張し、プリブミ企業の徹底保護を求める運動を展開した［後藤 一九九三：九五－九六］。しかしこれもさしたる効果をもたらすことはなかった。

(56) 正式名称は「州都及び県都、特別市の外部での外国人の小規模商業、小売業禁止に関する一九五九年大統領令一〇号」であり、一九五九年官報一二八号に記載されている。

(57) 特に西ジャワ州では陸軍による華人の強制退去が行われた。中国はこの状態に危惧を覚え、中国から船舶をインドネシアに送り、華僑の祖国帰還を促した［相沢 二〇一〇：二〇－二二］。この「一九五九年大統領令一〇号」が引き金になって多くの華人が帰国を選択することになる。またこの法令の適用対象は外国人となっているものの、実際の施行においては、外国籍であるかインドネシア籍であるか問わず、華人の立ち退きが強制された例も多い。

(58) ジャワの華人にインタビューした際、即座に了解される「大統領令第一〇号」（インドネシア語でPP10（ペー・ペー・スプル）と発音される）であるが、西カリマンタンの華人の場合には、「ペー・ペー・スプルを知っているか」と尋ねても答えが曖昧であったり、知らなかったりする場合も多い。彼らの中には「一九六七年華人追放事件」の記憶は明確に残っているが、「大統領令一〇号」については、まったく言及されないことから、これによって追放されたというようなことはほとんどなかったのではないだろうか。

(59) テンカワン（tengkawang）はカリマンタン独特の産物であり、木の果実から油を採取する。英語名は illip nut。

(60) シンカワン出身のフラン・チャイ（Frans Tshai）によると、一九六五年以前、シンカワンでは、ゴムとコプラのブームが起きていたという。ところが、一九六五年以降、華人が自由に商売できなくなったために衰退した。フラン・チャイへのインタビュー、ボゴール、二〇一二年一月二日。

(61) 原文の表記では「インドネシア語を知らないインドネシア人」となっているが、実際には彼らの多くはインドネシア国籍を未だに取得していなかった。

(62) 『新報』は一九一〇年に創刊されたが、当初はムラユ語（後のインドネシア語）紙であった。これの姉妹版として一九二一年に中国語版が創刊された。中国への愛国主義を主軸にし、中国文化を重んじ、植民地主義に反対し、華僑社会の団結を強調した。一九三〇年代の発行部数は約五〇〇〇部であった。インドネシア独立後、親中華人民共和国の立場を取り、広い読者を獲得した［李 二〇〇三：三五四－三五五、三五七］。

(63) 『新報』中国語版。一九五九年四月一九日。

(64) このインタビューは香港九龍のある喫茶店で、シンカワン南華中学校友会のメンバー八人が集合してその中で語られたものである。符はその中でも多くを語り、他のメンバーはその話にときどき意見を挟みながら、ともに聞き入っていた。二〇一四年九月一三日。

(65) 学校側が「アメリカ映画」を学生が観ることを禁止していたということは、一般には、アメリカ映画もかなり普及していたということを表している。

(66) 符が中国に移住したのは一九五〇年代であったが、出発間もない時期、病院でインドネシア語で住所を聞かれてとっさに、中国の故郷の名を言ったことがあるという。また出発の際には、パスポートに「インドネシアには二度と戻ることが許されない（tidak boleh kembali ke Indonesia）」という署名を要求されたという。符功彬へのインタビュー、香港、二〇一四年九月一三日。

(67) 貝仲敏の文章は二〇一〇年二月の『坤甸日報』に掲載された。一九七四年にポンティアナックで発行が開始されたアクサヤ（*Akcaya*）紙は、二〇〇〇年には『ポンティアナック・ポスト（*Pontianak Post*）』紙と改名し、さらに二〇〇〇年代初めから現在にかけて同紙の中国語版（内容は同一ではなく、より西カリマンタンの華人社会に特化した内容）が発行されるようになった。これが『坤甸日報』である。

（68）これは、貝仲敏自身が一九六〇年当時、プマンカットの警察部長に確認した数字であるという。

（69）曾祥鵬へのインタビュー、中国広州、二〇一二年五月四日。

第Ⅱ章　西カリマンタンの軍事化と華人

　本章では、一九六〇年代の西カリマンタンの軍事化とその頂点とも言うべき「一九六七年華人追放事件」を取り上げ、この間の西カリマンタン華人社会の変容について検討する。これまで見てきたように、一九五〇年代の西カリマンタン華人は、文化・教育では中国を重要視し、経済活動ではシンガポールなどとの取引を活発に行っていた。彼らにとって、インドネシア国家の存在はあくまで周辺的な事柄にすぎなかったのである。ところが一九六〇年代に入ると、インドネシア国家による統治の度合いが強くなる。この状況変化に強い影響を及ぼしたのが共産主義ゲリラの存在であった。

　一九六〇年代の西カリマンタンでは、地続きのイギリス領サラワクから来ていた共産主義ゲリラと西カリマンタンのインドネシア共産党が反マレーシア運動を展開していた。サラワクの共産主義ゲリラのほとんどは民族的には中国系であり、後述するように、マレーシア連邦がイギリスの肝いりによって成立したことに反対し、サラワクの完全独立を掲げて闘争を繰り広げていたのである。また、西カリマンタン州インドネシア共産党支部は、一九六〇年代初めより当地の華人の間に勢力を拡大し、当時のスカルノ大統領の「マレーシア対決」政策のもとでお墨付きを得てマレーシア結成に反対し、サラワクの共産主義運動との共闘を試みていた。インドネシアの共産主義勢力は、マラヤやサラワクと異なり、主に華人によって担われたわけではないが、西カリマンタンには華人の集住の歴史があったため、西カリマンタンのインドネシア共産党員には華人が多かった。

この状況は、一九六五年九・三〇事件によって一変した。スハルト政権下のインドネシア政府は一転して、国内の共産主義勢力に対し容赦ない弾圧を行った。九・三〇事件発生後から翌年にかけて、ジャワやバリでは大規模な共産主義者粛清が行われたが、この影響が本格的に西カリマンタンに及ぶのは一九六七年になってからであった。ところが、一九六七年に入り本格的に西カリマンタンの共産主義ゲリラ討伐に力を入れ始めたインドネシア国軍はこの地域に関する知識が乏しいことに気づいた。インドネシア国軍がいくら敵を追い詰めても、現地の地理に明るいゲリラ組織は、ジャングルに潜み、巧妙なゲリラ戦を挑むことができたのである。さらには、現地の華人社会も華人中心の共産主義ゲリラの活動を支援していた。

インドネシア国軍は、この「不慣れな」地域の共産主義運動を壊滅させるため、現地民を利用しようと考えた。現地民とは内陸部に住むダヤク人たちである。国軍は、ダヤク人を扇動して華人と仲たがいをさせることで、内陸部の華人をダヤク人の手によって沿岸部に追放し、共産主義ゲリラの補給路を絶つという作戦を計画したのである。

本章では、二〇〇〇年代に入り登場した、一九六〇年代の西カリマンタンの社会状況に即したデイヴィッドソン(J. S. Davidson)らの研究を参照し、筆者自身の現地調査から得られたデータを分析することで、当時の西カリマンタンの状況に迫る。「一九六七年華人追放事件」の重要性は、西カリマンタン華人の目前にインドネシアの国家権力が初めて明確な形で現れた出来事であるという点にある(それは不幸な出会い方であったが)。ダヤク人によって追放された内陸部の華人は、西沿岸部のポンティアナックやシンカワンといった都市部に集住させられ、その後しばらくインドネシア国軍の監視下で恐怖のうちに生活することになる。

本章ではまず、この事件に至るまでの複雑な国内状況・国際関係について考察する。西カリマンタンの軍事化が進む原因となった、マレーシア、インドネシアの国境地帯で活動していた共産主義ゲリラの活動はどのように生じ、どのように展開したのか。そして「一九六七年華人追放事件」がどのように生起したのか。さらに、この事件を機にシンカワンやポンティアナックに移住を強制された難民の新しい居住地での状況について述べる。最後に「一九六七年華人追放事件」が、西カリマンタンの社会、特に華人社会にどのような影響を与えたのかについて分析する。

1　西カリマンタン・サラワクの共産主義運動の概略

「一九六七年華人追放事件」の発端は、西カリマンタンのインドネシア共産党の活動および、隣接するサラワク州の共産主義者の活動であった。彼らの活動のゆえに、ジャワのインドネシア軍部の干渉を招き、共産主義運動と無関係に生活していた西カリマンタンの華人までも「共産主義者」のレッテルを貼られて追放されることになったのである。

一九六〇年代初め、ソフィアン（Said Achmad Sofyan）が率いるインドネシア共産党西カリマンタン支部は、貧困の中にある現地の華人社会への働きかけを強め急成長した[1]。ソフィアンはアラブ系のムスリムであったが、その温厚な性格ゆえに、華人からは「大哥（tai ko）」と客家語で呼ばれ、慕われていた［Davidson and Kammen 2002:59］。一方で彼は、インドネシア国軍や西カリマンタン州政府とも良好な関係を築いていた。

一九六〇年代初め、マラヤ連邦のアブドゥル・ラーマン首相（Tunku Abdul Rahman）は、一九五七年に成立したマラヤ連邦を構成していたマレー半島の諸州に加え、シンガポール、ボルネオ島のサラワク、サバ、ブルネイを含む形でのマレーシア連邦構想を発表した。ブルネイのスルタン（イスラムを奉じる国王）はこの構想に同調した。しかし、ブルネイ生まれだがインドネシアの抗オランダ戦争と独立に共感を覚えていたアザハリ（Sheik A. M. Azahari）は、この構想に反対し、ブルネイ人民党（Parti Rakyat Brunei, PRB）を率いてスルタンに対する反乱を起こした。彼が目指したのは、ブルネイ、サバ、サラワクから構成される北カリマンタン独立政体結成であった。この反乱はイギリスの部隊によって即座に鎮圧されるが、その後サラワクの華人主体の共産主義組織に加え、マレーシア連邦結成をイギリスによるる再植民地化と批判するインドネシアのスカルノ政権もアザハリを支持した。

一九六三年九月、マレーシア連邦が成立すると、スカルノはあからさまに「マレーシア粉砕（Ganjang Malaysia）」を明言するようになった。インドネシア政府の後援、アザハリのブルネイ人民党の協力を受け、サラワクでは、それまで活動していた華人主体の共産主義ゲリラが活発化する。彼らは西カリマンタンとサラワクの間の長大な国境地帯で反マレーシア連邦闘争を繰り広げ、形勢が危うくなるとインドネシア領に逃げ込んで反撃を繰り返した。サラワクの反政府勢力は、マレーシア政府にとっての悩みの種であった。さらに西カリマンタンのソフィアン率いるインドネシア共産党勢力、ジャワからの志願兵もインドネシア政府の強力な支持のもと、マレーシア連邦に抵抗した[Mackie1976:126–128, Coppel 1983:145–149, Davidson and Kammen 2002:55–58, 原 二〇〇九：一六三－一七二]。

この状況を一変させたのが九・三〇事件であった。事件直後は、ジャワやバリで起こったような劇的な共産主義シンパの虐殺は見られなかった。このタイムラグは、西カリマンタンの国民国家の中心から見た場合の「辺境性」による。しかし左派系の新聞が発行停止となったり、西カリマンタン州政府によってインドネシア共産党は非合法化されたりした。また、インドネシア全土で見られたように、西カリマンタンでも華人の運営する学校は閉鎖された。

このように九・三〇事件が起きても、直ちに直接的な影響は及ばなかったが、これにより、西カリマンタンの共産主義勢力は宙に浮くことになった。それまで彼らを後援していたインドネシア政府が一転して、彼らを排撃する側に回ったからである。特にそれは、一九六六年八月に、スカルノ時代のマレーシア連邦の対決（コンフロンタシ）政策を翻して、スハルト政権がマレーシアと国交回復を行ってから明確になった。また、サラワクゲリラにとって、九・三〇事件以降、スカルノの影響力が弱まる中で、インドネシアの後援なしにマレーシア政府との孤独な戦いを展開することになった点からもサラワク情勢に与えた当該事件の影響は甚大であったと言える。

九・三〇事件の特徴は、この事件が共産党関係者の人生だけでなく、何の関係もない市井の人々の生活まで変えてしまった点である。特に多大な影響を受けたのは、西カリマンタンの華人であった。インドネシア国軍が彼らを、同じく華人主体のサラワクゲリラと同一視し、彼らにゲリラを援助しているのではないかという疑いをかけたからである。

2　インドネシア国軍の動き

この越境的ゲリラ組織に対峙したインドネシア国軍はどのような体制を取っていたのであろうか。西カリマンタンを一九五〇年代から統括していたのは、タンジュンプラ第一二師団（Komando Daerah Militer XII Tanjungpura）である。この師団は、九・三〇事件以降も共産党勢力の討伐に消極的な姿勢をとっていた。その理由は、両者の個人的関係に拠るものであった。当時タンジュンプラ第一二師団を率いたリャクドゥ（Ryacudu）は、追跡されるソフィアンと友人関係にあったため、彼をかくまっていたのである［Davidson and Kammen 2002:57］。

インドネシア国軍中央は、このようなゲリラの野放しを認めるわけにはいかず、リャクドゥを親共産勢力と見なし更迭した。一九六七年六月二九日、代わってジャワのバンドゥンに根拠地を置き、反共色が強くスハルトの支持も厚い、シリワンギ（Siliwangi）師団が西カリマンタンに導入された。この師団を率いたのはダルル・イスラム運動（Darul Islam）鎮圧、(2) スマトラのインドネシア共和国革命政府（Pemerintah Revolusioner Republik Indonesia, PRRI）鎮圧に功のあったウィトノ・サルソノ（Witono Sarsono）であった［Ibid.:61］。これが、西カリマンタンの華人にとって決定的影響を与えた。ウィトノが国軍の共産主義者壊滅作戦のイニシアチブを取っていた時期に「一九六七年華人追放事件」が起きることになったからである。

西カリマンタンという特殊な辺境性を持つ地域で、国民統合を果たすためには、軍による強権的な制圧と監視が必要とされたのはこの地域の宿命であったと言えるかもしれない。九・三〇事件以降、インドネシア共産党勢力がジャワやバリといった地域でスハルトの軍隊によって次々と壊滅していく中においても、西カリマンタンには軍の勢力が及ばず、現地の華人社会の支援を受けて共産主義活動が継続した。さらに、マレーシア政府からの弾圧に耐えかねたサラワクゲリラが西カリマンタンに逃げ込んできた。インドネシア共産党西カリマンタン支部とサラワクゲリラは、新中国の影響により共産主義活動に理解のある華人のコミュニティーの支持を受けながら、共闘することができた。サラワクゲリラは西カリマンタンで活動の舞台を得ることができ、インドネシア共産党西カリマンタン支部はサラワクゲリラのそうした活動に期待するという「持ちつ持たれつ」の関係が成立したのである。

しかし、「一九六七年華人追放事件」以降国軍の徹底的な攻撃に敗れた両者は活動の基盤を失っていく。サラワクゲリラはサラワクに撤退し、西カリマンタンのインドネシア共産党も住民との協力にも失敗し、急速に勢力を弱めていく。

興味深いのは、インドネシア全体で見れば、九・三〇事件が共産主義勢力に対する決定的な打撃を与えたのは確かなのだが、西カリマンタン州においては、上記のサラワクゲリラや地元華人の支援により、これが決定打とならず、一九六七年にはこの地域の共産党勢力は一時勢力を盛りかえした点である。

以上のサラワクの政治状況を強く受けた政治過程を理解するため、サラワク側の共産主義運動についても分析が必要である。

3　サラワク独立政体構想の展開

一九六〇年代前半は、ボルネオ三邦（北ボルネオ North Borneo、サラワク Sarawak、ブルネイ Brunei）[3]の政治が激動した時期であった。イギリスからの脱植民地化をいかにして達成するかについて、宗主国のイギリス、すでに独立していたマラヤ連邦[4]、ボルネオ三邦はさまざまな利害対立を抱えながらその道筋を模索した。これらボルネオ三邦の政治活動に身を投じた人々に共通するのは、マレーシア連邦構想は植民地主義の再来であると批判し、彼らが「北カリマンタン（中国語表記で北加里曼丹、英語表記はNorth Kalimantan）」と呼んだこの地域に、サバ、サラワク、ブルネイが統合されたイギリスの息のかかっていない新しい政体を作るという目的を持っていた点である［盧二〇一二：二］。

新植民地主義に抵抗する人々の中には、サラワクの左派運動で中心的役割を果たした文銘権（Wen Ming Chyuan）や黄紀作（Bong Kee Chok）といった指導者がいた。彼らは、一九五〇年代に中国に渡りそこで学問を修め、中国の国家建設に貢献しようという華人だったが［王二〇一三：二五六－二八二］、その思想の支柱にはマルクス・レーニン主義、毛沢東思想があった［盧二〇一二：七］。しかし、実際に彼らの活動を最も強力に支えたのはスカルノであった。ところが、九・三〇事件が転機となる。これによって一九六六年、スカルノが推進していた「マレーシア対決策」が撤回され、サラワクと国境を接する西カリマンタンに派遣していた部隊に代わり、スハルトの命を受けた反共色の強い部隊が導入された。このインドネシア軍の総入れ替え以降、ゲリラ掃討作戦が過激さを増し、彼らは退却を余儀なくされた。一九六七年七月、サラワクゲリラは、逆転を図るために最後の力を振り絞ってインドネシア国軍基地を襲撃するが、その後は、インドネシア国軍がますますゲリラ追撃に力を注ぐようになり、壊滅へと向かっていった［Davidson and Kammen 2002］。

サラワクにおいては指導的立場にあった黄紀作が、一九七三年一〇月にサラワク州政府と和平協定を結び、同月中に彼の指揮下の主要部隊が降伏した。州政府はこの和平協定の後に、スリ・アマン（Sri Aman）作戦と呼ばれる降伏の呼びかけを行い、一九七四年七月までにゲリラの大部分が続いた。その後も残って活動し続けた一八〇名ほどは一九九〇年まで山野にこもりゲリラ戦を展開した［原二〇〇九：一七二－一七三］。彼らは多くの自伝や回顧録を出版しており、そこには彼らの闘争の時代の悲喜こもごもが語られている(5)。本節ではこれらの回想録や元ゲリラに対するインタビューも資料として利用するが、彼らの認識を絶対視することなく、親マレーシアの立場から書かれた雑誌記者によるレポート［Tan 2008］、サラワクのゲリラ掃討に実際に関わったインドネシア軍人の回想録［Hendropriyono 2013］なども活用しつつ、①サラワクの独立政体を目指す活動の背景、②九・三〇事件がサラワクのこの運動にどのような影響を及ぼしたのか、また③九・三〇事件でスカルノという強力な支持者を失った後も彼らの活動が比較的長い間継続したのはなぜか、について考察する。

(1) ボルネオ三邦独立政体構想の概要

本節では、サバ、ブルネイ、サラワク各地域の一九六〇年代前半における政治動向を概観する。

サバ

サバは一八八一年より、北ボルネオ会社というイギリスの勅許会社によって統治され、植民地期は英領北ボルネオ(British North Borneo)と呼ばれていた地域である。カダザン人(Kadazan)、ドゥスン人などの現地民のほか、主に客家系の華人が多く、その他フィリピンやインドネシアからの移民も多い。

一九六〇年代前半のサバについては、山本博之の脱植民地化過程に関する研究が存在する[山本 二〇〇六]。サバの脱植民地化に貢献したサバの民族主義者、ドナルド・ステファン(Donald Stephens)は、オーストラリア人と北ボルネオの現地民の一つであるカダザン人の混血であった。ステファンは、北ボルネオの独立後のマラヤ連邦との協力は支持するものの、北ボルネオがマレーシアの一州として吸収されるのに反対であった。将来独立する際には、隣国のサラワクやブルネイとともに連邦を結成し、北ボルネオはその連合の枠組みの中で自治州として独立を実現すべきであるとしていた[同:七三―七六]。

さらにステファンは、北ボルネオ、サラワク、ブルネイのボルネオ三邦を越えた地域協力、各邦が自治権を持ちながら中央政府を持つ単一の連邦国家を構想していた。ところが、イギリスは最終的に、強硬に「サバ人のためのサバ」を主張するステファンの懐柔に成功した[同:二七二―二七八]。

ブルネイ

ブルネイは一六世紀ごろから、ボルネオ島北部からフィリピン南部まで覆う一大イスラム王国の中心地として繁栄したが、一八八八年以降イギリスの保護領に編入された。

ブルネイでは、一九六〇年代にどのような脱植民地化運動があったのであろうか。この主題については、鈴木陽一の論文が多くを説明している［鈴木 二〇一五］。当時のブルネイのスルタンであった、オマール・アリ・サイフディン三世（Sultan Omar Ali Saifuddin III）も民衆も当初はマレーシア連邦成立に反対であった。スルタンがマラヤの民主主義的な政治手法に警戒したのである。しかしながら、国内ではインドネシアの後ろ盾を持ったアザハリのブルネイ人民党が勢力を増していた。インドネシア独立闘争に共感を寄せるアザハリは、民族の独立という視点から、マレーシア連邦に反対であったが、スルタンの場合には、上述のように別の理由からマレーシア連邦に対して消極的だったのである。しかしスルタンは、国内で強い勢力基盤を築きつつあるアザハリの勢力と対抗するためにマラヤとの連合を考えた。つまり、封建勢力の象徴とも言えるスルタンと革新勢力のアザハリは、本心ではどちらもブルネイのマレーシアへの統合には反対であったものの、その性格の違いから両者が共同することはなく、スルタンはアザハリの牽制のためにマラヤへの連合を戦略的に考えていたのである。

一九六二年選挙では、アザハリ率いるブルネイ人民党は圧勝し、立法評議会三三議席のうち、民選議員一六議席全部を獲得していた［同：六二］。彼らはインドネシアとの協力のもとに北カリマンタン統一国家を目指していた。マラヤ連邦政府は、スルタンではなくアザハリを交渉相手とし、ステファンに対して行ったように彼の取り込みを画策した。しかしアザハリは、イギリスやマラヤ連邦の思いどおりにはならなかった。ブルネイ人民党は、シンガポール、マラヤ連邦の野党、さらには後述するサラワクのサラワク人民連合党（Sarawak United People's Party, SUPP）という反マレーシア政党とも共闘していた。アザハリ自身、インドネシア独立革命期にインドネシアへ渡り、独立革命期の政府と強いつながりを持っていた。隣国インドネシアの力を借りて、北カリマンタン独立へと邁進していたのである

［同：六三］。

そしてついに、一九六二年一二月、アザハリは国内の大多数の支持者とともに親マレーシアのスルタンに対する反乱を実行し、共和国の成立を目指した。しかしこの反乱は短期間のうちにイギリス軍に弾圧されてしまう。これ以降、ブルネイ、特にスルタンのイギリスへの依存はますます強まり、マレーシアへの編入を選ばず、イギリスの保護領として残存することになる。反乱鎮圧後に駐留し続けたイギリス軍に王国を守ってもらう路線が定着したのである［同：六六］。このようにスルタンとアザハリの間の緊張関係が、ブルネイ反乱後に消滅したことにより、国王は国内情勢におびえることなく、堂々とイギリスの庇護のもとに残ることが可能になったのである。

アザハリの反乱後、ブルネイ国内では反マレーシア勢力は消滅したが、サラワクではこれ以降、スカルノがますます支援を始めた結果、反マレーシア勢力は巻き返しを図るために活動を活発化させた。インドネシア国軍は西カリマンタンで、この動きに同調するサラワク青年に軍事教練を施した。マラヤ連邦側がインドネシアの関与を非難すると、インドネシアのスバンドリオ外相（Soebandrio）は一九六三年一月に「対決（konfrontasi）」政策を表明し、インドネシアとマレーシアは戦争状態に入った［原二〇〇九：一〇四－一〇五］。

サラワク

サラワクには一九世紀まで、ブルネイ王国の勢力が及んでいない地域が多かったが、イギリス人ジェームズ・ブルック（James Brooke）は、この地域のブルネイ国王に対する現地民の反乱を鎮圧したことでスルタンからラジャ（Raja）（王の意）の称号を得た。これに不満を持ったブルネイの王族がブルックに反旗を翻すと、ブルックはイギリス軍の助けを借りて反対勢力を制圧し、一八四一年にサラワクの統治権を得ることになる。その後、日本統治期に入るまで、三代にわたってブルック家による統治がサラワクで展開された。

一九六〇年代、イギリスは自国の息のかかった政党に脱植民地化を掲げた国づくりを担わせることで、自らの影響力を維持しようとした。そこで複数の御用政党が一九五〇年代末に誕生した。その一つとしてサラワク人民連合党があった。ところが、この政党に一九五〇年代の中国式の教育を受けた華人が参加するようになり、徐々に華人たちの勢力が力を持つようになる［田村 一九八八：一〇－一一］。前述のようにサラワクの華人人口は二五％に上り、プレゼンスが高い。彼らは一九五〇年代から新中国の思想的影響下に、脱植民地化運動に関わるようになり、サラワクの民意を介しないマレーシア構想に断固反対したのである。

(2) マレーシア連邦形成への道のり

一九五〇年代、華人の人口比率が高いサラワクでは、唯物史観に基づいて、旧体制を打倒した「新中国」の建国が支持されていた。(6) 中国共産党を支持する新聞が多数発行され、学校教育でも社会主義思想が普及した。一九六〇年には、非華人の識字率が一七％であったのに対し、華人の識字率は五四％にも上った。彼らが知識人青年層を構成したのである［田村 一九八八：九－一〇］。

サラワクの左派運動は、抗日戦争の時代に活性化し、戦後一九五四年のサラワク解放同盟（Sarawak Liberation League, SLL）に結晶化した［原 二〇〇九：一六〇］。イギリスはこの運動を警戒するようになり、共産主義関連書籍の禁書処分、中国語学校への制限を強める［劉 一九九二］。サラワクで中国語教育を受け、中華人民共和国の政治的影響を受けた華人若年層の間で左派活動が活性化し、一九五九年にサラワク人民連合党がイギリスの調整によって結成された際には、このように政治的に覚醒した青年たちは積極的に政党政治に参入した。イギリスは植民地政府と協力する政党結成を望んで、市評議会の有力メンバーであり商工会の有力者でもあった華人に働きかけたのである。党の主導権を握ったのは、商工会の華人やイバン人であったが、党の支部レベルを支えたのは共産党組織であった。当時のサラワクは、サバに比べ主要な産業が少なく、経済は停滞し失業率も高かった［田村 一九八八：一〇］。このような背景があり、それ以前からサラワク解放同盟に参画していた知識人青年は、二五〇〇人規模となり、彼らは多くの党員を募ろうとしていたサラワク人民連合党に参加した。イギリスは共産主義が広がっているのは支部だけだと見込んでいたが、共産党勢力はその後も拡大し、サラワク人民連合党を合法的政治母体としてマレーシア構想に反対し、デモやストライキを頻繁に行うようになった［同：一一］。党を結成したのはイギリスであったものの、サラワク人民連合党は、マレーシア構想に最後まで反対する唯一の党となった。

⑶ イギリスの対抗策

サラワク人民連合党勢力は日増しに強力になったため、イギリスはこれに対抗する政党を結成する。ブルック時代に優遇された一部のイバン人と共産主義の拡大を危惧する華人を主体とするサラワク国民党（Sarawak National Party, SNAP）である。中心となったのは、ブルネイの石油会社に勤めていたステファン・カロン・ニンカン（Stephen Kalong Ningkan）であった。[7] サラワク国民党もマレーシア連邦に反対し、「サラワク人のためのサラワク」を主張していた。その他、マレーシア構想支持のもとにムスリム政党であるサラワク国家党（Parti Negara Sarawak）、サラワク国民戦線（Barisan Ra'ayat Jati Sarawak, BARJASA）が相次いで結成された［田村 一九八八：一一］。

このようなサラワクにおける政党政治の曙の時期に、特にサラワク人民連合党を母体として活動していた共産主義運動の指導者に文銘権と黄紀作がいる。文銘権は一九三二年サラワクのクチン（Kuching）[8] 生まれで、クチン中華中学在学中に社会主義活動に参加し、一九五四年にサラワク解放同盟が結成された際には指導的立場にあった。その後結成されたサラワク人民連合党（ＳＵＰＰ）のリーダーを務めた。同じくサラワクに生まれた黄紀作は文とともに一九六二年にイギリスによって中国に送還されるがその後インドネシアに入国し、ブルネイ反乱失敗後インドネシアに移住していたアザハリと出会い、インドネシア政府の要人とともに、インドネシアと協力してマレーシア連邦反対運動を推し進めることになる［原 二〇〇九：一五九－一九三］。[9]

(4) マレーシア構想

一九六一年、アブドゥル・ラーマンによってマレーシア構想が提唱された。サラワク人民連合党のリーダー王其輝(Ong Kee Hui)と、ブルネイ人民党のアザハリはサバのジェッセルトン(Jesselton)のドナルド・ステファン宅に集まり、その構想について協議した。彼らは、「われわれ三邦の人々は、アブドゥル・ラーマンがブルネイおよびサラワクで発表した見解と一致するいかなる計画も、決して受け入れることはできない」とする北ボルネオ、サラワク、ブルネイの共同声明を出した[山本 二〇〇六：二七一－二七二]。一貫して強調されたのは、マレーシア連邦について議論するならば、ボルネオ三邦の人々の民意が反映されなければならない、ということであった[同：二七一]。

これを受けてイギリスは、ボルネオ三邦に対する民意調査団を派遣した。元英国銀行総裁コボルト卿(Cameron Cobbold)をリーダーとして結成されたコボルト調査団(一九六二年二月から四月にかけて派遣)は、ボルネオ三邦の住民がマレーシア参加に同意しているという結果を発表した。スカルノや、サバの領有権を巡ってマレーシア構想に異議を唱えるフィリピンのマカパガル(Diosdado Macapagal)、さらにマレーシア連邦形成を推進中のマラヤ連邦のアブドゥル・ラーマンたちはこの調査を不服とし、一九六三年八月、フィリピンのマニラで会議を開き、国際連合による公正な調査を求めたのである。この要請に応じて、国際連合も民意調査団を同月に派遣することになった。この国連調査団は、ウ・タント(U Thant)国連事務総長の代理としてアメリカ人、ローレンス・ミッチェルモア(Laurence Michelmore)がリーダーを務めていた。では、この二つの調査団の特にサラワクでの活動の様子について見てみよう。

コボルト調査団の民意調査は、北ボルネオ、サラワク、ブルネイの複数の都市と村落で六九〇団体および四〇〇〇人の個人との非公開のインタビューを通じて行われた。また各地に窓口を作って、意見文書の持ち込みを歓迎した。その結果、北ボルネオとサラワクの人々は三分の一がマレーシア連邦形成に無条件賛成であり、三分の一が宗教や言語の問題で自治権の保障を獲得するという条件付きで賛成、残りの三分の一は反対(独立か、そうでなければイギリス領にとどまる)と報告された[山本 二〇〇六：三〇四－三〇五]。

この報告では、サバやサラワクの州の権利は認めなければならないとする一方で、マレーシア連邦計画は有益で魅力的であるため、ボルネオ住民の利益になるだろうとしている。つまり、北ボルネオとサラワクは、必要な保障を獲得したうえでマレーシア連邦に加わるのが最善である、という結論を出している［田村 一九八八：一三－一四、山本 二〇〇六：三〇四－三〇五］。

二回にわたる調査団に同行した記者ガブリエル・タンはその際の経験に基づいて以下のように報告している。

コボルト調査団がシブ（Sibu）を訪れた際、反マレーシアの看板、立札、垂れ幕が各地に存在しており、シブとミリ（Miri）では、コボルト調査団に対して攻撃的なデモが起こった［Tan 2008:55–58］。

この調査にはコボルトのほか、イギリス植民地統治の要人が参加したが、彼らは各地で反マレーシア、親マレーシアの両勢力に出会うことになる。調査に同行したガブリエル・タンは一九六二年三月一六日にシブにいたときのことをこう綴っている。

シブの町は反マレーシアのポスター、横断幕で埋め尽くされていた。若者たちがこれを作っていたが誰もこれを止められない様子であった。サリカイ（Sarikai）では、意見を表明した政治組織のうち、一つだけが親マレーシアであり、一七の組織はマレーシア連邦への編入に反対していた。クチン近くのスリアン（Serian）では、大勢のデモ隊がマレーシアに反対を訴えたプラカードを掲げていた［Ibid.:57–59］。

マレーシア連邦結成が間近に迫った翌一九六三年八月、国連調査団の二度目の派遣の際には、各地でさらに過激なデモが起こった。ガブリエル・タンは、クチンの群衆の「我々にはマレーシアはいらない、マレーシアはクアラ・ルンプルによる支配を意味する（We do not want Malaysia, Malaysia means control by Kuala Lumpur）」という抗議の声を浴びたことを記録している。時には投石を受けることもあり、中国語、英語、マレー語など、さまざまな言語の横断幕が各地に掲げられていた。また華人青年たちにより調査団の車が襲撃され、団員が暴行を受けることもあった。ミリにおいては投石のみならず催涙弾を用いた攻撃に見舞われたという。デモ隊は、反撃を受けないように、年配の女性や子どもたちを前列に立たせて後方から攻撃した、という記録も残っている［Ibid.:61–64］。

(5) マレーシア成立

前項で述べたようなマレーシア編入反対派の実力行使が続く混沌とした状況の中で一九六三年九月一六日、サラワクはマレーシア連邦成立と同時に、この連邦に編入されることになった。これを受けて、インドネシアはますますマレーシア対決政策を硬化させ、ゲリラ戦を仕掛けていく。その実行に当たりインドネシアはマレーシア粉砕のため、ブルネイ反乱に失敗し北カリマンタン統一革命政府（Pemerintah Revolusioner Negara Kesatuan Kalimantan Utara）を樹立したアザハリおよびサラワクの共産主義者と協力した［原 二〇〇九：一六七］。一九六四年、インドネシア政府の肝いりにより、サラワク青年主体のゲリラ部隊であるサラワク人民遊撃隊（Pasukan Gerilya Rakyat Sarawak, PGRS、中国語名は砂拉越人民遊撃隊）が、一九六五年に北カリマンタン人民軍（Pasukan Rakyat Kalimantan Utara, PARAKU、中国語名は北加里曼丹人民軍）が結成され、前者はサラワク西部および西カリマンタン（この場合は活動地域がサンガウレドやブンカヤン一帯）で、後者はサラワク東部および西カリマンタンの内奥部の国境近くで活動した［Davidson and Kammen 2002:55–58］。

反マレーシア集会に集まったクチンの人々（2013年12月シブ市の友誼博物館にて筆者撮影）。

(6) イギリスによる反対勢力の弾圧

イギリスは、このような反対勢力の青年たちやサラワク人民連合党員などを個別に説得し、言論や集会の制限を行う一方、「危険人物」を取り締まった。その結果、マレーシア成立までに多くの人々が逮捕されることとなった。イギリス、マラヤ連邦両政府は、政府間委員会（Inter-Governmental Committee）を結成し、マレーシア成立に合意したサバ、サラワクの自治権をめぐる合意形成に奔走するが、サラワク人民連合党はマレーシア連邦に強硬に反対し続けた［田村 一九八八：一五］。

サラワク青年の間に積極的に反マレーシア連邦に関わる人々が拡大していくのは、一九六二年一二月のブルネイ反乱後であった。ガブリエル・タンは、当時の様子を、青少年がサラワクの都市から消えたと表現している［Tan 2008:131］。彼らはインドネシア領内に入り、インドネシア軍による軍事教練を受けていたのである。一九六二年六月二二日、サラワク人民連合党のリーダーの文銘権と黄紀作はイギリス当局によって国外追放となり、いったん中国に渡ったが、改めて西カリマンタンに潜入し、インドネシア政府との共闘を進めていく。一九六五年に入るとゲリラ活動はさらに活発化し、イギリスの警察署への襲撃事件が見られるようになる。一九六五年六月から九月までに二〇〇人の共産主義者がイギリス当局に逮捕されている［Ibid.:150］。イギリス警察による逮捕者への説得によってわかったことは、彼らの活動の動機が、友人に誘われて参加したといった理由が多かったということである。彼らの多くは、自らがどのような組織に属し、どのような目的で活動しているのかわからないまま、学生運動の熱気にうかされるようにして参加していたのである。逮捕された青年たちは、釈放後、ラジオ・サラワク（Radio Sarawak）[10]に出演し、自分がゲリラ活動に加担してしまったことへの後悔を述べたという。さらにそのメッセージは、出演者ごとにさまざまな言語（福州語、客家語、標準中国語等）で語られた［Ibid.:151］[11]。

ラジオ・サラワクはイギリス政府の宣伝メディアとしても重要な役割を担っていた。たとえば、「どんどんあなたも年を重ねる（いつまでやっているのか）、おじいさんは病気でいる。春節には家に帰ろう！」という、ゲリラ活動に没頭するものを家に帰らせることを意図したものなどがある［Ibid.:151］。

(7) インドネシアのサラワクゲリラ支援

インドネシアの軍人、ヘンドロプリヨノは著書の中で「我々が愛情をかけて育てた人を殺害しなくてはならなかった。自分で育てたものを自ら破壊しなくてはならなかった」と述べている［Hendropriyono 2013］。これは、スカルノが政治勢力を持っていた時代においては、インドネシア政府の命で、国軍はサラワクゲリラに軍事教練を施していたが、スハルトに権力が移ってから、国軍はこれまで訓練していたサラワクゲリラを敵に回して活動しなくてはならなくなったことを指している。

一九六五年は、インドネシア政府とサラワクゲリラの関係が最も密接になった時期で、西カリマンタン州都ポンティアナックにおけるアザハリとインドネシア政府関係者、および西カリマンタン・インドネシア共産党支部、サラワクゲリラ指導部が一堂に会した会議により、北カリマンタン共産党が結成された。一九六五年九・三〇日事件が目前に迫った九月一九日のことであった。この会議の後、文銘権はアザハリ夫妻とともに、一〇月一日の国慶節式典に参加するため中国に渡った。その後、九・三〇事件が起こったため、文は二度とサラワクに戻ることはなかった［盧二〇一二：九七－九八］。

スカルノが中国に傾斜し、マレーシアと対立するこの状況は、ベトナムと並んで冷戦構造がこの地域に持ち込まれたとも言える。つまり、植民地勢力やそれを引き継いだアメリカの影響力のある地域において、中華人民共和国が支援する革新左派が勢力を伸ばし、両者の対立構図が深まったのである。

(8) 新村政策

イギリスはゲリラ活動鎮静化のため、一般民衆を新村に集め、監視下に置く政策をとった。共産党勢力を孤立させ

クチン付近の「新村」（2013年12月シブ市の友誼博物館にて筆者撮影）。

る作戦である。これは、ベトナム戦争におけるアメリカ軍の戦略としても知られている［木畑 一九九六：一八八－一八九］(12)。その契機は一九六五年六月二六日にクチンの警察署襲撃事件を受けたハンマー作戦（Hammer Operation）である［Hendropriyono 2013:172, Tan 2008:24-33］(13)。

一九六五年七月六日に開始されたハンマー作戦は、当初一〇日間程度（七月一五日から二五日まで）の外出制限であったが、その後次々と新たな方針が出される。共産主義勢力との接触を断つため、華人を一つの場所に集住させる政策も、一時的な措置から永続的なものへと方針転換された。クチン周辺に新生村（Siburan）、来拓村（Beratok）、大富村（Tapah）という三つの新村が建設され、六〇人ほどの公務員、四〇〇〇人の警察官、一〇〇〇人以上の軍人が動員された。集められた華人たちは、当初学校の建物に収容され、その数が増えると、順次家屋が増設された。この間、八〇〇〇人（一二八五世帯）が新村に住むことを強制され、厳しい出入り制限が課され、軍隊と警察の監視下に置かれることになった。この政策は一九八〇年まで続けられた［Tan 2008:24-33］。

(9) シンガポールの離脱

マレーシア連邦結成後、スカルノの支持を拠り所としていたサラワクの左派活動家は、一方でシンガポールの動向にも注意を払っていた。元来左派勢力が強いシンガポールには、中国の進歩思想の牙城として多くの左派活動家を生み出してきた南洋大学もあり、思想的バックボーンが確立されていた。そのシンガポールが、一九六五年八月にリー・クアンユーを首相として、マレーシア連邦から離脱すると、サラワクの活動家たちは共闘へ向けた期待を寄せたのである［盧 二〇一二：三二七］。しかし、リーはそのような期待を裏切り、国内の左派勢力の弾圧を行った。南洋大学もそれまでの思想的背景を脱色された［田村 二〇一三］。

シンガポール離脱の影響は大きく、マレーシア連邦に参加していたサバも追随して離脱を試みようとする。それを恐れたイギリスは、引き留め工作を図り阻止することに成功する［鈴木 二〇〇一：一四二］。

このようにシンガポールは、一九六五年に独立したものの、中国共産党との関係を抹消し、国内の左派を壊滅させた。サラワクの活動家は、ますますスカルノしか頼れないという状態に追い込まれていった。これにとどめを刺したのが九・三〇事件であった。

⑽ サラワクゲリラへの九・三〇事件の影響

サラワクの共産主義ゲリラ組織、北カリマンタン人民軍の主要リーダーの一人であった盧友愛はその著書［盧 二〇一二］の中で、九・三〇事件の影響について次のように述べている。これは北カリマンタンのゲリラ組織の九・三〇事件への認識を端的に表しているものと言える。

世界を震撼させた九・三〇事件は、インドネシアにとどまらず、東南アジアさらには東アジアの政治に重大な影響を及ぼした。一九四五年のインドネシア独立以降、スカルノは世界の民族解放の巨人であった。しかし九・三〇事件の後、スハルトの右派グループはそれまでの歴史に逆行した。彼らは西側帝国主義に追随し、狂信的かつ極端な反共、反革命、反人民、反華人政策を採り、共産党員と革命の支持者に対して大虐殺を行った。

（中略）

われわれ北カリマンタンとインドネシアとの間には密接な関係がある。インドネシアの政局の変化は、北カリマンタン革命武装闘争にも甚大な影響を与えた。インドネシアの九・三〇事件はサラワク人民の革命武装闘争に大挫折をもたらしたのである。

（中略）

当初、われわれにとって唯一の敵はイギリス帝国主義であった。しかし、一九六三年にマレーシア連邦が誕生してから、われわれはもう一つの敵と立ち向かわなければならなくなった。それはマレーシアの封建官僚グループである。九・三〇事件の後には、インドネシアの右派反動勢力とイギリス・マレーシア反動勢力が和解し、われわれ北カリマンタン革命勢力はますます孤立した。

（中略）

インドネシア共産党、サラワク革命武装勢力と西カリマンタンの民衆、特に、華人群衆との連絡を絶つために、スハルト・ファシスト右派集団は、一九六七年九月一五日からダヤク人を利用して、多くの華人を殺害した。これは二〇世紀の最も悲惨な虐殺事件であった。その事件の後、われわれはインドネシア領内での闘争を続けることができず、すべての武装勢力をサラワクに戻すよりなかった。サラワクに戻ってから、農村での民族工作に力を入れたが、功を奏さなかった。

また、インドネシアの政局が急変する直前、北カリマンタン革命組織の最高指導者である文銘権が中国に行き、北カリマンタンには戻ってこなかった。これによりわれわれは、団結の核心となる指導者を欠くこととなった。これは武装闘争の失敗の一因である［盧二〇一二：一〇四－一〇五］。

ここでは、九・三〇事件が「北カリマンタン革命」にとっていかに大きな痛手であったかが明確に述べられている。また、西カリマンタンの華人が一九六七年にインドネシア国軍に教唆されたダヤク人に追放されたことにも言及し、この後、いよいよサラワクゲリラは西カリマンタンでの活動が継続できなくなり、サラワクに戻った後に運動は下火となってしまったこと、また、九・三〇事件によって最高指導者である文銘権を失ってしまったことが失敗の一因であるとしている。

また筆者が二〇一三年一二月に行った元サラワクゲリラ構成員への自由回答形式のインタビューの際に聞き取った情報は次のとおりである。彼らは「中国は精神的にはサラワクの共産主義運動を応援したが、物質的、軍事的に彼らの活動を支援したことはなかった」。さらに「むしろ彼らの後ろ盾は中国というよりもインドネシアであったので、インドネシアのスカルノ大統領が継続すれば、状態は変わっただろうに」とスカルノの支持の重要性を指摘した。(14)

九・三〇事件がサラワクゲリラに与えた直接的な影響に、それまでゲリラ組織を率いてきたリーダーである文銘権が中国に行ったきりサラワクに戻れなくなったことがあったことは、先の盧友愛の著書の引用にもあったとおりである。リーダーシップを欠いたゲリラ組織は、その後分裂し、幹部間の対立が表面化し、弱体化した。原によれば、文がジャカルタを発ったのは、一九六五年九月二八日で、その二日後に九・三〇事件が起きた。サラワクに戻ろうとする文に、中国共産党はとどまることを勧告したという［原 二〇〇九：一七六］。文とサラワクの指導者との連絡は途絶えがちになり、指導の中心を失った国内の革命はきわめて困難となった。このことは、ゲリラ活動に参加していた当事者からも聞かれたことであった。元サラワクゲリラの文銘権への評価はさまざまである。文が戻ってきていたら状況は変わっていただろうという評価がある一方で、彼の無責任さに失望したという厳しい意見も多い。いずれにせよ、文を失ったゲリラ組織は、統率がとれなくなり仲たがいも生じたのである。(15)盧友愛によれば、文はサラワクに戻ってこなかったが、重要局面では手紙で適切な指令を出していたということだ。(16)しかしその指令に実行力がなかったことは確かであろう。実際、その後インドネシア共産党との共闘路線を取る動きも見られるが、内紛により長続きしなかった。最終的に、一九七三年から翌年にかけて、黄紀作がサラワク州政府と協定を結び、彼の指令で彼につき従うおよそ五〇〇名（ゲリラ全体の七五％）が降伏した［Cheah 2009:149］。九・三〇事件は、マレーシア結成から徐々にその活動領域を狭められてきていたサラワクの左派活動の残り火を実質的に消滅させたのである。その後も、彼らの抵抗は局地的に続くが、国際関係の文脈では彼らには勝利する見込みは無かった。

九・三〇事件の影響が、サラワクゲリラの活動する西カリマンタンに及ぶには時間を要した。また、スカルノ時代のマレーシア対立政策は、スハルトが政治実権を実質的に掌握し、それ以前から秘密裡に進めてきたマレーシアとの国交回復を成し遂げる一九六六年八月一一日まで継続していたため、マレーシアとインドネシア両国の国軍が協力して国境地帯で活動するゲリラを制圧することができなかった。ところが前述のように、インドネシア共産党勢力と近しかったリャウドゥに代わり一九六七年六月二九日にウィトノが軍事の実権を握るようになると状況が変化した。これ以降、インドネシア軍とマレーシア軍は足並みをそろえて、ゲリラ掃討作戦を開始したのである。

この間の、サラワクゲリラおよび西カリマンタンのインドネシア共産党勢力の行動を見てみよう。一九六六年三月一一日以降、政治の実権を握るスハルトの影響力がますます強くなることが明らかになると、西カリマンタンのインドネシア共産党支部は、反スハルト政権、スカルノ支持を掲げて武力闘争路線に入った［林 二〇一〇：七〇］。この活動は活発化し、一九六七年七月には、西カリマンタンのインドネシア共産党勢力とサラワクゲリラの共闘組織は、マレーシア、インドネシア国境近くのサンガウレドにあるインドネシア国軍基地を急襲し、武器弾薬を奪った［同：六八－七一］。

しかしこの後、インドネシア軍とマレーシア軍は徹底したゲリラ掃討作戦を展開し、最終的には「一九六七年華人追放事件」に結びつくことになる。一九六八年、サラワクゲリラと西カリマンタンのインドネシア共産党勢力との共闘も解かれ、インドネシア共産党勢力は孤立した。

⑾ 西カリマンタン共産主義勢力から見たサラワクゲリラの存在

西カリマンタン共産主義勢力から見れば、サラワクゲリラによる軍事教練を中心とした支援は、活動を継続するうえで必須であった。九・三〇事件以降の動向を詳しく見ていこう。サラワクゲリラ側の回想録には、九・三〇事件についての記述は少ない。また、その後も一部で西カリマンタンとの共闘が進むものの、一九六七年をピークに、彼らはサラワクへの撤退を余儀なくされ、インドネシアを見限った。一方、西カリマンタンのゲリラは、スハルトの軍隊に直面した。ここでは、西カリマンタン側の人々へのインタビューや著書の記述に拠って考察する。興味深いのは、両者の間に見られる「温度差」である。西カリマンタンという地は、サラワクゲリラにとってはあくまで外国であったのに対し、西カリマンタン共産主義勢力にとっては自国の問題だった。スハルト打倒を掲げて共闘していたとはいえ、両者の当事者意識には大きな隔たりがあった。以下の西カリマンタン出身の活動家へのインタビュー記録には、特にスカルノに対する厳しい見方が見て取れる。

スカルノは民族主義者であり、彼は祖国とその人民を愛していた。彼はナサコム（Nasakom）によって、国民を団結させようとした。(17) しかし一方でスカルノは、共産党を自身の政治的ポジション確保に利用しようともした。結局、自らの利益を追求し民族全体の利益を忘れ、保身のために九・三〇事件以降、スハルトを即座に除くことができなかった。彼に対して軍人が反対して、自分の地位が揺らぐことを恐れたためである。海軍、陸軍、空軍にわたり勢力を保持していた共産党は、スカルノが指示を出すのを待っていたのである。しかしスカルノは何もしなかった。そのためスハルトは小規模の軍隊によって、インドネシアを変えてしまったのである。スカルノが反動派（スハルト派）の意見を真に受けたために多くの共産党員が犠牲になった。このような彼の優柔不断さは、資産階級特有の定見のないパーソナリティーのゆえであった。(18)

スカルノは理想は語るが、いざというときに自己保身を優先し潔くなかった、そのため自分たちの運動は破壊されてしまったのだ、という意見である。一方で、歯切れの悪いスカルノの引き合いに毛沢東を挙げ、「インドネシア共産党の最もよい友であり、彼は全力でインドネシア共産党を支持した。毛沢東こそが国際主義者である」と述べている。(19) 毛沢東からの支援はなく、スカルノが頼りであった、というサラワクの人々の意識とは正反対である。このように、自身の問題としてインドネシアの政情を受け止めていた西カリマンタンゲリラの方が、スカルノに対して失望感が大きく、それゆえに手厳しい意見を持っていた。

⑿ 西カリマンタンとサラワクゲリラの共闘

西カリマンタンには、中央の政治とは一定の距離を置いた、辺境特有の秩序が存在していた。しかし一九六〇年代初めからサラワクやインドネシアの共産主義活動が盛んになるにつれて、外部の影響を強く受けるようになっていった。こうして、この地域はインドネシア国内および国際政治の文脈に翻弄され、一九六七年の内陸部の華人追放という事件に発展していく。ここでは、その過程を見ていくことにする。

九・三〇事件の発生直後、共産党首領のソフィアンは、スカルノ大統領の指示を仰ごうとしていた。当初、西カリマンタンのインドネシア共産党上層部は、九・三〇事件は軍部内の権力闘争であり、間もなく事態は収拾されるであろうと見ていた。しかし状況はますます悪化し、多くの左派組織関係者は投獄された。スカルノが政治的権力を失ったことを悟ったソフィアンと副指揮の陳武侠（Tan Bu Hiap）は、地下活動に入りスハルト政権反対の運動を展開した。ジャワの共産党はすでに壊滅していたため、隣国であるサラワクの共産主義運動との共闘によって、インドネシアの共産党の巻き返しを図ったのである［林 二〇一〇：六八］。

彼らが活動の拠点とした西カリマンタン内陸部は、まだインドネシア軍部の手が及んでおらず比較的安全な地であった。彼らは、「内陸部に潜んでいれば、カリマンタンの他の地域、北カリマンタンとも連携でき、体力も温存できる。そのうえで反撃に出る策略だった」という［同：六九］。その後三一年間の長期にわたり盤石の体制を築くことになるスハルトに対し、当時は巻き返しできると考えていたのである。サラワクゲリラにとっては、インドネシアはまだまだ楽園であり、当時はしばしば西カリマンタンに入って活動をしていた。特に、華人の多いシンカワンのような都市には、訓練のために訪れて寝泊まりをする者が多く見られた。中国共産党支持者が多かったため、このような活動を許容、あるいは積極的に支持する雰囲気があったのである。シンカワン在住の阿強（A Khiong）によると、一九六五年当時、まだ存在していたシンカワンの中華公会（華人社会を束ねる組織）の建物にゲリラが居住していたという。このような公的施設にゲリラが堂々と滞在し、華人の有力者がそれを知っている、という状況は特筆すべきであろう[20]。特にシンカワンやポンティアナックのように高等教育を受けた華人が多い地域、そして、ブンカヤンやサンガウレドのような同じく左派の影響が強かった地域は、サラワクゲリラにとって格好の避難所となったのである。

九・三〇事件後、サンガウレド空軍基地に駐在する軍人はスハルト派に変わったという。そしてこのインドネシア軍人たちは好き勝手な行動をしていた。林世芳によると、壊れた時計と胡椒を交換させる、農民が育てた農作物や家畜の略奪、華人の家に入り恫喝し、賃金を支払わず強制労働をさせるなどの事件が起きたという。これに耐えかねたサンガウレドの青年たちは、サラワクの活動家のもとで軍事訓練を受け、ゲリラ活動に関わるようになった［同：六九］。彼らとサラワクゲリラ、インドネシア共産党勢力は一丸となって反スハルト運動を継続したのである。

一九六七年四月、西カリマンタンの指導者ソフィアンは、新たな拠点として、ブンカヤン近くの山中に根拠地を構え、火焔山（Gunung Bara）と名づけた。このいきさつは次のようである。一九六七年四月六日、ソフィアンと副指揮の陳武侠は、サンガウレドでサラワク人民遊撃隊を率いる林和貴、黄紀暁と面会し、共闘を決めた。一九六七年四月一六日、スハルト政権による反華人の影響力がますます強まる中、サラワク側の協力を得たソフィアンは、火焔山で、「西カリマンタン華人よ団結せよ、連合サラワク革命者の武装闘争に」というメッセージを掲げた。これによって人々の支持を募ったのである。続いて一九六七年五月一日、火焔山で議論のうえ、成員の軍事訓練はサラワクが行うことや宣伝部の結成など、その活動方針を具体的に定めた。これにより西カリマンタン・サラワク連合部隊「火焔山部隊（pasukan gunung bara）」と火焔山基地が正式に成立したのである［林 二〇一〇：六九］。

⒀ 九・三〇事件以降の西カリマンタンでの士気の高まり

九・三〇事件以降、華人の学校が全面的に閉鎖され、スハルトの圧政が顕在化していく中、西カリマンタンの活動家の多くは「反スハルト」を掲げて立ち上がった。九・三〇事件以降の共産党主義運動は、ジャワでは下火になったが、この地域では盛り上がっていった。当時の活動家たちの回想録［林 二〇一〇］をいくつか紹介しよう。

ブントロという西カリマンタン出身の人物は、九・三〇事件発生直後、何が起きたかわからないまま投獄されてしまった。拘留後数カ月で釈放され、実家に戻っていたところ、サラワクの協力を得て活動しているゲリラに参加している友人の情報を得て、攻撃の時を待っている火焔山基地に行き、活動に加わった(21)。ゲリラ活動に関わったポンティアナック出身のある人物は次のように回想する。

一九六五年九・三〇事件が発生した直後、私たちはまだこの事件の重要性について知る由もなかった。その日、私と友人たちは、シンカワンの映画館で映画を観、その後ダンスに興じていた。ところが数日後、様子が変なことに気づいた。左派が弾圧されているようなのである。華僑総会、華僑の学校関係者などは軍部に届け出をしなくてはならなくなった。また投獄された人たちもいた。このような状況下で私たち若い世代は地下活動に入っていった(22)。

さらに別の人物の例を見てみよう。

一九六五年九・三〇事件発生後、スハルトの軍事集団は、正義の人士に対して弾圧を加え、彼らを逮捕していった。華僑の学校と中華総会は閉鎖された。華人に対する迫害も強まっていった。このような非人道的な反華人、華人排撃事件を見て、私たち若者は義憤に駆られた。これは私たちインドネシア華人の危機なのである。スハルト政権は華人に対して不平等な政策を採り続けている。この状況を変えるため、一九六八年に火焔山部隊に参加した(23)。

このように、九・三〇事件以後、インドネシア全国で反共の嵐が吹き荒れる中で、西カリマンタンでは反共・反華人の性格を持つと見られたスハルト新政権を打倒しなくては、という「義憤」を感じて政治闘争に邁進するということが可能だったのである。

⒁ サンガウレド国軍基地襲撃事件

対ゲリラ戦の決定的な解決策を見出せずにいたインドネシア国軍に対して、一九六七年七月、ソフィアン率いるインドネシア共産党西カリマンタン支部はサラワク出身のゲリラ部隊と協力して、直接攻撃を開始した。

彼らは、サラワクゲリラの支援を得て軍事訓練は行っていたが、基本的には平和方針を採っており、実際には、内陸部の農民に革命への自覚を高めさせようとする啓蒙活動を行っていたにすぎなかった。ところが、九・三〇事件で、ジャワの共産党が壊滅状態になり、スハルト政権の抑圧的な排華、反共産主義の姿勢が明らかになったことで、平和方針は一変し、サラワクゲリラとの本格的な共闘により、反スハルト政権を掲げて武力闘争を展開することになるのである。第一撃は、インドネシア国軍サンガウレド基地に向けられた。林世芳によれば、実際に武装闘争で使用する武器不足を解消するため、手始めとしてインドネシア軍基地を襲撃して武器弾薬を奪ったのだという［林 二〇一〇：六九］。

火焔山部隊（サラワクゲリラ、インドネシア共産党西カリマンタン支部の連合部隊）は、一九六七年七月一三日、四日後の一七日にインドネシア軍幹部がサンガウレドの基地を訪れるという情報を入手した。それは、六月から続いていた基地内部の派閥争いの裁断を下すためであった。その間は、武器などが倉庫に格納されることが決まっており、それを狙った計画だったのである［同：七〇］。

それまで力を温存してきたサラワクゲリラと西カリマンタン共産党の共同部隊によるこの攻勢は、インドネシア国軍に衝撃を与えた。その後も国境地域ブンカヤン、サンガウレドでのゲリラ掃討作戦が過激化し、多数の戦死者を出した。林によれば、サンガウレド基地の襲撃により、五〇丁のライフル銃、五〇丁のピストル、数十箱の弾薬を奪ったという［同：六九－七一］。実際に急襲した部隊はそれほど多くないため、奪った弾薬の輸送には、地元の華人あるいはダヤク人が関わっていた可能性が濃厚である。当時の西カリマンタン華人が、いかにサラワクと西カリマンタン双方の共産主義活動に共鳴して、彼らを積極的に支持していたのかが読み取れる。

この襲撃事件を受けて、スハルトは即座にジャカルタで西カリマンタンの軍指導者とゲリラ掃討作戦を協議し、八月初めにはインドネシア国軍によって陸軍空挺部隊（Resimen Para Komando Angkatan Darat, RPKAD：パラシュート特殊部隊）を差し向けた［Davidson dan Kammen 2002:62-63］。(24) 総力を挙げてゲリラを掃討することが、至上命令となったことがわかる。この襲撃事件によってリャクドゥが更迭されると、代わってウィトノがシリワンギ師団を率いた。彼は、この地域の華人社会を特に警戒し、次のように軍の内部文書に書いていた。「現在、われわれの敵は明確な一つの民族集団（satu etnis sendiri）であり、彼らは独自の社会とわれわれには理解できない言語を持っており、これがわれわれの諜報活動を困難にしている」［Ibid.:63］。華人という民族集団全体に対するインドネシア国軍の敵対心が読み取れる。

⒂八・三〇部隊

一九六七年八月は、西カリマンタンにおける共産主義勢力が最もその力を誇った時期であり、頻繁に戦闘が起こった。彼らはさらに組織化を進め、インドネシア共産党員、地元ブンカヤンの青年、サラワク遊撃隊からなる「八・三〇部隊」を結成し、インドネシア共産党西カリマンタン支部副指揮の陳が指揮を執った。文字どおり一九六七年八月三〇日のことである［林 二〇一〇：七七］。

スハルトの軍隊が残酷な手段で共産主義者、華人に弾圧を加えていることが明らかになる中、参加する地元住民はますます増えていた。多くの青年たちがゲリラ活動に参加し、「紅色区」であるこの地域（ブンカヤン、サンガウレド）で活動するゲリラとしての人員を増強させた。そして一九六七年八月三〇日午後二時、火焔山からブンカヤンに赴いたソフィアンらは、八〇名ほどで「八・三〇部隊」の成立式典を行ったのである［同：八二―八四］。この当時の地元住民の支持を表す資料には次のような回顧録中の記述がある。

八・三〇部隊成立時には、まだまだわれわれに有利であった。というのは、ブンカヤンでは共産主義の考え方が強いため、どの村に行っても、地元の兵士の計らいで豚や鶏を屠《ほふ》って、われわれを接待してくれたからである。われわれは食べるもの、着るもの、住むところ、何も心配しなくてよかった。村の人たちは湯気を立てた食事を用意してわれわれの到着を待っていてくれたのである。一九六七年八月三〇日夜の集会で、住民代表は「みなさん、見てください。彼らは、故地では何不自由することはありません。しかし彼らは、それをすべて捨てて、われわれの革命に参加しに来ているのです。彼らは犠牲を惜しみません。彼らのような人からわれわれは学ばなくてはなりません。家庭のぬくぬくした生活を思うのはやめましょう。ここに優れた部隊が成立しました。これは、われわれの故郷を守るための部隊です」と演説した[25]。

このように当時は、内陸部においても地元住民の共産主義ゲリラに対する支持には並々ならぬものがあった。このような状況がむしろ、インドネシア国軍を不安にさせ、ゲリラ掃討のために、内陸部の華人を根こそぎ追放し、西沿岸部の大都市に集住させて監視しなければならないと考えたのではないだろうか。結局一九六七年一〇月、この国軍の構想は実施に移され、内陸部から多くの華人が追放されることになる。

西カリマンタンでは九・三〇事件発生後も、地政学的理由から直接的な影響は少なく、共産主義活動はそれまで同様に現地の華人の支持、援助を得られた。ところが「一九六七年華人追放事件」によって、ゲリラはいよいよ進退窮まることになったのである。火焔山一帯の華人住民は追放され、誰一人いなくなり、食糧が尽きて口に入れられるものは何でも食べたという。ブンカヤンとサンガウレドの状況は特に苛酷で、地元の華人は追放され、それまで華人が持っていた胡椒園やゴム園には誰もいなくなったという［同：八五］。このようにして活動の原動力たる住民の支持を失ったゲリラは一気に力を削がれ一九六八年のインドネシア軍との戦闘でさらに多くの戦闘員が命を失った。こうして、サラワクゲリラは自国に引き上げ、一九六九年初めには両者の協力関係は完全に途絶えることになった。インドネシア国軍から見れば、一九六七年の大規模な軍事作戦は成功したということになる。

4　ダヤク人の蜂起と国軍

前節まで、「一九六七年華人追放事件」に至る国際的文脈について考察してきた。続いて本節では、西カリマンタンの在地的文脈について分析を行う。西カリマンタンでは一九九〇年代後半に、先住のダヤク人およびムラユ人（マレー人）とマドゥーラ島からの移住民との間で凄惨な民族紛争が発生した。その印象が強いためか、西カリマンタンには民族紛争が絶えなかったというイメージが付きまとう。しかし歴史をさかのぼると、一九五〇年代には際立った紛争はなく、内陸部に居住した華人とダヤク人の関係はおおむね良好であった。

これまで述べてきたように、インドネシア国軍は共産党ゲリラを排撃し、西カリマンタンをインドネシアに組み込み、国民統合を行おうとした。この影響により華人とダヤク人の民族関係は急速に悪化したのである。

まず、一九六〇年代の西カリマンタンの政治過程を考察する準備として、時代をさかのぼり、インドネシア独立前後の時代から考えてみよう。西カリマンタンでは日本軍政期に、華人、ダヤク人、ムラユ人の王族といった権力者が迫害に遭い、殺害された。そのため、強力なリーダーシップを持って西カリマンタンの政治を主導する人物が存在せず、紛争もほとんど起こらなかった。その中で力をつけてきたのがダヤク人勢力であり、西カリマンタンの他の民族に比してのダヤク人の後進性を克服しようとした。この運動を担ったのはカトリック教会が普及させた中等教育を受けた教師たちであった。とはいえ、広域の人々を束ねる運動にまでは拡大しなかった。ジャワやバリでは、一九五〇年代末より、共産系、イスラム系、ナショナリスト系といった区別の明確な大衆組織が農村部においても並立・対抗していた［倉沢 二〇一四：三四－三六］。しかし西カリマンタンにはそうした対立構図は存在しなかったのである。このように、大規模な紛争が生じる背景が乏しく、ジャワやバリとは社会的政治的状況が大きく異なる西カリマンタンにおいてなぜ「一九六七年華人追放事件」が起こったのであろうか。

また、この事件は西カリマンタンの社会構造を大きく変化させた。元来華人が耕作していた土地にはマドゥーラ人が移住し、彼らとダヤク人との関係は一九七〇年代に悪化し局所的紛争が生じている［Davidson and Kammen 2002:80］。「一九六七年華人追放事件」において華人がダヤク人によって追放された地域と、一九九〇年代後半に起きた民族紛争においてマドゥーラ人がダヤク人によって追放された地域が近似していることは、この事件がその後の民族関係に大きな影響を与えたことを示している［Ibid.:80］。この事件について、華人研究あるいはインドネシア国軍研究の視角からの研究成果はいくつか存在する。しかし、それまで華人と共存していたダヤク人が、なぜ華人を追放するまでに緊迫した状況に至ったのかという問題を、ダヤク人社会内に焦点を当て、多様なレベルにわたって追究した研究は管見の限り存在しない。ここでは、ダヤク人指導者層の政治活動や、華人追放前後における一般住民の認識の変化を分析することによって、この問いに答える。

この事件は、ゲリラ根絶の必要を痛感したインドネシア国軍が「魚（ゲリラ組織）を駆逐するために、池の水（内陸部の華人社会）を抜く」という方策を採ったと言うこともできる［Feith 1968:134］。国軍にとっては、ジャワやバリにおいて行われた共産党粛清（一九六五－六六年）とスハルト新体制の基礎確立の最終局面（総仕上げ）といった意味を持つものであり、その後同種の事件は生じていない［倉沢 二〇一四：一八七－二〇〇］。以下では、このような政治動向の只中で生じることになった「華人追放事件」の背景、事件が引き起こされたきっかけとその後の展開、さらにこれによって何がもたらされたのかについて、ダヤク人指導者層のイニシアチブとそれに呼応した一般のダヤク人の行動に即して検討していく。

「華人追放事件」に関連する先行研究としては、デイヴィッドソンとカンメンによる論文およびデイヴィッドソンの単著がある［Davidson and Kammen 2002, Davidson 2008］。この二つの研究成果は華人追放事件の背景とそれへのインドネシア国軍の関与を明らかにしている。しかし、主に軍の内部資料を用いているため、あくまで国軍の把握した「示威行動」の一側面を分析したものといえ、ダヤク人に直接アプローチして得られた情報は少ない。また、西カリマンタンのダヤク人政治史を主題としたタナサルディ（Taufiq Tanasaldy）の著書は、「示威行動」へのダヤク人の主体的参加について、当時のダヤク人政治家の蔵書などの新たな一次資料を発掘して考察したものである［Tanasaldy 2012］。しかしながら、エリート層の政治について詳述されている一方、一般住民がどのようにこれに呼応したかについては明らかにされていない。筆者はこれらの先行研究が抱える問題を克服するため、自身が行ったダヤク人の各地の名士、一般住民、華人、軍関係者へのインタビューおよび文字資料を統合して、当時の様子の再構成を試みる。

(1) ダヤク人エリートのポリティクス

本項ではダヤク人エリートの政治活動の展開について俯瞰する。オランダ植民地期、ムラユ人に従属していたダヤク人は、オランダ政庁の積極的な庇護のもとに置かれた。また、オランダのカトリック勢力は西カリマンタンの内陸部まで布教活動を行い、学校を設立した［Davidson 2008:34–36］。そこで教育を受けた人々が汎ダヤク運動を担っていく。ムラユ人や華人に対するダヤク人の後進性を克服し、ダヤク人の地位を高めていこうという運動が汎ダヤク主義の源流となった。

日本は一九四二–四五年に軍政を敷いたが、一九四四年、親オランダのムラユ人王族と各地の華人の有力者を、日本の統治に逆らうものとして逮捕し大量に殺害した［Somers Heidhues 2003:106–129］。このとき、ダヤク人は地域社会の権益とは直接関係がなかったためにほとんど被害を受けなかった。この事件により、ムラユ人、華人の有力者が失われ、ダヤク人の地位は相対的に高まった。

この時期の汎ダヤク運動を率いた人物に、カトリック神学校を卒業した教師のウファン・ウライ（J. C. Oevaang

Oeray）とパラウンスカ（F. C. Palaoensoeka）がいる。パラウンスカがまず行動するダヤク（Daya In Action, DIA）[26]という政治組織を作り、その後ウライがこれを発展させて一九四五年に「ダヤク統一党（Partai Persatuan Dayak, PD）」を結成する［Davidson 2008:37–38］。この政党は、西カリマンタンの地方政党として根強い人気を示したが、一九五九年に発布された大統領令七号により地方政党が禁じられたことによって解散となった。その後ウライは左派のインドネシア党（Partai Indonesia Partindo）で、パラウンスカはカトリック党（Partai Katolik）でそれぞれ活動した。一九五〇年代末より、二つの異なる政党を率いるウライとパラウンスカの間の競争意識は強まり、ダヤク人社会への影響力において競い合った［Tanasaldy 2012:112–114］。ウライは非カトリック教徒をも取り込み、大衆動員的なスカルノを支持していた。一方、パラウンスカはカトリック色を前面に出し、反共を掲げた［Davidson 2008:44–46］。ウライは、一九六〇年にダヤク人として初めて西カリマンタン州知事に就任する。しかし九・三〇事件の影響を受け、ウライが率いる左派のインドネシア党は強制的に解散させられ、彼は一九六六年に知事職から退く。一方、彼と競合関係にあったパラウンスカはスハルト体制期においてもカトリック党で活動した［Ibid.:106］。存在感を失ったウライは、何とかして西カリマンタンにおいて政治家として返り咲くことを考えていた。そのような折に華人追放計画が登場したのである。

(2) 一九五〇年代の内陸部ダヤク村落の概況

ここまでダヤク人上層部の競合関係について述べたが、本項では内陸部における華人、ダヤク人双方の非リーダー層の経済社会関係について述べる。これについては文字史料に拠ることができないので、当時のインタビュー調査をもとに記述する。彼らの証言には共通する要素が多くあるため、内陸部の当時の生活について詳細に再現できると思われる。

第Ⅰ章で述べたとおり、一九五〇年代の内陸部では、華人がゴム農園などを経営し、ダヤク人がそこで雇用されるという雇用関係が存在していた。また、華人とダヤク人の関係は良好であり、ともに食事をしたり農作業をしたりす

ウファン・ウライとBernadeta Bua夫人（2011年1月ポンティアナック市内の私邸にて筆者撮影）。

ウファン・ウライ（左端）の神学校時代、4人兄弟の末っ子であった（2011年1月ポンティアナック市内の私邸にて筆者撮影）。

ることも多かったが、居住地域は分かれており、両者が結婚することも稀であった。ここではさらに、ダヤク人側の証言も見ていくことにする。ポンティアナックにある国立タンジュンプラ大学（Universitas Tanjungpura）で教鞭を執るS教授（一九五七年生まれのダヤク人）は次のように述べている。自身の出身地のパフマン（Pahauman）においては、総じてダヤク人と華人の関係は良好であったが、住居の分離や両者の間の雇用・被雇用関係があり、経済格差があったことから、華人に対する羨望や反感の念が日常的にあった。その例として、華人は料理に油を使用したがダヤク人は野菜を茹でることしかできなかったこと、ダヤク人は農産物を生産し、それを売ったお金で華人から日用品を買っていたが、その取引はしばしば華人のいいなりに行われたことを挙げた[27]。

スバドゥ（Subadau）に住むダヤク人、オルバヌス・オクー（Orbanus Oku）（一九四三年生まれ）は、華人は当時まだ珍しい化学調味料を使って美味しい料理を店で出していたが、ダヤク人にはその調理法を秘密にしていることが不愉快であったと語った。[28] これらの証言から、ダヤク人の華人の生活様式に対する日常的な羨望、反感があったことが読み取れる。しかし共産主義者に対する敵意や同時期のジャワで見られていたようなイデオロギーによる社会分化は聞かれなかった。

(3)「華人追放事件」に至る経緯

前項で述べたような政治社会背景のもと、「示威行動」はどのように発生したのであろうか。インドネシア国軍は一九六六年一〇月から一二月までゲリラ掃討のための第一作戦、一九六七年一月から三月まで第二作戦を展開している［Davidson and Kammen 2002:58–60］。また一九六七年初めには、サラワク国境近くを華人居住禁止区域に定めている［Tanasaldy 2012:142］。

一九六七年七月の国軍基地襲撃事件の後、地元紙および全国紙は、西カリマンタンの華人は共産主義者であるとしきりに報道するようになり、ダヤク人の間でも、華人の八〇%は共産主義ゲリラと関係があるという噂が流布するようになる［Ibid.:143］。また軍人は内陸部に赴き「華人は共産主義者であるから彼らの言うことを信じないように」と触れ回っている［Ibid.:143］。一九六七年八月には、前述のようにジャワから特殊部隊が西カリマンタンに導入され、情勢はますます緊迫していった。

西カリマンタンを管轄するタンジュンプラ第一二師団の従軍神父として「示威行動」の現場に接し、回顧録『従軍神父としての職務遂行の回想（*Memori Pelaksanaan Tugas sebagai Pastor Militer*）』［Doera 2003］を執筆しているイサク・ドゥーラ神父は、筆者とのインタビューにおいて、次のように明かした。「示威行動」前夜に軍人がダヤク人首長を郊外に連れ出し彼らを殺害して、これを華人の共産主義ゲリラの仕業に仕立てあげる自作自演を行った。[29] ドゥーラ自身も、軍専属の神父として、殺害された首長の埋葬の儀礼を二人ずつ六回にわたって執り行ったという。[30] また、インドネシア国軍の機関紙『アンカタン・ブルスンジャタ（*Angkatan Bersenjata*）』には、「一九六七年九月三日、軍は九人のタウム（Taum）のダヤク首長が、中国人共産主義者ギャングに殺害されているのを発見した」と述べたという内容の記事が見受けられる(31)。しかし国軍による挑発行為にもかかわらず、反華人の動きは生じなかった。これは、同時期のジャワのようなイデオロギー対立が西カリマンタンに存在しなかったためであろう。「示威行動」の直接の契機となったのは、以下に述べるダヤク人上層部が画策した「赤い椀（Mangkok Merah）」の伝達と、それに呼応した一部のダヤク人の行動であった。

タナサルディの調査結果で興味深いのは、国軍による挑発はあったものの、軍人自身もこれから何が起こるのかわかっていなかったという点である［Tanasaldy 2012:145］。

軍人は決定打を求めていた。そこで彼らはダヤク人の昔からの風習であったが、一九世紀から途絶えていた「赤い椀」という風習を持ち出して、華人への戦争を呼び掛けたのである。

(4) ウライと「赤い椀」

「示威行動」の契機として注目されるのは、ウライの役回りと「赤い椀」と呼ばれるダヤク人の間での戦争開始の合図である。「赤い椀」と「示威行動」の関係については先行研究においても指摘されている［Davidson 2008, Somers Heidhues 2003］。椀の内容物によって伝達される情報が異なり、中身がウコンと米の場合、伝達内容は「和解、平和、停戦」、一方中身がジュラナン（jeranang）という赤い染料、茅、先を尖らせた竹の場合、戦争開始を意味する(32)。

「示威行動」へのダヤク人の参加について、ドゥーラ神父は「カトリックに改宗したダヤク人は赤い椀を回すことを拒否したが、キリスト教が広まっていなかったダリット（Darit）のマニュケ人（Manyukeh）と呼ばれる人々が赤い椀を回して華人追放に直接関与した」と証言している(33)。また、当時西カリマンタン内陸部でカトリックの宣教に携わっていたオランダ人神父ファン・フルテン（Herman Josef van Hulten）は、「ウライは、華人から本来ダヤク人の土地であるアンジュンガン（Anjungan）一帯をダヤク人の手に取り戻すということを主張し、ダヤク人の支持を得ていた。

彼は大蜂起の前、ダヤク人のカトリック党（Partai Katolik）関係者に協力を求めに来た。しかしこの案は受け入れられず、次にウライはカトリック化されていないダリット地方の首長たちに会った」と書いている［Hulten 1992:280–281］。いずれも、カトリックを受け入れたダヤク人はウライが画策した赤い椀の伝達を拒否し、まだキリスト教の影響が少ないダリット付近のダヤク人が赤い椀に呼応したとしている。ただ、いずれもカトリック関係者の証言であることを考慮すると、カトリック信者を擁護する意図があった可能性がある。また「カトリック党による拒否」の背景には、ウライとパラウンスカ率いるカトリック党関係者との確執も想定できよう。

ウライ自身の「示威行動」の動機について、後年ウライ自身、「私こそが、ダヤク人の権益が優先的に守られる地域を作ることを提案したその本人である」と言明している［Jenkins 1978］。これに加えてタナサルディは、ウライは華人のほとんどが共産主義者と何らかの関連を持っていると信じており、これがウライの華人に対する戦争を発動させる直接的な動機になっていたという［Tanasaldy 2012:149］。筆者の調査から明らかになったのは、ウライがダヤク社会における自らの権威を利用して、明確な意図を持って「赤い椀」の伝達の指揮を執ったこと、これに呼応したのは主にマニュケ人であったことである。

ファン・フルテン神父はその回顧録の中で、「赤い椀」の儀式の後にダヤク人による大々的な示威行動が起こったとしている［Hulten 1992:280–281］。ドゥーラ神父はその回顧録の中では「赤い椀」について直接触れてはいない［Doera 2003］。しかし、筆者がドゥーラに対して直接行ったインタビューの結果、おおよそ次のような情報が得られた。

ダヤク人の中でも、カトリックに改宗した人々、また彼らが支持するカトリック党（Partai Katolik）の人々は、「赤い椀」を村落間で回すことに反対したという。一方で、まだキリスト教化されていなかったマニュケ人（Manyuke）と呼ばれるダヤク人の一種族が「赤い椀」の儀礼を行い、華人追放に直接関与した。ドゥーラは、マニュケ人の事件への関与を特に強調して次のように続けた。軍人はマニュケ人の首長たちにお金を渡して命じ、シンカワンやブンカヤン地域を含む当時のサンバス県およびカプアス川流域に「赤い椀」が回された。つまり、この事件は確実に国軍によって仕組まれたものなのである。この作戦についてカプアス川上流のシンタン（Sintang）やカプアス・フル（Kapuas Hulu）のダヤク人は拒否したという。また、華人が残した財産は占拠したダヤク人全員によって山分けされた。(34)

「赤い椀」を受け取る儀礼に臨む場合、ダヤク人は褐色の服、赤い鉢巻を付けることが儀礼上決まっていた［Hulten 1992:284］。また、ドゥーラは、ちょうど「赤い椀」が回された一九六七年一〇月に、ウライは各地のダヤク人の首長をポンティアナックに集めて、共産主義者に対して立ち上がるべきことを説き、戦争開始の宣言をしたという。(35)

ウライ自身、もともとスカルノの信任も厚く、左派系のインドネシア党（Partai Indonesia, Partindo）に関わっていたこともあり、彼自身も共産主義の同調者ではないかという疑いをかけられていた。彼にはその疑いを晴らすという目的もあった。(36)また、彼が当時あったカトリック党ではなく、まだ西カリマンタンになかったインドネシア党の支部を選んだのは、後者において指導的地位についた方が、ムラユ人、華人による政治的経済的支配構造を変えるための影響力を持ちやすいことを期待したためであり、決して親共産主義であったからではない。(37)

インドネシア建国以来、カトリック教徒で州知事のような高位の地位にある人はウライの前にはいなかった。そのためドゥーラは、ウライを、「常に主張が一貫しており、ダヤク人全体の利益を守るという信念は変わったことがない」と評価する。(38)

儀式を済ませたダヤク人は、赤い鉢巻姿となり、その姿に関する記述は、後に紹介するゲリラ側の文献やカトリック関係者の文献においても見ることができる。さらに筆者のインタビュー調査により、現地の客家人社会の中で、この事件が「紅頭事件」と呼ばれていたことがわかった。この「紅頭」はまぎれもなくダヤク人が頭に締めていた赤い鉢巻であり、彼らが闘いに臨むいでたちで華人の集落に現れたことを示している。

ダヤク人の示威行動では、当初、物品の略奪や放火は厳しく禁じられていた。ところが、次第に激しさを増していき、家を燃やしたり華人を殺害したりするようにもなった。ファン・フルテンによると、インドネシアの軍人はその場にいたのであるが、マニュケ人による度の過ぎた示威行動を見て見ぬふりをしていたという［Ibid.:288］。

一九六七年一〇月以降、西カリマンタンの内陸でさまざまな形で起きた華人追放行動に、ダヤク人が関わっていたことは確かである。では次に具体的な例をいくつか見たうえで、それらを比較してみよう。

(5)「示威行動」の拡大

一般のダヤク人はどのようにして「示威行動」への主体的参加を決定したのであろうか。「示威行動」は最初一九六七年一〇月一四日にブンカヤン（Bengkayang）郊外で発生し、サマランタン（Samalantan）、シンカワン一帯まで拡大した後、一一月初めにはより南のスナキン（Senakin）、パフマン（Pahauman）、アンジュンガン、ダリット、ソソック（Sosok）、ンガバン（Ngabang）に飛び火した［Davidson 2008:222］。

まず、初期の「示威行動」としてサマランタンの事例を挙げる。この地域は、一九六七年以前には町の表通りに多くの華人が商店を構えており、活況を呈していた[39]。またダリット生まれのマニュケ人で、二〇一〇年当時サマランタンのダヤク村落の首長を務めていたトマス・ムラド（Thomas Murad）（一九四〇年生まれ）は、「事件以前にはダヤク人は華人と近しい関係にあり、軍からもそう思われていたが、自分たちは決して華人側には付かないこと、ダヤク人全体の利益のために、そしてインドネシア国家のために立ち上がったウライの考えに共鳴した」と述べた[40]。

一〇月末から一一月初めに大規模な「示威行動」が起きたのは、ウライが華人を追放し、ダヤク人の優位が保証される土地にすることを計画していたアンジュンガン一帯であった。タナサルディは、「示威行動」の拡大には、軍人の補助のもとウライを中心として結成されたダヤク人の自警団「パンスマ軍（Laskar Pangsuma）」が一定の役割を果たしたと述べている[41]。さらに一〇月末にウライは、ポンティアナックでダヤク人首長を招いて会議を開き、一〇月三一日に戦争開始宣言を発し、一一月三日に「パンスマ軍」を結成した［Tanasaldy 2012: 148-150］。ポンティアナックの会議にはサンバス県（当時のサンバス県は、ブンカヤン付近の内陸を含む）のダヤク人首長が参加していた。この時点からマニュケ人以外のダヤク人も積極的に「示威行動」に参加し始めた。ドゥーラ神父もインタビューの中で、「軍人もウライに、ダヤク人の名において立ち上がってほしいと期待していた。ウライはダヤク人の利益のために華人を追放することに協力的であった。ウライは、ポンティアナックで一九六七年一〇月に各地のダヤク人首長を集めて、共産主義者に徹底的に抵抗しよう、と呼び掛けた」と述べている。[42] この戦争開始宣言に呼応するダヤク人首長も多かった一方で、サンガウの首長のように反対した例もある［Ibid.:149］。

一〇月中旬から、ウライが「赤い椀」の伝達を画策し、マニュケ人が実行していることを鑑みると、散発的に起こった示威行動をさらに拡大させるために「パンスマ軍」が結成されたことが推測される。もともとこの行動へ濃厚に関与していたウライは、「パンスマ軍」においても引き続き主導的役割を果たしたのである。それまで散発的に「示威行動」に参加していたダヤク人の多くが「パンスマ軍」に合流した［Ibid.:151］。

一九六七年一一月一二日、パフマンを通過したドゥーラ神父は、華人家屋がダヤク人によって焼かれているのを目撃している。[43] また林世芳[44]によればスナキンで赤い鉢巻をつけたダヤク人の一団が華人の家屋に放火し、居住していた華人を追い立てた。追放された六〇〇人ほどの華人は、数十台の道路工事用のトラックで、軍人によって護送された［林 二〇一〇：二四－二五］。現在スバドゥで食堂を経営している七〇歳代のダヤク人女性、マルガレータ（Margareta）は、事件当時スナキンに居住しており、「示威行動」前夜の状況について、次のように語った。[45] 中国人の共産主義ゲリラが活動を活発化させており、ダヤク人も身を守る必要が出てきたこと、[46] 食糧不足で困窮したダヤク人住民が華人の商店から商品を略奪することがあったこと、ダヤク人が共産主義者の中国人に対して立ち上がる必要について口伝えに情報が広まったこと、である。さらに「赤い椀が伝達され始めると誰も逆らえない。行動に出なければならない」、「ダリット方面から赤い鉢巻をした人々が来て、華人を追放しているのを見た」とも語った。[47]

現在パフマンに居住するF・D（一九四六年ムンジャリン生まれのダヤク人）は、直接「示威行動」に参加した。[48] 彼は当時、華人の共産主義ゲリラがダリット近くのムラブカトン山（Gunung Merabukatn）に本拠地を定めていたということを聞いており、[49]「示威行動」はダリットのマニュケ地域の人を主体として、ここから拡大したと述べた。一度赤い椀が伝達されると、村落の首長は儀式を執り行い、村落のダヤク人はそろって、タリウ（tariu）という独特の波長を持つ鬨《とき》の声を発した。[50] そこでチャレッ（calek）という鳥の血を顔に付ける儀式を行い、各々ナイフや斧などの武器を持って出発した。周囲にはタリウがこだまし、それにあわせて声を発するうちに、自身の中に祖先の魂が入ってくるのを感じたという。足は地面に触れず飛んでいるかのように歩いた。[51] 出発したときには二〇人ほどであったが、途中さまざまな村からの赤い鉢巻をつけた若者が合流した。[52] 彼自身もタリウを叫び、ますます緊張感は高まっていった。夕方に出発し、ムラブカトン山の方角に移動しながら複数の村落で華人の住居を破壊し放火した。[53] 抵抗がなければ逃げるに任せたが、抵抗した者は殺害した。それから二日後、平常の状態に戻り、自身の家に帰ったのだという。[54]

このように、最初、ウライの指揮のもとにダリット地域のマニュケ人を中心に発生した「示威行動」は、一〇月末のウライの戦争開始宣言の後、「パンスマ軍」が結成され、その範囲は拡大し過激化したのである。

(6) 華人追放事件の例

マレーシア、インドネシア国境から離れた、西海岸に近いカプアス川流域におけるダヤク人による略奪行為について、デイヴィッドソンは次のように書いている。「一九六七年一一月半ば、スナキンで最初にダヤク人による略奪が起こった。ここでは、ダヤク人がそこに居住する華人を脅す挙に出ていた。華人がダヤク人群衆に向かって威嚇発砲をした際、ダヤク人二人を負傷させ、一人が死亡した。その次の日ダヤク人は復讐し、多くの華人を殺害した」[Davidson and Kamme 2002:67–68]。この事件について、前出のドゥーラは筆者に対し次のように語った。

一九六七年一一月一二日、パフマンで華人の家屋、市場が荒らされている跡を見た帰り道、スナキンで放火の真っ最中のダヤク人をみつけた。川には約二〇体の華人の死体が浮いていた。多くの赤い鉢巻をしたダヤク人が華人の家を焼いて狼藉をはたらいていた。私は彼らに近づき、大きな声で叫んだ。「焼くのを止めろ、止めなければお前たちを逮捕するぞ」。ダヤク人たちは「最初に焼いたのは自分ではない」と口ぐちに言い、怯えた様子であった。私が厳しい口調でたしなめると、ダヤク人たちは「もう焼かない」と約束した。ポンティアナックに向かう道すがら、スナキンの華人の家から略奪した家具類を抱えて歩くダヤク人を見かけた。嘆かわしいことである。この日、ダヤク人は勝利に酔っていた。[55]

最初穏やかに始まったダヤク人による破壊行為は徐々に過激化していった。スナキンの略奪については華人側の記述も残っている。ここでは多くの華人が殺害されたとデイヴィッドソンは書いているが［Ibid.:68］、林世芳は、実際には殺されたのは二十数名であったと述べている。

スナキンは交通の便のよい場所であり、多くの華人が店を構えていた。九・三〇事件の後、この地域の情勢は不安定になった。この地域を統括する軍人ＨＮＦ少尉［著者林世芳の方針として実名を伏せている――引用者注］は住民を武装させた。ところが、一九六七年七月中旬、ポンティアナックから上位の軍人がスナキンにやってきて、ＨＮＦ少尉に住民を武装させるのは止めるように言った。そして華人をすべて沿岸部まで護送することを求めた。[56]ＨＮＦ少尉からこの話を聞いたとき、村全体が混乱状態に陥った。スナキンにあった十数台の道路工事用のトラックで六〇〇人あまりの住民は護送された。もともとポンティアナックの収容所に送られる予定であったが、軍の作戦が変わり、彼らは「日本溝（Parit Jepang）」[57]に送られることになった。この地方は沼地が広がっており、交通が大変不便で外界から隔絶された僻地であると言ってもよい。軍人は彼らに、自分で木を切って住みかを作るように命じた。餓死する人、病気で亡くなる人は移住者の半数に及んだ。スナキン事件は華人が多く殺害された事件として伝えられているが、本当のところスナキンに居残ったためにダヤク人に殺害された華人は二〇人ほどであった。

だが、真に悲惨だったのは日本溝に移された人々が飢えや病気のために三〇〇〇人ほど命を落としていることである［林二〇一〇：二四－二五］。

スナキンで起こったことについて、ドゥーラに対する筆者のインタビュー結果と、林世芳の著書の内容は一致している。その他の地域の追放事件を総括してドゥーラは次のように述べる。

> 西カリマンタン州最奥のカプアス・フル（Kapuas Hulu）やカプアス川の上流に位置するサンガウ（Sanggau）などの内陸部では、華人追放にはダヤク人は関わっておらず、軍隊の命令下に華人が移動した事例がほとんどであった。華人はしばらくして元の場所に戻ってきたので、経済的打撃はほとんどなかった。西海岸部に近いサンバスおよびカプアス川流域の状況はこれとは異なり、華人が耕作していた水田、ゴム農園は放置された。内陸諸都市を結ぶ長距離バス運転手も大半が華人であったため、移動手段がない状態に陥った［Doera 2003:132-133］。

日本溝（Parit Jepang）の現在の元難民の住居（2011年１月筆者撮影）。

ここでドゥーラが述べているように、マニュケ人中心の大規模な追放が起こったパフマンやスナキン以外の内陸部においては、軍人に護送された華人の移動は一時的なものであり、一九七〇年代には、彼らは以前住んでいた場所に帰還した。ただ、元来この地域には華人が少ないうえ、強制移住によって華人人口は相対的に減っている。また筆者は、当時華人追放が激しかったブンカヤンを訪れたが、現在では華人商店が軒を並べていた。この地の華人も一九七〇年代には元の居住地に戻ったのである。そのような中でアンジュンガンのように華人商店が現在まで消滅した地域もある［Somers Heidhues 2003:251］。

その他、特に衝撃的なのはブンカヤン近くのマジュン（Majun）村で起こったと言われる虐殺事件である。これについての証言は少ないものの、シンカワン周辺の華人の間では「マジュン」と聞いただけで、その凄惨さを連想させてしまうほど悪名高い事件である。実際にどのようなものだったのかは、現在のところ、林世芳が生還者（虐殺の現場から逃げ出してきた人）へのインタビュー記録を載せた『西加風雲』の中の記述を頼るしかない［林 二〇一〇］。この内容には誇張の可能性もあるため、すべてを事実として受け入れるのは留保しつつも、以下で取り上げたい。

マジュン事件とは、J警察隊隊長［匿名］がダヤク人蜂起後に村にやってきて、住民を保護すると称して華人を一カ所に押し込め、ダヤク人に毎晩一〇人ほどずつ殺害させていた事件である。事態を知った住民が混乱状態に陥ると、彼は翌日、大勢のダヤク人を呼び寄せ、家を焼かせ、住民のほぼ全員を殺害したという［同：一八－一二三］。

事件の経験者の目に焼き付いているのは、ダヤク人の頭に巻かれた赤い鉢巻であり、これは紛れもなく戦《いくさ》の開始の儀礼を済ませた後のダヤク人が使用していたものである。華人に襲いかかるこのような悲劇は一九六八年になっても各地で報告されたという［同：二二六－二三〇］。

黄少蘭は、ブンカヤンからさらに東に行った場所にあるサジュン（Sajun）という山村に一九三八年に生まれたが、一九六七年に軍人に村を出ていくように言われた。そして、軍人の車で護送されたブンカヤンで約一五日間拘留された。サラワクのゲリラ組織との関係を何度も詰問されたうえ、シンカワンに移され、さらに四カ月拘留された。拘留されている間、食事は一日に二回であり、ご飯の上におかずが乗った粗末なものだった。三週間ほど水浴びができなかったこともあったという。その他、彼自身は一九七八年まで軍営に拘留されたこと、彼のほかに六四人が拘留されていたこと、毎日朝礼があったことなど(58)が彼から得られた情報である。

この証言もブンカヤン近くでの、ダヤク人というよりも軍のイニシアチブの強さを物語るものである。また、監視生活は一九七八年まで続くが、これはサラワクゲリラの活動に関わっていた人々が釈放される時期とも重なっている。(59) 共産主義ゲリラとほぼ同じ扱いを受けたということであろう。

スンガイ・ドゥリに住むスンメン（Summen）という老人は、シリワンギ部隊の運転手として働いていた人物である。もともとモントラド近くのパンリバン（Panliban）で生まれ、一九六七年にダヤク人に追われてシンカワンの南に位置するスンガイ・ドゥリに移住した。ダヤク人に村を追われたときのことは、今でもはっきり記憶しているという。移動させられる前までは、彼は当地の農民が採取するゴムの樹液を集めて回る仕事のほか、小さな雑貨店兼コーヒー店を開いていた。赤い鉢巻をしたダヤク人がやってきて村を追われると、家族とともにパンリバンからモントラドまで約一時間歩いて移動したという。その後シンカワンに移動して一七日過ごした後、スンガイ・ドゥリに移った。(60)

ここまで記述してきた地域を比較すると、マレーシア、インドネシア国境近くのマジュン、サマランタンなどでは、マジュン事件などの虐殺が起こっているのに対し、国境から比較的遠いスナキンやパフマンといったカプアス川流域にある地域では、財物の略奪は起こっているものの、大量虐殺は起こっていない。

国境から離れた地域で起こったダヤク人による略奪とは別のものとして把握されるべきである。国境近くには多くの軍人が派遣されており、軍の司令でダヤク人の暴徒による華人虐殺が起こっていた。場所によってこの事件の内容は異なっていたのである。

(7) 軍人の関与

西カリマンタンの華人の八〇%が親ゲリラであると宣伝していた軍部に、従軍神父のドゥーラは疑問を呈し、軍の公式文書においてはゲリラの活動は国境地帯に限られており、七〇〇人程度の規模にすぎず、それほど大きくはないと記述されていたと証言している［Doera 2003:114］。ゲリラの危機を誇大に宣伝することで、軍は華人に対する抑圧を強める口実を見つけたとも言える。ほぼこの時点で、共産主義者と華人を同一のものとして扱う方針が固まっていることが見てとれる。

軍としては、ゲリラ討伐のためといいながら、次第に華人に対して人種差別的な扱いをするようになる。ドゥーラも「軍に扇動されたダヤク人による示威行動は、共産主義ゲリラの同調者に向けられたものであったが、誰がそうであり、誰がそうでないか区別ができず、結局当初の方針を外れて、すべての華人に向けた示威行動となった」と述べている［Ibid.:110–111］。

元軍人は、この華人追放事件についてどのように語るのであろうか。ジャワ出身の退役軍人ハルソノ（Harsono）[61]にポンティアナックで聞き取りを行った。彼は一九六一年にポンティアナックに配属になり、一九六三年から一九七一年までシンカワンに滞在する。一九七一年から一九八三年までポンティアナックに勤務し、一九八三年に定年退職後、ポンティアナックに息子の家族と一緒に居住している。

ハルソノは、当時の華人追放事件について積極的に語ろうとはしなかった。彼が主張するのは、当時、共産主義ゲリラの活動が非常に盛んであったので、彼らの脅威から華人を保護すること（menyelamatkan orang Tionghoa）が軍の任務であったということである[62]。

タンジュンプラ第一二軍管区を一九六八年六月から一九七二年まで率いたスマディ（Soemadi）はこの軍部の作戦遂行についてどのような考え方を持っていたのであろうか。彼は一九七〇年代に著書を出版し、華人追放作戦が必要であったことを解き明かし、その作戦について詳細に記述している［Soemadi 1974］。その中で、華人の追討とダヤク人に対する扇動について、誇張はあるにせよ、ダヤク人の華人に対する蜂起には、インドネシア国軍が確実に関わっており、その証拠もある、と述べている。

スマディによれば、影響力のあるダヤク人首長は共産主義者を支持しており[63]、国軍はこの状況を打開するために複数の地域のダヤク人首長を集め、「共産主義ゲリラに味方する者は、鶏や豚と同じように首を切ることができる」と言い聞かせた、としている［Ibid.:94］。さらに、軍はダヤク人の勝利のたびに祝宴を開き、そこで酌み交わされる酒は殺害された華人の頭蓋骨に注がれたという。また勝利に貢献したダヤク人を表彰しメダルや賞品を贈ることで、彼らの首狩りへの士気（semangat mementggal kepala, ngayau）が高まったとも述べている［Ibid.:96］。このように、ダヤク人の蜂起に軍人が少なからず関わっていたことは、さまざまな資料からほぼ確定できるのである。

(8) 西沿岸部における暴力的事件

このような過程を経て、内陸部に何世代にもわたって居住していた多くの華人が故郷を捨てて、着の身着のままでシンカワンやポンティアナック等、西沿岸部の諸都市に強制的に移住させられることになった。そこで彼らは難民居住地に押し込められた。また難民に限らず、その地域に住んでいる人々でも、ただ華人であるというだけで軍人からあらぬ疑いをかけられ連行され虐待を受けるという事件も散発的ながら発生していた。この時代、難民となった人々は言うに及ばず、都市部での生活者にとっても、インドネシア軍人による統治への恐怖の中で生活することを強いられた不幸な時代であった。

ここでは、その一例として「活閻王による華人虐殺」を取り上げ、沿岸部に暮らす華人の実生活に迫ることにする。林世芳の簡潔な記録［林 二〇一〇：一七］に基づき、筆者はシンカワン近郊の数カ所で聞き取り調査を行った。「活閻王（客家語で sang nyam bong と発音される）[64]」は、ジャワから派遣されたシリワンギ師団機動部隊の一員のスンダ人であり、本名はスマディ（Sumadi）（軍司令官のスマディとは別人物である）あるいはスマイリー（Sumaily）である。「活閻王」とは「活きた閻魔大王」ほどの意味で、周囲の客家人によって付けられたあだ名である。「活閻王」による虐殺を逃れたY（一九三三年生まれ）は、筆者のインタビューに答えて次のように語った。筆者の訪問時、上半身裸の彼の喉元、みぞおち、臍の右に残る生々しい傷跡が印象的であった。以下に要約する。

Yはシンカワン近郊のスンガイ・ルック（Sungai Ruk）で生まれた。ある朝、水田で仕事をしているとき、彼の子どもは家でラジオを聞いていた。外国語で放送されているのに気づいた隣近所のムラユ人は、それをスンガイ・パンカラン（Sungai Pangkalan）[65]にあった軍隊の詰め所に報告した。しばらくしてムラユ人の自警団（Pertahanan Sipil, Hansip）の二人が水田にやってきて、すぐに軍隊の詰め所に出頭するように言い渡したという。そのときすでに、自警団のムラユ人によってラジオは没収され、彼は詰め所に拘留された。抑留者はほかに二五人もいたという。

活閻王はYが中国語のラジオ放送を聞いていただけで、共産党員、ゲリラ支援者だと決めつけ、殺害を宣言した。Yは、殺されるくらいならと自殺を図ったという。しかし、神がかりのような状態[66]で自らの首を三度刺し、みぞおちと腹も刺したにもかかわらず、死には至らず、傷を負ったまま無意識のうちに裏口から脱出し海岸に向かって走った。民家近くの廟の前で力尽き、倒れているところをＲＴ長（Rukun Tetangga）（住民把握の最小区画）に助けられた。その後彼は救急車でシンカワンの病院に運ばれた。手術を施されたが助かる見込みがないと思われ、一時は霊安室に入れられたにもかかわらず、奇跡的に一命を取り留めた。その間も活閻王から詰め所に戻るように督促があった。しかしルントゥ（Luntuh）という名の村落指導団体（Badan Bimbingan Desa, Babinsa）の長によって、病院にとどまることができたのだという。退院後、彼はルントゥの家に数カ月住んだ[67]ということである。

また、スンガイ・パンカラン近くに住む家族によると、関春華という華人がこの事件に関わっていたという。彼は活閻王の愛人の兄であり、活閻王に殺害するべき人の名前を報告していた。関春華は活閻王の事件が終息した後、付近の住民に殺害され、その死体はスンガイ・パンカランの道端に捨てられた。罪のない人を密告し、多くの人の命が犠牲になったため、付近の住民の恨みを買ったのである[68]。

一九七一年から現在までスンガイ・パンカランで椰子油の精製業を営んでいる葉栄基は、この地域の周辺には一九七四年まで多くの軍人がおり、あたりの森に入っては警備していたと述べている[69]。一九七四年は西カリマンタンのインドネシア共産党支部の指導者ソフィアンが捕えられ処刑された年である。一九七〇年代に入って、インドネシア共産党は内陸部のサンガウレドから華人が多い西沿岸部に活動の舞台を移していた［同：一七］。軍は沿岸部の警備を必要としたのである。

ダヤク人に追われて、あるいは軍に護送されて、シンカワン、ポンティアナックに流入した華人は約六万人と言われている［Davidson and Kammen 2002:72］。この難民の数は、現在のシンカワン人口が約二〇万人であることを考えると、いかに多くの人の移動があったかがわかる。彼らはこの後、軍の厳重な監視下に置かれることになる。

難民が流入した地域では、右に見られるように、華人の間での保身のための裏切り行為や疑心暗鬼が跋扈した。それほど大規模ではなくとも、華人というだけで、共産党関係者、ゲリラ支援者という疑いがかけられ、虐待、殺害されるという事件も見られた。華人追放事件においてはダヤク人によるものばかりが注目を集めるが、このように華人は難民となった後も、理由なく告発され殺害される恐怖と緊張を強いられていたのである。

難民はインドネシア語を話せなかったため、言葉の障壁が軍人を苛立たせたことは想像に難くない。ダヤク人に対しては「インドネシア化」が図られる一方で、華人に対しては軍部による抑圧、監視が続いた。当時華人は、政治問題には関わらず、身を守るためにできるだけ目立たないようにしていた。このような「自粛」ムードが一九八〇年代初めまで続いた。現在でも共産主義の「共」の字を見るだけで手が震えるというシンカワン在住の華人の話も聞く(70)。

なお、華人追放事件以降、ソフィアンの部隊は華人の支持も得られず孤立していった。この事件によって一九五〇年代、インドネシア国家の存在を具体的に知らなかった西カリマンタンの華人は、否応なくインドネシアという国家と正面から対峙することになった。そして国家権力によって、それまであった西カリマンタン華人の自律的な活動は極限まで縮小させられたのである。西カリマンタンの統治を行ったインドネシア国軍にとって、この地はマレーシアと国境を接するという特徴から、インドネシアの統一と安定を守る国防の最前線ともなった。「一九六七年華人追放事件」は西カリマンタンの「辺境性」のもう一つの側面が表れた事件であったと言えよう。一度国家によって問題視されると、辺境が必然的に国民国家の外縁、つまり隣国との国境地帯であることにより、国民国家にとっての国防、ナショナリズムの最前線となるのである。これに加え、西カリマンタンの華人が、特に国民国家の中心部から見た場合に、そのナショナリズムから遠い「辺境性の強い」華人であったために、彼らは国家によって危険視され、軍隊に

ポンティアナックの「西加孔教華社総会」（2012 年 9 月筆者撮影）。

よる厳重な監視の対象となったのである。これについては次の節で述べる。

5　難民の状況

一九六七年に生じた華人追放事件の結果、内陸部に住んでいた華人は沿岸部のポンティアナックやシンカワンに一部は徒歩で、一部は軍の車で護送される形で移住した。この節では、移住した先で難民がどのような状況に置かれたのかについて、筆者が行ったインタビューの結果に基づき考察する。一九六七年華人追放事件の結果、難民となった人々は、ポンティアナック市においてはカプアス川近くのシャンタンやクブラヤ（Kuburaya）にあったゴム、コプラの倉庫に収容された。ポンティアナックには潮州人が多いが、ポンティアナックからカプアス川を渡った北部に位置するシャンタン（Siantan）には客家人が多い。彼らはカプアス川上流から追放されて移住した元難民である。

難民がポンティアナックに押し寄せたこの時代、彼らを救助する際に活躍したのが現在もポンティアナックの目抜き通りであるガジャマダ通りにある「西加孔教華社総会」（Yayasan Bhakti Suci）（以下ＹＢＳ）[71]である。

元来、中国との連絡機関であった「商会」や華人社会の取りまとめを行った「中華公会」や中国語学校など多様な華人団体が西カリマンタンにもあったが、スハルト体制期にはこれらの組織はすべて解散させられた。唯一残されたのが、華人独特の儀礼を伴う葬儀を執行する組織である。ポンティアナックには古い歴史を持つ林や李といった姓ごとの葬儀互助組織がいくつもあったが、これらの団体が華人の生活上の援助をも引き受けていたのである。しかし、一九六七年に難民がポンティアナックに流入した際には、これらの互助組織では手に負えなかった。華人難民はよるべもなく街頭を彷徨《さまよ》い、餓死者が続出した。(72) その際に積極的な難民救助を行ったのがＹＢＳであった。またＹＢＳは、スハルト体制期のポンティアナック華人と政府をつなぐ重要な役割を果たした。

(1) 西加孔教華社総会（ＹＢＳ）の設立と初期の活動（一九六六―一九七七年）

現在は「華人の」組織として現地社会にも認知されているＹＢＳは、インドネシア国軍のイニシアチブにより成立した組織であった。具体的には、当時から現在まで西カリマンタン州を管轄するタンジュンプラ第一二師団の軍医長（Kepala Dinas Kesehatan）であったスグン（Soegeng）というジャワ人が発起人であった。最初ＹＢＳには、一九六〇年代に整備されていった公認宗教制度に基づき、(73) イスラム部門、キリスト教プロテスタント部門、カトリック部門、ヒンドゥー教部門、仏教部門、そして当時これらと同じく公認宗教であった儒教部門も存在していた。

この組織は最初、宗教ごとの墓地の管理の必要から構想され、州政府の指令によって、一九六六年に作られた。(74) これは、「ＹＢＳは一九六七年の難民流入の際に、難民を救済するために結成された」という通説とは異なっている。たとえば、現在（二〇一三年当時）李氏協会会長を務める李紹発（Lie Siu Fat）（インドネシア名は Asali）の手による記録には次のように記されている。

一九六五年九・三〇事件は西カリマンタン人民、特に華人に対して大変な影響を与えた。その結果として、多くの難民がポンティアナックとシンカワンに溢れた。そのときにスグン医師によって、ダミリ（Damiri）という公証人のもとで、一九六六年三月一九日、四二号として登記されたのが、バクティスチ一般埋葬協会（Yayasan Pemakaman Umum Bhakti Suci）である。これはＹＢＳと略される。最初の設立時の頭金は一万ルピアであった。設立の目的は、ポンティアナックの墓地に関する政府の政令（市街地の再開発のため、墓地を市街地から郊外に移動させるという内容）を徹底させ、墓地の管理を行うというもので、当時の政府にも支持された。[75]

この文章には、「難民救助のために設立された」ともあるが、一九六七年より前にＹＢＳが設立されている事実と矛盾する。むしろ、この文章中の難民事件に関する部分は、後半とは無関係に存在しているようにも見える。この矛盾について筆者は幾度も李紹発自身に照会したが、そのたびにＹＢＳは華人追放事件と関連づけて語られていた。

現地華人社会においてもＹＢＳが一九六七年華人追放事件を機に設立されたという誤解があり、西カリマンタン華人に関する先行研究においてもそのように書かれているものの［Somers Heidhues 2003, Hui 2011］、冷静に設立の時期を見ると、ＹＢＳは華人追放事件とは無関係に設立されたとするのが妥当である。当初のＹＢＳ設立の目的はポンティアナック市政府の公営墓地の運営主体の確立であった。

ＹＢＳ儒教部門では林氏の協会の会長を務めていた林木河が主導して組織の整備を行った。[76]ＹＢＳは当初、難民救済のための資金集めと必要物資の供給を行い、多くの死者が出る中で、インドネシア赤十字（Palang Merah Indonesia）や華人商人たちとの協力のもとで埋葬を行った。当時から林木河は、単に難民事件を解決するだけではなく、社会奉仕活動に手広く関わることを企図していたようである。その他の課題として華人墓地の移設があった。現在のガジャマダ通りにあった華人墓地を郊外に移して、中心街を開発する計画を実行するためである。[77]ＹＢＳはこのポンティアナック市の施策に積極的に関与し活動することにより、市政府との関係はますます強化された。[78]

ＹＢＳの会長は基本的に二年交代であるが、林木河は第一期（一九六六－一九六八年）、第二期（一九六九－一九七一年）まで会長を務めた。このときに確認されたのは、ＹＢＳは①公営墓地のための土地の確保、②儒教信者の墓地の管理、③貧しい儒教信者の墓地の管理、④中国廟の管理、⑤華人の儀礼の執行を主な任務とするということであった。[79]

(2) シンカワンにおける難民居住区

シンカワンの難民居住区はいくつかあった。シンカワンのクアラ（Kuala）港の近くのゴム工場に多くの難民が収容された。そこでは、難民流入の当初、工場近くに住むムラユ人が難民を助けた。その他、ソシアル通り（Jalan Sosial）、サ・コック（Sa Kok）、コピサン（Kopisan）、カリアシン（Kaliasin）、ロバン（Roban）などが難民居住地となった［Karman 2010］。これらの難民居住地にもそれぞれ特徴があり、カリアシンのように、人々がすでにほかの場所に移動してしまって、難民居住地の様相をほとんどとどめていない地区もあれば、ロバンのように現在でも元難民の家がひしめき合っている地区もある。

現在カリアシンの難民は、ほとんどがシンカワン市内やジャカルタに移住してしまっており、ほとんど難民区域の形跡をとどめていない。カリアシンでは、周囲の住民は難民に土地を一時的に貸しただけだったのである。カリアシンにとどまった人はおよそ七〇人ほどで、男性の場合、その土地のダヤク人女性と結婚している。台湾や国際連合から米の援助（一九六八年）があり、日本からは缶詰の援助があった。[80] 配給されたのは、古くなった米と小麦であった。またカリアシン地域では、多くの女性が一九七〇－一九八〇年代に台湾人男性と結婚したという。

ロバンでは、現地住民が難民に土地を貸したが、結局その土地を難民に譲ったため、カリアシンと異なり、現在でも元難民が居住している。彼らはある程度豊かになり、二階建てのかなり立派な家を立てている元難民もいる。最初難民がやってきたときには、周囲の住民は食べ物を出し合って、難民救済のために尽力したという。

難民となった人々の話からより詳しく当時のシンカワン近郊の状況を探ろう。筆者がカリアシンでインタビューした人物は、一九二七年生まれであり、シンカワン郊外のサガタニ（Sagatani）にゴム園を持っていたが、一九六七年華人追放事件以降、シンカワンに二年抑留され、その後現在のカリアシンに移されている。シンカワンでの二年間は、食糧が大変に乏しく、残飯で作った粥が出されたという。ときには残飯をそのまま与えられることもあった。シンカワンに集められた難民の健康状態は、食糧不足に不衛生が重なり、非常に悪かった。空腹に耐えかねて、沢ガニを捕って食べて下痢が止まらず、死亡する者が相次ぐようなことも起こった。その他、シンカワン近郊のホクロナム（Hoklonam）に多くの人が移住させられた。軍人はしばしば、援助物資の缶詰や米のほかに、枕や毛布も横取りした。ダヤク人がやってきたとき、彼らは「政府公認の書類」を示し、「ダヤク人の華人追放行為は政府に公認されたものである」と主張した。その「政府公認の書類」には、これらの土地がダヤク人のものであることが記されており、華人は収穫を待つばかりの稲を置いて出ていかなくてはならなかった。(81)

また聞き取り時に同じテーブルにいた男性は、同じくサガタニの住民であった。当時まだ幼かった彼は、魚釣りに出かけていたところ、突然両親に呼び戻され、すぐに出て行くことになった。(82) 立ち退きにあたって猶予は与えられなかったようである。

もう一人、カリアシンでインタビューをした地元生まれの廖海安という人物は、一九六七年事件のとき、難民を目撃した。難民を救済するために近くの人が食糧を持ち寄って配布したことを記憶している。

一九六七年の事件以降、国民党支持者であった廖の父親のところに軍人がやってきて、共産主義者の名前を挙げさせようとした。しかし、父親も兄も決して軍人に告げ口はしなかった。中国語の教師は多くが共産党と関係があると見なされて逮捕された。(83)

難民が語る一九六七年当時の状況はおおむね次のようなストーリーになる。ダヤク人に出ていけと言われ、故郷を追われた。途中、徒歩だったので辛かった。シンカワンではしばしば検問のために拘束された。そして、以前住んでいた場所にすべての財産を残してこなくてはならない苦しみ、悲しさ、行きついた先で職を探す苛酷さなどが登場するのである。この様式化された語りは、彼らの記憶の中で、難民事件が時代を経ても、つらい感覚を喚起するトラウマとも言うべき事件として位置づけられていることを表している。また、廖海安の話で興味深いのは、ここでも一九五〇年代来の国民党支持者と共産党支持者の対立が登場している点である。国民党支持者として知られる人物のところにインドネシアの軍人が訪れ、誰が共産党を支持しているのかという告発を求めているのである。

シンカワンから二〇キロメートルほど離れたスンガイ・ドゥリ（Sungai Duri）に移住した元難民のスンメン（Summen）は当時の様子についてこう語った。スンガイ・ドゥリに移動して三カ月の間、夜間警備（Ronda）を仕事にしていた彼は、一日に少額しか得られず、日中はリヤカーにバナナを積んで売っていた。寝る間もないほど三カ月間働き、その仕事は止めた。その後、荷物を車で搬送する仕事を八年間続けた。軍人を内陸部のゲリラ追討作戦地域に送り届ける仕事もあった。(84)

前出の曾松輝は、もともと住んでいたトーホーから歩いてスンガイ・ピニュを通り、ランタウ・パンジャン（Lantau Panjang）にたどり着いた。そこではゴム樹液を採集し酢酸を加えてその樹液を固めたものを華人に売っていた。小さなあばらやで二年過ごした後、仕事を止めてシャンタンに移った。さまざまな仕事を転々としたが、最も長く続いたのは木材加工業、建設業であった。

当時、彼は赤い鉢巻を付けたダヤク人をよく見た。見ず知らずのダヤク人に、出ていくように言われると、言われるままに集落を後にした。猶予は与えられず、着の身着のまま出ていくほかなかった。やってきたダヤク人たちは冷静であり、服装も赤い鉢巻以外は普段のものであったが、刃物を持っていた。故地の華人は財物を地下に埋めて保存していたが、ダヤク人たちに火を放たれて追われたため、今ではそれらがどこに行ったかわからない。(85)

ムンジャリン出身の黄国謀は、曾と異なり直接にダヤク人の攻撃を受けたのではなく、恐れをなして逃げ出した人々のうちの一人である。彼らの家族とその村の人々は、ムンジャリンからトーホー、そして途中で仲間の華人が所有するトラックに乗ってスンガイ・ピニュまで移動した。その後しばらく、そこの建設現場で働いた。最初に住んでいたゴム倉庫は不衛生でコレラが蔓延し多くの人が命を落とした。その後数年して、彼はシャンタンに移住した。(86)

ランダック県のクアラベへに育ったアプイは、ムラユ系であったその地方の長（camat）に先見の明があり、華人に対して、ダヤク人に襲われる前に速やかに脱出するように言った。そこで彼らはカプアス川沿い（この地域はちょうどカプアス川に接している）に船に乗って脱出した。彼らが乗った船は「カプアス・ブミ・インダ（Kapuas Bumi

Indah)」華人の大企業が専有しているものであった。四隻あり、それを使って三〇〇人が彼の村から脱出した。西沿岸部に出てからは（おそらくスンガイ・ピニュ辺りであろう）、最初の三カ月は政府やその企業からの援助物資があり、食べ物には不自由しなかった。その後、家族のいるポンティアナックに移り住み、彼らの援助を受けて家を借りて生活した。(87)

またシンカワン郊外のリラン（Lilang）地区の元難民にも話を聞くことができた。ここは現在でも難民が多い地区である。リランのプロテスタント教会の華人牧師は、内陸部トーホー（Toho）(88)で生まれたが、一九六七年、ポンティアナックに移住した。その後しばらくしてリランにやってきた。そのときに出会った軍人は、緑色のベレー帽をかぶっていたことを明確に記憶している。(89)当時の軍人の中には、華人女性との結婚と引き換えに、その家族を助けるということもあった。実際に軍人と結婚した華人女性も多かったという。インタビュー時に居合わせた中の一人は、スラウェシのマナド出身の軍人のことを記憶していた。その軍人は、日曜日には決まって教会での礼拝に参加する熱心なプロテスタント教徒だったが、残酷きわまりない行動をしていた。彼は周りの人々から、一週間のうち、一日だけ（つまり礼拝の日だけ）羊だが、その他の日は狼であると噂された。(90)

シンカワンの阿強によれば、一九六八年、シンカワン付近では、知り合いが共産主義者と関わっていると軍に報告して取り入り、自らは逮捕を逃れようとする騙し合いが多発した。シンカワンの華人は、自分の安全を自分で守る（pandai mau cari keselamatan sendiri）という性質をこの過程で身に付けたのだと阿強は言う。(91)シンカワン生まれだが、ジャカルタで教育を受けスイスの大学に進学したフラン・チャイ（Frans Tshai）(92)は、一九六七年にシンカワンを二週間訪れたときのことを語った。当時難民の多くはゴムの貯蔵倉庫に押し込められ、また華人の間にお互いに疑心暗鬼の状態が広まっていたという。(93)この点は阿強の回想と一致する。インドネシア国軍の厳格な監視下にあって、明日も知れぬ状況の中で、共産主義に関係があるとして軍によっていつ検挙されるかということを恐れていた。しかも華人の間での信頼関係も揺らいだ、非常に苛酷な時代であった。

6 「一九六七年華人追放事件」の結果

「一九六七年華人追放事件」は一一月中旬にはほぼ終焉を迎えた。この事件は西カリマンタン社会に何をもたらしたのだろうか。デイヴィッドソンは内陸部で商業流通に携わっていた華人が追放されたことにより、物資運搬が滞り経済が衰退したことを強調する［Davidson and Kammen 2002:71–72］。またドゥーラ神父はこの影響について自分が直接聞いた話をもとにこのように分析している。

一九六九年、ポンティアナック出身のあるダヤク人商人が、内陸部のアンジュンガンで雑貨店を開いた。アンジュンガンは交通の要所であったことから、以前は華人の商店が栄えていたが一九六七年以降、彼らの姿はなくなった。当時のアンジュンガンでは貨幣の流通が滞っており、ツケで買い物をすることがまかりとおっていた。あるとき、たまりかねた店主がツケの支払いを顧客に要求したところ、その店は周囲のダヤク人にまで反感を持たれ、大量のツケを抱えたまま倒産してしまった。(94)

ここから、事件後の内陸部の経済崩壊状況を見てとることができる。アンジュンガンで華人が徹底的に追放されたことは、ソマーズ・ハイトヒュースの著書でも特に強調されているが［Somers Heidhues 2003:251］、筆者がインタビューを行ったアプイもこの記述を裏書きする証言をしている。(95)「ンガバンでは一九七〇年代に郡長（camat）が華人を呼び戻したが、アンジュンガンでは、ダヤク人が華人を寄せ付けなかった。その結果、ンガバンは今でも活況を呈しているが、アンジュンガンはダヤク人だけになり衰退した」(96)。またドゥーラ神父は、「華人が耕作していた水田、ゴム農園は放置され、内陸諸都市を結ぶ長距離バス運転手も大半が華人であったため、移動手段がない状態に陥った」と述べている。(97)華人を追放し、ダヤク人優勢の地域を創設するという計画とうらはらに、物流を担っていた華人がいなくなったあと、内陸部の衰退は避けられなくなったのである。

「示威行動」において重要な役割を担ったウライは、スハルト体制下において、政府与党ゴルカルの国民議会議員として活躍する。選挙活動においても、ゴルカルが西カリマンタン内陸部の社会福祉の発展に寄与することは間違いないとして、投票を呼び掛けている。(98) しかし、ウライの一九六〇年代の理想が実現することはなかった。彼は西カリマンタンのダヤク人にとってカリスマ的存在であったため、華人追放事件の後、その影響力を恐れた軍部によって、ジャカルタに移され、国民議会（Dewan Perwakilan Rakyat, DPR）議員となった。国軍に協力してダヤク人の権益を守ろうとした彼であったが、その目的は果たされないどころか、華人追放は内陸部の経済衰退を招いた。さらに、ダヤク人の政治面での周縁化が決定的となり、代わってムラユ人、ジャワ人の軍人を中心とする政治が西カリマンタン州で展開される［Davidson and Kammen 2002:75–78］。西カリマンタン州におけるゴルカルによる翼賛政治の条件はこうして整えられ、その中にウライは取り込まれていくのである。

華人追放事件の後、内陸のダヤク人の経済が滞り、ダヤク人自身が苦しむことになったことは先行研究においても指摘されている。内陸部で商業や物資運搬に関わっていたのがダヤク人ではなく専ら華人であったので、その華人が沿岸部に移されたことによって、内陸部では深刻な物資不足が起こった［Ibid.:71–72］。

当時の西カリマンタン内陸部の交易活動は、基本的に華人がトラックを持ち、ダヤク人相手に現物取引をするというものであった。華人は、内陸部のゴムを西沿岸部まで持っていき、それを売り、また、内陸部の産品を受け取るのと引き換えに、内陸部のダヤク人に砂糖、米、油などの日用品をもたらした。これらの物資は、華人がいてこそ取引可能であった。一九六七年以降、それが難しくなったことでダヤク人は、華人の不在がいかに自らにとって不利であるかを思い知ったのである。

最も内陸に位置するカプアス・フル（Kapuas Hulu）では、一九七〇年代後半に入り、西カリマンタンの軍事支配の色彩が弱まると、帰還する華人も見られた。しかし相対的には人数は少なく、この事件によって内陸部の華人の人口は激減した。

ダヤク人は、当時水稲耕作の方法を知らず、陸稲《おかぼ》しか栽培していなかった。そのため、華人が残していった水田は放置されるか、新参のマドゥーラ人やジャワ人の移民に利用されるようになった。すでに一九七〇年代から、マドゥーラ人とダヤク人の間での紛争事件はたびたび起きているが、華人を追い出したときのダヤク人は、マドゥーラ人のことを「黒い華人（Cina Hitam）」と呼んでいたようである［Somers Heidhues 2003:250］。

内陸部では、華人に代わってジャワ人、マドゥーラ人の勢力の拡大が起き、ダヤク人の経済的地位は彼らに対して劣位にあった。一九七〇年代初頭から始まった、インドネシア政府主導のジャワからの移民、植民政策（ジャワでの人口集中を食い止めるため、ジャワ人をジャワ以外の島に移住させる政策）である「トランスミグラシ（Transmigrasi）」により、西カリマンタン内陸部にもジャワ人が増えた。最初、内陸のシンタン（Sintang）から入植が始まったが、ポンティアナック市近くのクブラヤ県の一部であるラサウ・ジャヤ（Rasau Jaya）では、ジャワ人優遇政策が露骨な形で取られ、そこでは華人は商業に従事することが一切禁じられた(99)。ダヤク人はトランスミグラシを恐れていた。それによって自分たちの経済的地位がさらに低下することを警戒したのである。また軍人が移住する「陸軍トランスミグラシ（Transmigrasi Angkatan Darat）」も盛んであった。

ダヤク人はしかし、経済的苦境にありながらも、華人を追放したことを誇らしく思い、勝利に酔っていた。前出のドゥーラが今でも記憶しているところによると、「一九六七年華人追放事件」以降のダヤク人は、自分たちの領域では自分たちの思いどおりになるのだ、と考えていた様子であった。

これを表すエピソードがある。一九六八年一一月一〇日、ドゥーラが軍隊の車でダヤク人が華人を追放した土地を横切ろうとすると、道の真ん中にダヤク人が座っており、車に乗せてほしいという。彼らは無理やりに車に乗り込もうとするが、軍の規律で許すわけにはいかない。結局、ドゥーラは車から降りて、厳しい口調で追い払った。このようにダヤク人はそれらの土地を自分たちが支配していると思っていたのである(100)。

以上は、内陸部から追い立てられ難民となって軍の監視対象となった貧しい人々について記述したが、もともとポンティアナックのような都市部で商業に携わる華人にとってもこの事件は無関係ではなかった。これについて次に述べる。

西沿岸部の企業家たちも軍部による監視を受けた。彼らには移動の自由がなく、軍部の本拠地に行って、そこで通行証（Surat Jalan）をもらい受けなければ移動も許されなかった。西カリマンタン出身の企業家で国会議員を務めたこともあるスサント（Susanto）によると、一九七六－七七年頃までは、町と町の間を移動するにも通行証を軍の詰め所に取りに行く必要があった。これは当然、華人の商業活動を制限するものであり、難民だけではなく、ポンティアナックの商人にも同様に課された[101]。

シンカワン近郊に生まれた客家人で、ポンティアナックで商業に従事していた李紹発のように、自分の会社が取り扱っていた商品の梱包袋が、ゲリラが活動していた国境地帯で発見されたことをもって、共産主義者の支援者ではないかと警察当局から嫌疑をかけられるという理不尽な経験をした人物もいる。難民に限らず、華人の行動も極端に制限されていたのが、一九六七年追放事件以降のほぼ一〇年であった。この時代の華人の行動様式を、李紹発は次のように表現した。「自分の安全のためにより無難な方を選択する（Mencari aman demi keselamatan）」[102]。インドネシア国軍により仕組まれた「一九六七年華人追放事件」は、内陸部に住んでいた華人のみならず、西沿岸部の都市部に居住していた華人にも大きな制限を加えるものだったのである。

これまで述べた筆者の調査結果から明らかになったのは、ダヤク人の主体的な「示威行動」への関与である。その根底には村落の生活の中でダヤク人が華人に感じていた不公平感や不満があった。しかしこれは、「示威行動」の決定的契機とはならなかった。西カリマンタン内陸の社会においては、ジャワのようなイデオロギー対立は存在しておらず、村落部で緊張が高まっている状況はなかった。華人に対するダヤク人の敵意を煽る国軍による当初の作戦も思うような成果を上げていなかった。しかし、ウライのイニシアチブによる「赤い椀」の伝達により、ダヤク人の一部であるマニュケ人による「示威行動」が開始され、さらには「パンスマ軍」の結成によって「示威行動」は拡大、激化していく。そこには国軍の援助はもちろんあったが、筆者の調査結果により浮き彫りになったのは、それ以上にウライを中心とするダヤク人エリートの主体的な「示威行動」への参加があったことである。この点は、国軍側の資料に拠る主要先行研究においても明らかにされていない。さらに「示威行動」について重要なのは、これが一過性のものではなく、同様の追放行動が、その後西カリマンタン内陸部に流入したマドゥーラ人に対しても発動された点である。ダヤク・マドゥーラ紛争のメカニズムを長期的視点で理解するためにも、一九六七年「示威行動」に関する正確な理解が必要なのである。

また、この事件はマレーシア連邦形成に際する、英領サラワクの左派ゲリラの活動を背景にしており、その残存勢力を右派のスハルト政権が駆逐し、西カリマンタンに対するインドネシア国軍の圧倒的な支配力を確立するための過程であった。この事件によって、それまでの現地の秩序が崩され、インドネシア国軍による監視と支配がこの地域に適用されるという過程を経て、西カリマンタンはインドネシア国家の内部により深く組み込まれることになったのである。

本章では、「一九六七年華人追放事件」の経緯とそれがもたらした影響について述べた。この事件が起こったことで、西カリマンタンの華人の前に、インドネシア国家が明確に登場し、しかもその国家は「軍服を着ていた」。当時華人に対する一連の作戦を展開したインドネシア国軍は、インドネシア国家の意図を体現する存在であった。このインドネシア国軍、ひいてはインドネシア国家の西カリマンタン華人社会に対する警戒意識は、西カリマンタンという地域が隣国マレーシア領のサラワクと国境を接していることを背景としていた。西カリマンタンの華人問題は、当時のインドネシア統一に関わる問題の最前線の一角を形成していたと言えよう。このような国軍の西カリマンタン華人に対する警戒意識に基づいて、次章以降で述べるような華人同化政策が西カリマンタンにおいても展開されることになる。

7　共産主義運動の壊滅

「一九六七年華人追放事件」の後、サラワクゲリラの活動および西カリマンタンの共産主義運動の帰趨はどうなったのか。サラワク、西カリマンタンの運動は大打撃を受け、その後の協力関係も解かれ、サラワクゲリラはサラワクに戻った。その後取り残された西カリマンタンの組織は真剣に活動の方針を練って活動していた。ソフィアンらは、内陸部での活動がますます困難になったため、華人が多く流入した西沿岸部に活動の場を移した。当時共産主義ゲリラ活動に参加したシンカワン郊外のカリ・アシン（Kali Asin）に居住するピョン・リップキゥ（Phiong Lip Kiu）によると、一九七〇年にソフィアンたちの部隊の活動に関わったが、その募集方法は次のようなものであった。彼らは散髪屋や指圧師を装って現地の華人に接近し、一軒一軒訪れていた。このピョン・リップキゥは、もともとムンジャリン（Menjalin）に住んでいたが、「一九六七年華人追放事件」に遭遇し、ポンティアナック近郊のシャンタンに移った後、避難先でソフィアンたちの部隊と関わるようになったという[103]。

一九七三年、ソフィアンの部隊は反スハルト政権と共産主義支持をアピールする標語ポスターを沿岸部各地の家屋に貼る運動を行った。これによって、彼らの存在がインドネシア国軍の知るところとなり、この作戦は現地の華人の賛同を得るどころか、彼らの摘発の時期を早めることになってしまった。この部隊に参加した林世芳は、当初よりこの方針に反対であったが、結局メンバーの大勢はこれに賛同したという。その結果その年に多くの共産党員がインドネシア国軍に逮捕され、翌一九七四年、ソフィアンは捕えられて処刑された［林二〇一〇：一〇八］。

インドネシア側では集中キャンプが作られ、政治犯たちはシンカワンおよびポンティアナックの集中キャンプに収容された。彼らが釈放されたのは一九七八年以降である。ポンティアナックの集中キャンプには、政治犯とサラワクゲリラの隊員が収容されていたという。その後、彼らの身柄はサラワク政府に引き渡された。集中キャンプの中は非常に不衛生で、多くのゲリラ活動家は、食糧もまともに与えられない苛酷な生活を送ることになったのである［同：

五四―五五〕。

最後に「示威行動」がもたらした、ダヤク人社会の衰退と難民化による華人の影響力の減退について、今後の研究の展望を述べる。「示威行動」以前においては、ダヤク人と華人の間に紛争はなく、両者の政治的影響力は強かった。ところが「示威行動」によっていずれも壊滅させられ、スハルト体制期においては、ムラユ人、ジャワ人の主に軍人による政治支配が開始され、華人とダヤク人はますます周縁化されていく。この結果を鑑みると、インドネシア国軍が当初から、ダヤク人に華人を追放させ両者が「共倒れ」になることを画策していた可能性も否定できない。しかしこの問題は、実際にそれを根拠づける国軍関係の資料の発掘を待って再度議論されるべきものであろう。

西カリマンタン華人は「一九六七年華人追放事件」によって、まったく新しい局面に直面することになった。内陸部での彼らの生業であった農業を継続することは困難であり、何もないところから生活を立て直さなくてはならない彼らはその後、西カリマンタンの外にも移動し始めた。

続く第Ⅲ章は、この大事件を経験した西カリマンタンの華人社会が、スハルト体制下に推し進められた同化政策の中でどのような変容をたどったのかという問いに答えるものである。西カリマンタンの華人社会は、彼らにとってまだ目新しいインドネシア国家という概念、枠組みを受け入れつつも、インドネシアの一員としての立場を足場にして、さまざまな場面で活躍するようになった。ほぼゼロから出発した彼らの、自らの生活をよりよくするための闘いがどのようなものであったのか、これについて次章で考察する。

注

（1）ンガバン（Ngabang）在住のアプイは当時、内陸ランダックのクアラ・ベヘ（Kuala Behe）に住んでいた。彼の証言では彼が当時住んでいた地域ではインドネシア共産党勢力、インドネシア国軍の左派勢力の影響を受けてゲリラ活動に関与した華人が多かったという。アプイへのインタビュー、ポンティアナック、二〇一二年六月二六日。

（2）一九五〇－六〇年代、インドネシアをイスラム国家とすることを目標に掲げた中央政府に対する反乱であり、国内の大きな不安定要素となった。

（3）「北ボルネオ」の呼称は一八八一年に始まるイギリス北ボルネオ（勅許）会社の統治領域の名称である。この領域がサバ（Sabah）と呼ばれるようになったのは一九五〇年代以降のことである［山本 二〇〇六：二六－二九］。

（4）一九四〇年代からイギリス領マラヤの独立構想はあったが、一九五〇年代にはマレー人の特権か平等な市民権かということをめぐって争いがありなかなか決着しなかった。一九五七年にイギリスとの交渉を経てマレー半島部（シンガポールを除く）がマラヤ連邦として独立を果たした。さらに一九六〇年代に入るとマラヤ連邦にシンガポール、ブルネイ、サバ、サラワクを含めて連合するマレーシア連邦構想が登場する。

（5）参考文献に一部挙げている『友誼叢書』と呼ばれる一連の出版物である。

（6）劉子政の一九五〇年代のサラワクの華人社会に関する研究書に掲載されている人物の例を一つ挙げよう。黄声梓は一九二〇年一一月一一日に中国福建省で生まれ、一九八六年五月四日にインドネシア西カリマンタンのポンティアナックで六六歳で死去した。彼は七歳のとき、父に連れられて香港を経由してシンガポールを経て、サラワクのシブ（Sibu）でゴム栽培をしていた。小学校で中国語を学習し、一九四六年、二六歳のときに中国の大学で学ぶ。その後サラワクに戻ってきて一九五二年四月一日シブの『詩華日報』を創刊し、中国共産党支持を明らかにして活動する［劉 一九九二：一三二－一三三］。

（7）ニンカンは華人とイバン人の混血で、サラワクがマレーシアに統合された一九六三年から六六年の間、サラワク州の首相を務めた人物である。

（8）クチンは後のサラワク州の州都となる町であるが、ブルック王家の統治時代から政治経済の中心地であった。

（9）原によると特にこの動きに積極的に関与したのは当時のインドネシア外務大臣スバンドリオ（Subandrio）であった［原 二〇〇九：一六六］。

（10）ラジオ・サラワクは一九五四年六月七日にスタートし、短波を用い、英語、マレー語、中国語、イバン語で放送をしていた。

（11）ラジオを、空中から投下するビラとともにゲリラの投降を呼びかける手段として用いる手法は、すでにマレー半島部で非常事態宣言が出された一九五〇年代初頭においてイギリスが取っていた［木畑 一九九六：二〇六－二〇七］。

（12）マレー半島の新村についてはフィールドワーク、聞き取りに基づいた研究が存在する［村井・東條 二〇一一］。しかしサラワクの新村についてはまだ研究の蓄積が乏しい。

（13）星洲日報『新村今昔系列』二〇〇一年八月七日、八日、九日。

（14）愈詩東、謝水源、王莫華へのインタビュー、シブ、二〇一三年一二月二一日。

（15）愈詩東、謝水源、王莫華へのインタビュー、シブ、二〇一三年一二月二一日。そのほかに、文銘権は今も生きているというが、こちらから出向こうとは思わない、どこに住んでいるかはどうでもいいことであるという突き放した発言も聞かれた。

(16)　盧友愛へのインタビュー、シブ、二〇一三年一二月二一日。
(17)　ナサコムとは、ナショナリズム（Nasionalisme）、宗教（Agama）、共産主義（Komunisme）の三つのインドネシア語の単語をもとにしたスカルノの造語であり、この三者を統合するという政治的スローガンであった。
(18)　匿名インタビュー、西カリマンタン出身ゲリラ参加経験者、バンドゥン、二〇一一年二月五日。
(19)　匿名インタビュー、西カリマンタン出身ゲリラ参加経験者、バンドゥン、二〇一一年二月四日。
(20)　阿強へのインタビュー、シンカワン、二〇一一年一二月二八日。
(21)　[林二〇一〇] 中のブントロ（文多羅）の回想録（一四七－一八二頁）に拠る。
(22)　[林二〇一〇] 中の和平（筆名）の回想録（一八四－一八七頁）に拠る。
(23)　[林二〇一〇] 中の兆昌（筆名）の回顧録（一八八－一九〇頁）に拠る。
(24)　陸軍空挺部隊（RPKAD）は、後に特殊戦略部隊（Komando Pasukan Khusus: Kopassus）と名前を変える。この部隊は後に東ティモールで侵攻（一九七五年）と軍支配、アチェの独立闘争鎮圧に関わったスハルト政権にとって重要な役割を持つ特殊部隊であった。陸軍空挺部隊のゲリラ掃討作戦で取られた戦略について、芋づる式に捕えた捕虜に自分の仲間を探させる方法を取っていたという証言がある。阿強へのインタビュー、シンカワン、二〇一一年一二月二八日。また、シンカワンから三〇キロメートルほど南下した地点にあるスンガイ・ドゥリ（Sungai Duri）近くでは、陸軍空挺部隊が近隣に居住する華人に資金提供を強制し、華人からお金を集めて軍隊に供出したという。アクンへのインタビュー、スンガイ・ドゥリ、二〇一〇年一一月一七日。
(25)　[林二〇一〇] 中のブントロ（文多羅）の回想録（一四七－一八二頁）に拠る。
(26)　この組織名はDayakではなく、Dayaが正式な綴りである。また名称には英語が用いられている。
(27)　S教授へのインタビュー、ポンティアナック、二〇一四年六月二一日。
(28)　オルバヌス・オクーへのインタビュー、スバドゥ、二〇一四年六月二五日。
(29)　ドゥーラへのインタビュー、ジャカルタ、二〇一一年三月八日、二〇一二年一月三日。彼は、東インドネシアのフローレス島に生まれ、一九六六年から一九七一年までの間タンジュンプラ第一二軍管区の専属神父として華人追放事件に接した。
(30)　殺されたダヤク人首長は、ポンティアナックにある英雄墓地に葬られたという。国家、軍隊側としては、国家の英雄としてダヤク人に記念してもらいたいという意図があったが、ダヤク人としては、キリスト教徒が国家英雄墓地に葬られたというのが誇らしげであったという。一九六八年から翌年にかけて、多くのダヤク人が国家英雄墓地に葬られた。国家のために、国家への反逆者によって殺害されたという理由で彼らはそこに葬られたのである。ドゥーラへのインタビュー、ジャカルタ、二〇一一年三月八日。
(31)　『アンカタン・ブルスンジャタ（*Angkatan Bersenjata*）』一九六七年九月二二日。
(32)　トマス・ムラドへのインタビュー、サマランタン、二〇一〇年一一月一九日。
(33)　ドゥーラへのインタビュー、ジャカルタ、二〇一二年一月三日。マニュケ人はカプアス内陸のダリット（Darit）周辺を故地とするダヤク人の一種族である。ダヤク人の内部のさまざまなサブグループに関する研究成果をまとめたジョン・バンバによる著書[Bamba 2008]における表記ではBanyukeとなっている。この民族は現在のランダック県（カプアス川流域）に居住する。彼らの言語であるバニュケ語（Ba-ampape）の話者は、一九九八年当時で一四六八人であった[Bamba 2008]。

(34) ドゥーラへのインタビュー、ジャカルタ、二〇一一年三月八日、二〇一二年一月三日。

(35) これに関して一九五〇年代からウライと親しく交友のあった、元アンタラ通信（一九五〇年代からあるインドネシアの情報配信会社）勤務のバスリン・ヌールブスタン（Basrin Nourbustan）は、このときのウライの役割について、ウライがダヤク人の各地の首長たちを集めて、華人に対する「戦争」開始の決定を下したかどうかについては明らかにせず彼自身も直接にはわからないとしているが、少なくともウライが攻撃を止める司令を出したことは確かであるという。これは、軍司令官とも親しかったバスリンが一九六八年から西カリマンタンの国軍を率いたスマディ（Soemadi）から直接聞いた話であるという。彼がスマディに対して、一九六八年ごろになると襲撃事件が起こらなくなったがどうしたことか、と聞いたところ、スマディは、指導者（Pemimpin）が止めるようにすでに指示を出したからだと返答した。この「指導者」はウライだと彼はすぐに理解した。バスリン・ヌールブスタンへのインタビュー、ポンティアナック、二〇一二年六月二七日。なおバスリンは、一九六七年の事件について研究を重ね、多くの記事をウェブ上で発表しているムフリス・スハエリ氏の義父である。

(36) ドゥーラへのインタビュー、ジャカルタ、二〇一二年一月三日。

(37) ドゥーラへのインタビュー、ジャカルタ、二〇一二年一月三日。

(38) ドゥーラへのインタビュー、ジャカルタ、二〇一一年三月八日。

(39) サマランタンのダヤク人村民へのインタビュー、二〇一〇年一一月一九日。

(40) トマス・ムラドへのインタビュー、サマランタン、二〇一〇年一一月一九日。

(41) パンスマ軍の名は、日本軍政期にサンガウで日本軍と戦ったダヤク人指導者から取られている[Davidson 2008 : 70]。

(42) ドゥーラへのインタビュー、ジャカルタ、二〇一一年三月八日。

(43) ドゥーラへのインタビュー、ジャカルタ、二〇一一年三月八日。

(44) ポンティアナック出身で、ソフィアンらのインドネシア共産党勢力に関わり西カリマンタンの武力闘争に参与した人物である。

(45) 本章に登場するマルガレータ、F・D、オルバヌス・オクーの各人物は、タンジュンプラ大学のS教授とともに内陸部に調査に赴いた際に出会ったインフォーマントであり、S教授立ち合いのもとでインタビューを行った。著者は「示威行動」を実際に目撃した人あるいは自身が参加した人に会いたいと事前にS教授に話し、それにふさわしいインフォーマントを選定してもらった。

(46) 「身の危険」についてどこから情報を得たのか、と筆者が尋ねたところ、口から口へ噂が広まっていたという回答のみが得られた。ジャワでは、インドネシア国軍の特殊部隊（RPKADなど）による巧みな情報操作が行われており、西カリマンタンにおいても同様の軍による情報操作が行われていたことは十分ありうる。

(47) マルガレータへのインタビュー、スバドゥ、二〇一四年六月二五日。
(48) F・Dへのインタビュー、パフマン、二〇一四年六月二五日。
(49) この山の名称は、デイヴィッドソンとカンメンの論文においてはMt. Merebukと表記されている［Davidson and Kammen 2002: 65］。
(50) 「赤い椀」についてF・Dは次のように説明した。赤い椀が回ってきた場合には、ダヤク人は危機が迫っている状態を自分で解消しなくてはならない。そのためにすぐ出発しなければならず、状態が安定するまで家に帰ることはできない（F・Dへのインタビュー、パフマン、二〇一四年六月二五日）。
(51) 彼だけではなく、サマランタンのダヤク首長トマス・ムラドも「示威行動」の最中にはとても速く歩くことができたことを強調した。トマス・ムラドへのインタビュー、二〇一〇年一一月一九日。
(52) 赤い鉢巻をつけるほか、リニュアック（rinyuak）と呼ばれる赤い葉を頭に着けていた。マルガレータへのインタビュー、スバドゥ、二〇一四年六月二五日。
(53) これを彼はシカット（sikat）したと表現した。sikatは一般には「（ブラシなどで）払い落とす」という意味である。
(54) 彼自身の経験であるのか、知り合いから聞いた話なのか判別がつかなかったが、ムラブカトンで共産主義ゲリラ関係者を捕まえてインドネシア国軍に渡したことがあったという。その中には華人の女性もいた。F・Dへのインタビュー、パフマン、二〇一四年六月二五日。
(55) ドゥーラへのインタビュー、ジャカルタ、二〇一一年三月八日。
(56) これは、六月末に行われた軍部のスタッフ総替え、シリワンギ師団の着任を背景とした変化と思われる。
(57) ポンティアナックの北六〇キロメートルの地点にある場所であり、日本占領期以前から日本人が住んでいたと言い伝えられている場所である。史実としては明らかでないが、「日本溝（インドネシア語でParit Jepang）」と呼ばれていることは確かである。沼地が目立つ場所であるが稲作は盛んである。
(58) 黄少蘭へのインタビュー、シンカワン、二〇一一年一月二〇日。
(59) たとえばソフィアンらのインドネシア共産党の部隊に関わっていた林世芳の場合、一九七三年にインドネシア国軍に拘束され、一九七九年に釈放された［林二〇一〇：三］。
(60) スンメンへのインタビュー、スンガイ・ドゥリ、二〇一〇年一一月一七日。
(61) 一九二七年生まれ。バンドンでシリワンギ部隊に入隊する。インドネシア独立戦争時には、バンドンの戦いでイギリスのグルカ兵相手に戦い、一九五〇年代には西ジャワのダルル・イスラム運動討伐作戦に参加している。
(62) ハルソノへのインタビュー、ポンティアナック、二〇一一年一二月二〇日。
(63) スマディには、できるかぎり危機的状況であるということを表現するという意図があったと思われる。ドゥーラは筆者とのインタビューの中で、特にスマディが着任した一九六八年時点では、すでに共産主義ゲリラはほとんど勢力を持っていなかったのであり、「スマディは敵を自ら作り出さなくてはならなかった」と述べた。ドゥーラへのインタビュー、ジャカルタ、二〇一一年三月八日、二〇一二年一月三日。

(64) 客家語で sang の発音は sin-sang で「先生」など、「生」の語の方が漢字としてはふさわしいとも考えられるが、この事件について筆者が最初知ることになった林世芳の著書［林 二〇一〇］では、「活」の語を採用しており、シンカワンの華人で標準中国語が話せる人が sang nyam bong の話をするときに、標準中国語で huo yan wang と発音していたことからもここでは「活」の字を採用した。

(65) シンカワンから南にスンガイ・ドゥリ（Sungai Duri）に行く行程の中間地点にある。

(66) 彼によるとそのとき、関聖帝爺（中国三国時代の武将、関羽が神格化されたもの）が彼に乗り移っていたのだという。

(67) Yへのインタビュー、シンカワン、二〇一〇年一一月一五日。このインタビューは通訳をする友人（五〇歳代）と三人でほぼ客家語で行われた。

(68) スンガイ・パンカラン近くに住む家族へのインタビュー、二〇一〇年一一月一七日。

(69) 葉栄基へのインタビュー、スンガイ・パンカラン、二〇一〇年一一月一七日。

(70) 呉坤発へのインタビュー、シンカワン、二〇一一年一月三一日。

(71) 「西加」とは西カリマンタン（西加里曼丹）の略称である。また Yayasan は「財団」、bhakti suci は「高貴なる貢献」という意味である。

(72) これについては［Somers Heidhues 2003 : 252］などにもあるほか、後に登場するインタビュー結果、また林世芳によるインタビュー成果による著書［林 二〇一〇］にも登場する。

(73) スハルト体制の初期には、反共の立場からインドネシアの全国民に対して何らかの宗教を持つ義務を厳格化し、公認宗教制度が確立した。スカルノ政権の最末期に、「儒教（agama Khonghucu）」も公認宗教に加えられ、公認宗教はこれ以外に、イスラム、キリスト教カトリック、キリスト教プロテスタント、ヒンドゥー教、仏教とされた。

(74) この記述は在地の歴史家シャファルッディンが、YBSにおける調査、資料収集に拠って書いた未発表原稿「YBS：献身と奉仕」および、筆者のシャファルッディンへのインタビュー（ポンティアナック、二〇一四年一二月二三日）に拠る。

(75) 李紹発の手による文書「YBSの起源」に拠る。

(76) シャファルッディンによると、最初YBSでは、バリ人のクトゥット（Ketut）という人物がヒンドゥー教、仏教、儒教をまとめて管轄していたのであるが、彼は華人の葬儀を管轄することは自分ではできないと言って、華人に実際の運営を委ねたという。「YBS：献身と奉仕」に拠る。

(77) 「YBS：献身と奉仕」に拠る。

(78) シャファルッディン「YBS：献身と奉仕」に拠る。

(79)「西加孔教華社総会四三周年記念特刊」に拠る。
(80)米の援助と、日本からの缶詰の援助は、インタビューの際、頻繁に登場する。それほどに元難民にとっては印象深いものであったのだろう。
(81)カリアシンの元難民へのインタビュー、カリアシン、二〇一一年一二月二七日。
(82)サガタニの元難民へのインタビュー、サガタニ、二〇一一年一二月二七日。
(83)廖海安へのインタビュー、カリアシン、二〇一一年一二月二七日。
(84)スンメンへのインタビュー、スンガイ・ドゥリ、二〇一〇年一一月一七日。
(85)曾松輝へのインタビュー、シャンタン、二〇一二年六月二四日。
(86)黄国謀へのインタビュー、シャンタン、二〇一二年六月二四日。
(87)アプイへのインタビュー、ポンティアナック、二〇一二年六月二六日。
(88)トーホー（Toho）は、ムンパワ（Mempawah）の沿岸部近くに存在する町である。
(89)特殊戦略部隊（kopassus）の制服に用いられるベレー帽は赤色であるので、ここで彼らが見たのは、シリワンギ師団の軍人であったと思われる。
(90)リランのプロテスタント教会での会衆へのインタビュー、二〇一〇年一一月一七日。
(91)阿強へのインタビュー、シンカワン、二〇一一年一二月二八日。
(92)フラン・チャイは、シンカワン生まれであるが、スイスで薬学を専攻し、インドネシアに一九八〇年代に帰国した後、製薬会社を起業する。ポストスハルト期にはインドネシア国会議員選挙に出馬し当選、国会議員を五年間（一九九九－二〇〇四）務めた経歴がある。
(93)フラン・チャイへのインタビュー、ボゴール、二〇一二年一月二日。
(94)ドゥーラへのインタビュー、ジャカルタ、二〇一二年一月三日。
(95)アプイへのインタビュー、ポンティアナック、二〇一二年六月二六日。
(96)筆者は二〇一四年六月にアンジュンガンの町を視察する機会があったが、ンガバンの町を観察する機会をまだ持っていないために、これを実際に比較できない。
(97)ドゥーラへのインタビュー、ジャカルタ、二〇一一年三月八日。
(98)『アクサヤ（*Akcaya*）』一九八二年四月六日など多数。
(99)シャファルッディンへのインタビュー、ポンティアナック、二〇一一年一二月一九日。
(100)ドゥーラへのインタビュー、ジャカルタ、二〇一二年一月三日。
(101)スサントへのインタビュー、ポンティアナック、二〇一一年一二月一四日。

（102）李紹発へのインタビュー、ポンティアナック、二〇一一年一月一四日。
（103）ピョン・リップキゥへのインタビュー、カリアシン、二〇一二年七月六日。

第Ⅲ章　スハルト体制期の華人同化政策と西カリマンタン華人

スハルト政権（一九六六－一九九八）[1]は、その詳細は地域によって異なるものの、インドネシア全土にわたり華人同化政策[2]を敷いた。本章は、スハルト政権が展開した華人同化政策の影響が西カリマンタンに波及する過程で、当地の華人がこの新しい局面にどのように対応したのかを主題とする。

前章で考察した「一九六七年華人追放事件」を契機に、西カリマンタン華人にとってインドネシア国家の存在は明確になり、誰もその影響力を否定できなくなった。さらにインドネシア国軍の監視下で彼らの行動は制限された。しかしそれでもなお、彼らは自らの生活の向上のために多方面で努力を重ねた。また、インドネシア国家が推し進めた華人を対象とした「インドネシア国民育成」プログラムに、華人社会は言われるままになっていたのではなく、主体的に関与していた。

本章ではまず、西カリマンタンにおいてインドネシア国家の存在感が上昇していく過程で、スハルト政権が採った華人同化政策が、西カリマンタンにおいて具体的にどのように展開したのかを見る。この時期、西カリマンタン華人の大部分が「形式的、法的」にインドネシア国民となった。しかしこれは、必ずしもスハルト体制が全般的に華人に求めたような「同化」、すなわち「インドネシア国民意識の醸成」ではなかった。彼らはむしろ、序章の「辺境」をめぐる議論にあったように、国家の意図を超え、彼ら独自の解釈を主体的に行い、インドネシア国家との関係を模索していったのである。この動きが、二〇〇〇年代以降目立ってくる西カリマンタン華人の旺盛な政治活動の先駆となった。

ここで、序章で取り上げた石川登の論に従って付言すれば、スハルト体制下において、西カリマンタンにようやく国家による実質的な領域支配が確立することになったと言える。国民意識とは別に、インドネシア国家が西カリマンタンにもたらした社会インフラ、インドネシア語による教育、インドネシア国籍付与といった現実的な統治の問題として、国主導のナショナリズムが展開していくのがこの時期である。それ以前の時期には、インドネシア国民意識さえもないところに、突如として一九六〇年代にインドネシアナショナリズムが一方的に押し付けられ、西カリマンタンの人々は否応なくそれへの対応を迫られた。その中で彼らは地元社会の事情も踏まえながら、国家の推し進めるナショナリズムの普及に対して、適当な落としどころを模索したというのが本章の趣旨である。制度面では、インドネシア国家は西カリマンタンを確実に掌握していったのは事実であるが、それと向き合う形での「辺境」版のナショナリズム形成がどのような軌跡を辿ったのかを本章では詳細に検討する。

1　インドネシア国家の存在感の上昇

一九七〇年代に入っても「一九六七年華人追放事件」の爪痕は残り続けた。たとえば、一九七〇年代半ばまで、華人が居住地から別の都市に赴く際には、国軍の詰め所で許可証を取得する必要があり、移動の自由は極端に制限されていた。また華人独特の慣習、儀礼、祝祭に対してもさまざまな制限が加えられた。しかしながらこの時期、インドネシア国家と接する中で周縁化されたのは華人だけではなかった。内陸部を主な居住地とするダヤク人に対しても、教育を通じた国民化が図られると同時に、彼らが政治参加する機会は周到に阻まれた。

スハルト体制成立以前には一部のダヤク人の政治参加はあった。ウファン・ウライはその代表である。しかし彼の後には、ダヤク人は政治から排除された。一九九〇年代に政府与党ゴルカル（Golongan Karya, Golkar）[3]幹部として活動したダヤク人教師リベルトゥス・アヒー（Libertus Ahie）[4]によると、スハルト体制期には華人の祝祭だけでなく、ダヤク人のガワイ（Gawai）を呼ばれる伝統的な収穫祭も自由に祝うことができなかった。ダヤク人や華人以外の人々、つまりジャワ人やムラユ人が政治権力を掌握しており、ダヤク人が大多数を占める内陸部においても県知事（Bupati）はムラユ人もしくはジャワ人であった[5]。

ダヤク人で、シンカワン市議会議員を務めるアロイシウス・キリム（Aloysius Kilim）[6]は、スハルト体制期の西カリマンタンの状況を「ジャワ人による統制」、「軍人支配」、「イスラム化」と形容した。特にキリスト教徒としてのアイデンティティが強いダヤク人[7]にしてみれば、この問題は「イスラムの主流化」、「ダヤク人＝キリスト教徒の周縁化」と感じられたことであろう。では、「ジャワ人による統制」、「軍人支配」、「イスラム化」とは一体何だったのだろうか。

(1) ジャワ人による統制と軍人支配

一九七〇年代に開始されたジャワからの移民政策（インドネシア語ではトランスミグラシ transmigrasi と称する）により、人口稠密なジャワ島から西カリマンタンに多くの人々が家族単位で送られた。この主題については当時の新聞が多くを報道している。ここで特に参照するのは、ポンティアナックで発行された新聞『アクサヤ（*Akcaya*）』紙（一九七三年創刊）である。この新聞からは、特に西カリマンタン州政府の西カリマンタンの状況への眼差しを読み取ることができる。なぜなら『アクサヤ』の発行には公務員が中心的な役割を果たしており、政府広報の色彩を持つからである。このような『アクサヤ』の性格から、記事が政府寄りであるという弱点はあるが、スハルト体制期の西カリマンタンにおける日刊紙は『アクサヤ』以外には存在しないため、同時代資料としての価値は十分にある。『アクサヤ』の記事からトランスミグラシ関連の記事を抽出しよう。一九七七年八月初め、ジャワからの移民が初めてポンティアナックに到着した[8]。その後の計画として、四〇〇〇家族が移民する予定であることが報じられている[9]。ポンティアナック近くのラサウ・ジャヤ（Rasau Jaya）には特に多くのジャワ移民が居住した[10]。一九八七年にもジャワ島のスマラン（Semarang）からの四六家族の、西カリマンタン州南部に位置するクタパン（Ketapang）への移住がなされた[11]。大規模なトランスミグラシは、西カリマンタンにおけるジャワ人の存在感を増すことになった。またスハルト体制期には、ジャワ出身の軍人が西カリマンタン州行政の要職に就く事例が多かった。スハルト体制期の西カリマンタン州知事の大半がジャワ人あるいはイスラム教徒のムラユ人であり、しかも軍人である。ウファン・ウライ（ダヤク人、一九六〇－六六年在職）の後の州知事は、スマルディ（Soemardi）（ジャワ人、一九六七－七二年在職）、カダルスノ（Kadarusno、軍人）（ムラユ人、一九七二－七七年在職）、スジマン（Soedjiman）（軍人、ムラユ人、一九七七－八七年在職）、パルジョコ・スルヨクスモ（Parjoko Suryokusumo）（軍人、ジャワ人、一九八七－九三年在職）、アスパル・アスウィン（Aspar Aswin）（軍人、ムラユ人、一九九三－二〇〇三年在職）であり、軍人のムラユ人あるいはジャワ人が西カリマンタンの州知事に就任することが多かった。西カリマンタンの「土地っ子」たるダヤク人が再び州知事となるのは、二〇〇七年のコーネリス（Cornelis）の州知事就任を待たなくてはならなかった。

(2) イスラム化

一九七〇年代に発行された『アクサヤ』紙には多くの「イスラムへの改宗」を取り上げた記事が登場する。多くの場合、華人がイスラムに改宗したという旨の記事である。たとえば、スンガイ・ピニュ（Sungai Pinyuh）に居住するピョン・スイチュン（Piung Sui Chung）の一家が、自らの意志でイスラムへ改宗したことが報じられている[12]。彼の家族全員が、イスラムへの改宗の後に姓名をインドネシア風に変えた。類似する記事は数多く存在する。一九七七年当時には西カリマンタン内陸部住民の七五%が精霊信仰を持っていると報じた記事もある。この記事に拠ると、これをあるべからざる状況と捉え、彼らにいち早く「正しい宗教」（教義が明確なイスラムやキリスト教等の世界宗教）を持つよう勧めなくてはならないとしている。[13] その他、ン・モックチョイ（Ng Muk Choi）という名の華人が自ら宗教省支部に赴き、誰からの強制もなくイスラムへの改宗を決めたことが報じられている。彼はそこで、二人のイスラム教徒の証人を前に信仰告白をして名前をスヨノ（Sujono）に変えた。[14] その直後彼は、宗教省支部の役人からイスラム教徒として守るべき条項を伝達された。[15] 華人のイスラムへの改宗という出来事が、政府系新聞の『アクサヤ』紙に掲載されることから当時の雰囲気をうかがい知ることができる。すなわちこれらの記事から、西カリマンタンの住民、特に華人のイスラムへの改宗を歓迎し、それが望ましい「同化」の形であるという政府の認識が看取できるのである。

一方でキリスト教は共産主義とならぶ脅威であるという論調も登場する。[16] 内務大臣アミル・マフムド（Amir Machmud）[17] は、一九八〇年九月一七日、ポンティアナックでの演説において、「キリスト教化する（Kristenkan）動きは共産党に匹敵するインドネシアの脅威であるから警戒するように」と述べた。また、一九七七年から一九八七年まで一一年間、西カリマンタン州知事を務めたスジマンが、「キリスト教徒が自分たちの中で閉鎖的にならずに、彼らもまたそれ以外の信仰を持つ人々とも開かれた関係を持つようになった」と評価していると紹介する記事もある。クリスマス礼拝の際に彼は次のように述べた。「去年のクリスマス礼拝では、キリスト教徒だけに参加を限定する部と一般に開放する部の二つが明確に分けられていたが、今年は招待客も全部一つになり、皆が参加できるようになったのがよい」。スジマンは集まったキリスト教徒たちに対して、政府の方針に従い、求められている貢献を行い、インドネシア、特に自分たちが暮らす地域の発展に貢献してほしいと強調した。[18] キリスト教徒の礼拝に関しても、キリスト教徒だけの閉鎖的な方式を採るのは、「同化」という観点から望ましくないとしているところにも同化政策の一端をうかがうことができる。

これらの互いに重なり合う部分を持つ「ジャワ人による統制」、「軍人支配」、「イスラム化」という三要素は、西カリマンタンの華人とダヤク人が日常的に感じていたことである。これらの事象は彼らの活動の自由を奪うものであったが、一方、ムラユ人にとっては、この傾向は政治的な地位を獲得するのに有利に働いた。

2　規制と教化

(1) 華人の企業活動への規制

一九七七年の『アクサヤ』紙の記事は、プリブミの企業家からの投書で始まっている。銀行の貸付において、ノンプリ[19]の方が優遇されているのはなぜかという疑問を彼は呈する。なぜプリブミの企業は、その基盤が脆弱だと見られているのだろうかと彼は続ける。プリブミの企業家は、資金の貸付を得られないだけでなく、相談にも応じてもらえないと彼は訴え、現状ではノンプリの方が大多数の銀行の貸付を得られることは明白だとしている。この投書者は、プリブミの企業家がノンプリに比べて経済面で引けを取っているのは、モラルを重視する宗教を信じているからであるとする。彼によると、プリブミは、ノンプリのように事業を成功させるために手段を選ばないということはできないから、ノンプリに引けを取っていると言うのである。[20] ここにはノンプリは手段を選ばず金儲けに走っているという批判が込められている。

また、経済面での華人の優位を是正するために一九七七年、西カリマンタン州知事カダルスノは華人企業も五〇％はプリブミを雇用するように指示を出した。これはノンプリだけで経営している会社がある状況は望ましくないという理由からであった。[21]

インドネシア各地で、一九七四年のマラリ事件（Peristiwa Malari）[22] 以降、華人ビジネスの突出は望ましくないものとされ、不徹底ながらもプリブミへのビジネス上での優遇政策が採られるが、西カリマンタンの事例もこの動きの地方における展開の一つと言えるだろう。

(2) 同化促進と華人の「異化」

華人に対して、インドネシア人としての義務を果たすようにと主張する『アクサヤ』の新聞記事は多数に上る。[23] 華人は全部お金で解決しようとするのではなく、夜の警備（ronda）にもプリブミと合同で積極的に参加することで集落の住民としての責務を果たすべきだという記事も登場する。[24] また、インドネシアの国是である「パンチャシラ」[25]とそれに基づいた社会生活を推進するための集中セミナーであるP４セミナーが頻繁に開かれている様子も報道されている。[26] P４とは「パンチャシラの定着と実践のための方針（Pedemen Penghayatan dan Pengamalan Pancasila）」の略であり、[27]これを徹底させるための集中セミナーが頻繁に、州や県レベル、また全国規模で行われている。このP４の普及活動に関しての最初の記事は一九七九年のものである。[28] 一九七〇年代末から一九八〇年代末にかけ、この活動は継続された。

P４運動に参加した西カリマンタン州の住民は、当時の三〇〇万という全人口のうち、四〇万人ほどに上っている。一九八〇年、ポンティアナックにおいては、公務員を対象に、パンチャシラ、一九四五年憲法の精神、国家綱領（Garis Besar Haluan Negara, GBHN）への理解を深める目的で二週間の集中セミナーが開かれた。このセミナーには九一〇八人が参加し、一二日間続いた。[29] これは、インドネシア国家が華人に対して同化を強く求め、積極的に働きかけている例である。ところが、これと並行してスハルト体制の華人政策においては、華人同化を呼びかけると同時に「華人」という存在を顕在化することも行われ、華人を「問題化」することによりさらなる同化政策が敷かれることになった［Heryanto 1998:104］。次に挙げるのは、華人の存在を顕在化し、プリブミから「異化」する意図が表れている記事である。

シンカワンの豚小屋を写真つきで掲載し、ここで川に豚の糞が垂れ流されている現状を報告している。そしてこれは、シンカワンの郡長（camat）の禁止条例に違反していると述べられている。さらに「この慣習は、環境衛生上非常に悪影響がある。豚の糞が直接河川を汚染しているのである。その汚染された川で人々は水浴びをし、洗濯をしている」と報告している。[30] 華人が豚を飼育するのは普通のことなのだが、これをあえて取り上げることにより、豚肉を食することを禁忌とするイスラム教徒の読者にとっては、華人の強烈な「異化作用」を発揮するだけでなく、華人に対する否定的なイメージをも付加することになる。

インドネシア国籍を取得した華人は、地元の環境に適応すべきだという記事も見られる。ある記事では、当時のポンティアナック市長が、インドネシア国籍を取得した華人は、正確なインドネシア語を話すこと、排他的にならずに他の民族とも広く交際すること、法令を遵守すること、パンチャシラと一九四五年憲法を尊重すること、公共生活においては中国起源の言葉ではなくインドネシア語を用いること、以上を実践するべきだと大勢の華人の前で述べたと報じている。これらの実践を通じて、華人はインドネシアを愛し、インドネシア文化を尊重するべきだと彼は主張している[31]。裏を返せば政府の認識では、現状では華人はインドネシア語を話さず、華人の間の交友関係を特に重視し、他の民族とあまり交際せず、法令に従わず、インドネシア国民としての自覚がなく、中国起源の言葉を日常用いているということであったのだろう。

華人の果たすべきインドネシアへの貢献を強調する記事は多い。西カリマンタン州知事のスジマンは、ポンティアナックの華人と会合を持ち、インドネシアの国家英雄[32]を挙げて「彼らの命を懸けた貢献があったからこそ現在のインドネシアはあるのだから、あなた方も彼らのようにインドネシアに貢献しなくてはならない」と強調している[33]。

このように、華人の「異質性」をことさらに強調し、そのうえで同化が進んでいないと批判し、良きインドネシア国民となることを期待するというスハルト政権の対華人政策の諸側面がここに表出されている。

(3) メディア

当時、国民統合を進めるうえでインドネシア国家が留意していたのはメディアの問題であった。西カリマンタンでは当時、マレーシアのテレビ放送が受信できた。一方でインドネシアのテレビ局はまだ未整備であり、現在のシンカワン市を含む当時のサンバス県や内陸部では住民はマレーシアのテレビ番組に親しんでいた。

この状況を変えるべく、インドネシアの国営テレビ局、TVRIが西カリマンタン全域でテレビを視聴できるよう整備を進めた。「マレーシアの放送を西カリマンタンの住民が普段から視聴している状態は、国防問題に関わる」という穏やかならぬ調子で報じられている。一九八七年二月二五日、ＴＶＲＩはサンバス県で放送を開始した。これにより西カリマンタン州全域でＴＶＲＩを視聴することができるようになった。ＴＶＲＩのサルジアント（Sardjianto）という人物は、「国境に近いサンバスの住民が以前からマレーシアの放送に晒されている状況は、インドネシアの国民統合に悪い影響を及ぼす。なぜならマレーシアの放送は国防の視点がないし、パンチャシラも含まれていないからである」と危惧を露わにしたという(34)。しかし、当時のインドネシアの政策からすれば望ましからぬこの状況は、現在の西カリマンタンでも継続しており、シンカワンやポンティアナックのパラボラアンテナを備えた多くの家庭では、マレーシアの番組のみならず世界各国（特に中国、台湾）の報道に接している。

⑷　教育現場

教育現場は、スハルト体制による同化圧力が強く働いた部門の一つであった。国民国家成立後に整備される教育制度自体、その国家を支えるナショナリズムの論理に密接に関わるものであり、その国民の一員であるという認識を子どもたちに植え付け、国民としての国家への貢献を促すのは国民教育の一般的性格であろう。インドネシアにおける教育現場もインドネシア国家に対するナショナリズム育成の場であった。スハルト体制が展開した華人同化政策の文脈においても、教育の現場はその最前線となった。第Ⅰ章で確認したように、西カリマンタン華人は元来インドネシア国家とは関わりのない「外国の」教育を受けていた集団であった。彼らにインドネシア人としての自己意識を植え付けることに多くの資力と労力が動員されたのも当然であった。これについて再び『アクサヤ』の記事から読み取ってみよう。

ポンティアナックにある華人の生徒が多い「サント・ペトルス校（Sekolah Santo Petrus）」(35)の場合、直接同化政策に適合的な方策を採ることは難しいと記されている。その理由として、周辺が華人集住地域であることが挙げられている。ポンティアナックの「グンバラ・バイク小学校（Sekolah Gembala Baik、カトリック系の小学校）」の場合も、華人が多く居住する地域にあるので、自然と生徒は華人ばかりになる。しかし記事によると、それらの学校においては物理的に（secara fisik）華人とプリブミを混合することは実際には不可能であるものの、華人に対する教育を通じて同化政策に沿うような施策を講じることは可能であるとしている。記事ではそれに続けて、「心理面での同化は可能である」と述べられている。「それはインドネシア語の学習とインドネシアの歴史の学習を通してである。サント・ペトルス校においては、カルティニの日[36]には華人の子どもたちは、インドネシアの伝統衣装であるクバヤ（Kebaya）[37]を着ることに違和感はないようである。華人の子どもたちもインドネシア語の歌を歌うのが上手である。一部に華人独特の訛りがあるものの彼らの『同化』は順調に進んでいる」と記事は結ばれている。[38]

実際に華人の子どもたちにインタビューをして、学校生活の実情を聞き取りした記事もある。彼らの返答は、「学校では、当然インドネシア語を話すが、家庭では中国起源の言葉を話すのが普通である。学校には多くのプリブミの友人がいる」というものであった。[39]ここで注目したいのは、プリブミ（とその反対語として想定されているノンプリ）という概念が社会的に定着しているという点である。おそらくこの区別なくしてはこれらの論説は体を成さないだろう。プリブミ、ノンプリという言葉を用いないならば、そもそも人の表象そのものが不可能なほどに、プリブミ、ノンプリの区別は社会的事実として厳然と存在し、それがスハルト体制の同化政策によって強化されたと言えよう。これはそれぞれ「同化の対象＝ノンプリ」、「同化の目標＝プリブミ」という二項対立として定式化されていたのである。

教育現場の同化政策は、一九七〇年後半にはすでに開始されていた。[40]特に華人に関して言えば、一九六六年以降、インドネシア全土の中国語学校が閉鎖されたため、その後華人で教育を受けた人々は、カトリックの修道士や修道女が運営する学校に通った。こうしたミッション系の学校では早期からインドネシア語を使った教育が盛んであった。[41]

国立学校（sekolah negeri）が一九七〇年代に西カリマンタンに設立される以前、この地域の教育活動に携わったのは、前述のカトリック学校のほか、一九六六年以降ジャワから派遣された教師陣であった。ムリジャン（Moeridjan）[42]

はその一人である。一九六〇－七〇年代初めには国立学校の数が非常に少なく、しかも華人は共産党との関係を疑われていたため、華人の多くは教育を受ける機会を逸した。彼は華人教育の状況に危機感を持ち、他のジャワ人教師と協力して、一九六九年シンカワンに、カトリック学校「イグナシウス高校（Sekolah Menengah Atas Ignasius）」を設立した。この学校は、現在に至るまで華人に最も人気のある学校となっている。

華人のその他の選択肢としては、国立学校に通うか、もしくはカトリック系の小学校に通うかであった。この当時学校に通った人の中では圧倒的にカトリック系学校を卒業した人の割合が多い。カトリック系学校の華人教育が先行した西カリマンタンにおいて、一九七〇年代に入ってからインドネシア政府は本格的に教育制度に統制をかけるようになる。ムリジャンも語っているが、一九七〇年代、西カリマンタン州にはジャワからの移住民が増えただけでなく、軍人が多く居住するようになった。軍人が国立学校の教師を兼任することも多く、西カリマンタンにおいて意識的な国民化が進められた時期であった。このような時期において先に発展したカトリック系の学校は、華人の同化を妨げる障壁と見られたのである。

アロイシウス・キリムは、一九七〇年代の教育の状況について次のように語った。彼は当時、カプアス川流域のパフマン（ここは「一九六七年華人追放事件」において特に激しい追放が起こった地域の一つである）に住んでいた。当時、パフマンには国立学校は非常に少なかった[43]。ところが、スハルト政権の基盤が安定してくる一九七〇年代に入ると、政府主導で国立学校が次々と建設された。カトリック教会が運営する学校で財政が乏しいものは、国立学校に接収されることがあった。アロイシウスの証言によると、パフマンでは、地元住民が国立学校建設のための土地を政府側に貸し与えず抵抗し、結局教会の運営するカトリック学校が現在まで残ることになったという。

国立学校は、一九八〇年代初頭から増加していった。一九八〇年、教育大臣はその発表の中で、一九八〇－八一年の間に就学率が二・八％上昇したといい、今後一年で一四〇〇の小学校を建設する予定であると発表している[44]。シンカワンでは一九七八年、国立学校の設立が遅れていることに対する不満の声が住民から上がり、この議題はサンバス県議会で議論された[45]。ポンティアナックの北に位置するムンパワでは一九八三年、国立学校建設計画が順調に進んでいる様子も伝えられている[46]。一九七四年以降設立された国立学校では学生を募集していた。そのような学校に割り当てを決め、カトリック系の学校に通っていた華人を、新設された国立学校に入学させる政策が州政府レベルで採られるようになる。これについて次に述べる。

(5) 教育現場での同化政策

この事情について、ポンティアナックで「カリマンタン学校（Sekolah Kalimantan）」[47]の校長を務めていたジミー・シマンジャヤ（Jimmy Simanjaya）は筆者に多くを語った[48]。彼は、スハルト体制の同化を推進する団体であり、多くの華人も関わった「国民一体性育成機構（Lembaga Pembinaan Kesatuan Bangsa, LPKB）」[49]の西カリマンタン支部に勤務したことがある。彼は一九六七年から「カリマンタン学校」の校長を務めていた。

一九七〇年代に彼が感じた政治的圧力について、彼は次のように語った。一九七四年に「カリマンタン学校」で展開された華人同化政策は、外国籍の生徒の一部を国立学校に入れ、インドネシア籍の生徒の一部を私立学校に入れることにより、一つの学校におけるプリブミと華人の比率を均等化するものであった[50]。もちろん当時、インドネシア国籍でない華人も多くいた[51]。

この施策は、華人生徒の環境を変えることにより、文化的にも習慣のうえでも同化させようという考えに基づいていた。しかしこの施策は華人、プリブミ双方に不評であった。私立学校に強制的に入学させられたプリブミの生徒は、学費が高いことを嘆き、慣れた私立学校から国立学校に移された人は、自分の住んでいる地域からより遠い学校に通わざるを得なくなった。

前出のリベルトゥス・アヒーは、一九七〇－八〇年代にはシンカワンの「イグナシウス学校」の教師であったが、彼によると同校では、華人とプリブミの人数比を三対一にするよう調整を迫られた。また国立学校への入学を促進するため、国立学校の入学者募集は、私立学校より早い時期に始まることになった。リベルトゥスも認めているが、国立学校は確かに学費は安いが、私立学校の方が教育水準が高い傾向が見られた。一九七四年当時、プリブミの多くは新しく設立された国立学校に通うようになった。(52) このように教育の現場において「学生の一部入れ替え」という強制的な華人同化政策が、西カリマンタン州政府主導で進められたのである。

3　西加孔教華社総会（YBS）に見る華人の自治

本節では前章に登場した、ポンティアナックの西加孔教華社総会（Yayasan Bhakti Suci）（以下YBSと略す）に注目し、この財団について述べる中で、華人の活動領域が狭められたと言われているスハルト体制下で、どのように華人が立ち回り、一定の自治を獲得していたかについて検討する。YBSは、「一九六七年華人追放事件」に際し、ポンティアナック市街に流入した難民を受け入れ、特に連日出る死者を埋葬する際に活躍した組織であったということは前章で触れた。

しかし「一九六七年華人追放事件」で生じた難民を救済するのが目的であったのであれば、それが収まった後も現在までこの組織が存続しているのは、YBSに何かしらの社会的機能が付されていたからであるという推論が成り立つ。そこで本節では、どのようなメカニズムで、どのような必要があり、この組織は存続し続けているのかを考察する。結論を先回りして言えば、地方政府側が華人社会を統制するうえで、YBSに価値を見出し、一方で華人社会側もYBSを通して地方政府と交渉するというシステムが築き上げられていったがゆえにスハルト体制期を経てYBSは存続したのである。ではこれについて詳しく見ていこう。

スハルト体制期の対華人政策の地方ごとの展開を検討するには、華人の政治動員と同化政策のために設立された半官半民の組織である国民一体性醸成連絡組織（Badan Komunikasi Penghayatan Kesatuan Bangsa, Bakom-PKB）（以下Bakom-

PKBと略す）についての貞好の論考は有益である［貞好二〇〇七］。特に西カリマンタンではスハルト体制期のＹＢＳは、Bakom-PKBの実質的なパートナーとして機能していたことが筆者の調査により明らかになったからである。また、ポンティアナック在住の歴史家であり、国立タンジュンプラ大学（Universitas Tanjungpura）講師のシャファルッディン・ウスマン（Syafaruddin Usman）が、郷土史の研究をする中でＹＢＳについて細かいデータの集積を行っている。しかし彼の集積するデータは詳細であるもののその意義づけはなされていない(53)。

これらの先行研究を踏まえ、本節はＹＢＳについて筆者が独自に収集した文字資料、インタビューを踏まえつつ、スハルト体制期の全国レベルの華人同化政策の地域ごとの展開という文脈でも重要であったＹＢＳの機能について考察する。

(1) ポンティアナックの華人組織の概観

表Ⅲ－1（本書一八〇－一八一頁）に掲げるのは、二〇一〇年におけるポンティアナックに存在するすべての華人組織の一覧である(54)。この中には姓による組織が多いものの、廣肇公館や海南公館のように中国の出身地ごとの組織も一部見られる(55)。筆頭に挙げられているBhakti SuciがＹＢＳである。

ＹＢＳの分析に入る前に、ここに挙げられている華人組織がどのような活動を行っているかについて簡単に述べる。この一覧の中でも特に会員数が多く、ＹＢＳの多くのリーダーを輩出してきた林氏の協会（Yayasan Halim）は、正式名称を「印尼西加坤甸西河公所林氏宗親会」という（以下林氏協会と略す）(56)。この協会は一八七五年に結成された最も古い華人組織の一つであり、現在その会員は三〇〇〇人を数える(57)。林氏協会の目的は同じ姓の人々の相互連帯、葬儀の執行、祖先崇拝の実行である。

林氏協会の成り立ちについて特に重要な点はおよそ次のようなものであろう。現在の林氏協会の形は一九四三年から一九六六年の間会長を務めた林木河（Lim Bak Ho）（インドネシア名Halim Krisno）のもとで整えられた。一九六二年に「西河公所」と呼ばれていた林氏協会は、政府公認の組織ハリム協会（Yayasan Halim）として正式に登録された［林 二〇〇六：一一〇］。林氏協会は、その頃まで専ら葬儀を執り行う必要から存続していた組織であった。この機能は現在まで変わっていないものの、これに加えて一九六七年以降、林氏協会は慈善活動に積極的に関わるようになる。この契機となったのが前述の「一九六七年華人追放事件」であった。

ポンティアナックへの大量の難民流入は、社会の大きな圧力となった。食糧調達もままならず、また不衛生な生活環境も手伝って連日多くの人が命を落とした。その際にＹＢＳが活動することになったが、林木河はその活動に献身的に関わることになり、難民の収容、生活援助、葬儀の執行を行った。その活動の中心となったのがＹＢＳであった。つまり、林氏協会の当時のリーダーはＹＢＳの設立に積極的に関わっており、林氏協会の歴史とＹＢＳは切り離せないということである。

林氏協会（2014 年筆者撮影）。

林氏協会の次に規模が大きいのは、正式名称を「隴西世家」、インドネシア名 Yayasan Asali という李氏の協会である（以下李氏協会と略す）[58]。現在の会員は九五〇人である。同協会理事長の李紹発によると、ポンティアナックの李姓の組織の起源は一九三〇年にさかのぼることができ、活動内容は、林氏協会と同様、葬儀の執行、相互扶助を主とする[59]。

(2) 華人同化政策とＹＢＳ

初代ＹＢＳ儒教部門長の林木河以後、しばらく別の人物が部門長となったが、一九七五年から一九七七年までもう一度、林木河が部門長を務めた。このとき、ＹＢＳの再編成が行われた。当時は形式上イスラム部門

No.	名称	主な姓*	住所（通りの名前）	都市
31	謝氏宝樹堂 Pohon Pusaka	謝	Kutilang	Pontianak 市
32	北区繁栄社 Pontra Jaya	混合	Kampung Siantan	Siantan 市
33	王氏世家 Raya Segar	王	Gadjahmada	Pontianak 市
34	新園互助会 Sejahtera	混合	Sungai Raya	Pontianak 市
35	盧氏名賢世家 Selamat Abadi	盧	Wolter Monginsidi	Pontianak 市
36	長生社 Sentiasa	混合	Kampung Siantan	Siantan 市
37	中華長義勝社 Setia Bhakti	混合	Sungai Selamat	Pontianak 市
38	郭氏汾陽世家 Sinar Surya	郭	Gadjahmada	Pontianak 市
39	劉氏彭城堂 Suci Abadi	劉	Gadjahmada	Pontianak 市
40	榕江公会 Sungai Beringin	混合	Gadjahmada	Pontianak 市
41	張氏清河世家 Sungai Jernih	張	Gadjahmada	Pontianak 市
42	許氏高陽世家 Surya Agung	許	Agus Salim	Pontianak 市
43	鄭氏栄陽世家 Surya Makmur	鄭	Gadjahmada	Pontianak 市
44	陳氏郡候 Tanjung Harapan	陳	Supratman	Pontianak 市
45	中華長義勝社 Tulus Budi	混合	Gadjahmada	Pontianak 市
46	新中華社 Upegoro	混合	Merapi	Pontianak 市
47	呉氏延陵世家 Yukemgo	呉	Gadjahmada	Pontianak 市
48	善心老人会 Dharma Pala	混合	Desa Saribu	Kubu Raya 市
49	漆淑合作社 Alam Sepakat	混合	Sungai Rengas	Pontianak 県
50	彭氏宗親会 Marga Peng	彭	Sutoyo	Pontianak 市
51	栄夏長義社 Budi Panjang Jungkat	混合	Desa Jungkat	Pontianak 県
52	米倉長義社 Budi Panjang Segedong	混合	Desa Segedong	Pontianak 県
53	合併互助会 Koalisi	混合	Parit Tengkorak	Kubu Raya 市
54	友誼互助会 Persahabatan	混合	Sungai Raya Dalam	Kubu Raya 市
55	白牌義和社 Karya Bersama	混合	Kampung Siantan	Siantan 市
56	烏山互助社 Gotong Royong Peniraman	混合	Peniraman	Pontianak 県
57	米倉互助社 Gotong Royong Segedong	混合	Segedong	Pontianak 県

注：*「主な姓」の項目は、［西加孔教華社総会 2010］には含まれていないため、YBS のウェブサイト、http://bhaktisuci.com/daftar-61-yayasan/（2016 年 9 月 29 日閲覧）に拠った。
**ポンティアナック市とはインドネシアの行政区画上、県（Kabupaten）と同位の市（Kota）であり、後に出てくるポンティアナック県（Kabupaten Pontianak）とは、近隣の郡（Kecamatan、県の下位単位）を含む行政単位を指す。

表Ⅲ－1　ポンティアナックの華人組織一覧

No.	名称	主な姓*	住所（通りの名前）	都市
0	孔教会 Bhakti Suci	混合	Gadjahmada No.111	Pontianak 市**
1	永恒社 Abadi	混合	Kampung Siantan	Siantan 市
2	隴西世家 Asali	李	Siam No. 205	Pontianak 市
3	聯義社 Bhakti	混合	Kampung Siantan	Siantan 市
4	盟益公所 Bhakti Masyarakat	混合	Punggur	Pontianak 県
5	義和盛社 Bhakti Rahayu	混合	Haji Abas	Pontianak 市
6	廣肇公館 Budi Agung	混合	Dewi Sartika	Pontianak 市
7	蔡氏済陽堂 Budi Bhakti	蔡	Tanjungpura	Pontianak 市
8	伯公会 Budi Luhur	混合	Hijas	Pontianak 市
9	沈葉公所 Budi Mulia	沈、葉	Gadjahmada	Pontianak 市
10	咬呷公所 Budi Mulia	混合	Kakap	Pontianak 県
11	長義社 Budi Panjang	混合	Sisingamangaraja	Pontianak 市
12	仁義社 Budi Pekerti	混合	Gadjahmada	Pontianak 市
13	温氏太原堂 Bunda Kasih	温	Sungai Raya Dalam	Pontiank 市
14	鍾氏堂 Dharma Sakti	鍾	Gadjahmada	Pontiank 市
15	老港中華公司 Dwi Bhakti	混合	Sungai Ambawang	Ambawang 市
16	余徐佘涂公所 Eh Tjhe Sia Thu	徐	Gadjahmada	Pontianak 市
17	羅氏公所 Gema Setia	羅	Sisingamangaraja	Pontianak 市
18	林氏西河公所 Halim	林	Gadjahmada	Pontianak 市
19	宋氏京兆堂 Hati Suci	宋	Sungai Raya Dalam	Pontianak 市
20	江夏世家 Kuning Agung	黄	Pelabuhan Seng Hie	Pontianak 市
21	海南公館 Laut Selatan	混合	Setia Budi	Pontianak 市
22	頼氏堂 Layar Sentosa	頼	Siam	Pontianak 市
23	同盟社 Liga Luhur	混合	Siam	Pontianak 市
24	楊氏弘農世家 Makmur	楊	Gadjahmada	Pontianak 市
25	貝氏福利会 Marga Pui	貝	Arteri Supadio	Pontianak 市
26	朱氏沛国堂 Marga Tju	朱	Kampung Siantan	Siantan 市
27	鄧氏聯誼会 Matahari Selatan	鄧	Gadjahmada	Pontianak 市
28	廖氏世彩堂 Muliawan	廖	Gadjahmada	Pontianak 市
29	周氏汝南世家 Nilam	周	Gadjahmada	Pontianak 市
30	港仔内伯公会 Pekong Waduk	混合	Supratman	Pontianak 市

李氏協会（李紹発氏提供）。

李氏協会での葬儀の準備（李紹発氏提供）。

など他の各部門も存続しており、その中の一部門として儒教部門があった。しかし、他部門は財政上の困難から活動を停止していたため、それらを廃し、儒教部門のみ、政府から独立した組織とするように林木河が提案し、創設者のスグン医師の了解を得たのである。[60]

　この新たな地位を明確するため、一九七七年、ポンティアナック市の華人組織四〇団体が共同宣言を発表し、主要な各姓の協会はＹＢＳに正式に加入した。設立時においては、ＹＢＳの主導権を握っていたのは林氏協会であったが、一九七七年以降は構成メンバーによる合議制が定着した。[61]一九七七年の共同宣言では、「バクティスチ儒教部門（Bahagian Agama Khonghucu Dalam Wadah Kesatuan Bhakti Suci）」が設置された。これにより、儒教信者を対象としたＹＢＳは政府から独立した機関となったのである。

　また、ＹＢＳは地方政府と華人社会をつなぐ機関としても機能し始めた。特に政府の華人政策を施行する実働組織としての役割を担った。一九七〇年代後半以降になると、各地の華人社会の実情に応じて政府与党のゴルカル

(Golongan Karya, Golkar) 支持に華人を動員し、同化政策を展開していく組織が活動し始めた。これが民族一体性醸成連絡機構(Bakom-PKB)であった。貞好の論考によると、Bakom-PKBは、スハルト体制期のインドネシア華人同化運動の実働部隊として登場したものであり、一九七七年、ジャカルタに本部が設置された。ここで重要なのはBakom-PKBには多数の華人が関わり、各地の地方政府と華人社会とをつなぐ役割を果たしていた点である。貞好も、Bakom-PKBを観察することで、華人同化政策をめぐる政府と華人社会両方の多様な思惑を観察することができると述べている[貞好二〇〇七：一七]。

Bakom-PKBは、インドネシア内務省の中の、特に国内治安問題に関与した社会政治総局(Dirjen Sospol, Direktrat Jenderal Sosial dan Politik)の地方支局である社会政治局(Direktrat Sosial dan Politik)に属した。官僚組織と連絡を取りながら、華人社会の声を吸い上げ、その実情を踏まえて華人同化政策を推進するために設立されたのである。Bakom-PKB設立の時期は、スハルト体制の安定期にあたり、国軍による物理的強制力、あるいは九・三〇事件の恐怖の記憶によって国民を統制するだけでなく、積極的にインドネシア国民意識を称揚し、内務省による住民監視や政府与党ゴルカルへの動員のシステムが整備されていく時期と重なる[相沢二〇一〇：一二八－一三二]。「国民の一体性(kesatuan bangsa)」の語がBakom-PKBの正式名称に刻まれているのもそのためであろう。そして、特にポンティアナックにおいて、Bakom-PKBの協力者として有力であったのがこれまで述べてきたＹＢＳであった。

ここで振り返ってみたいのが、Bakom-PKBのジャカルタ本部の設立の同年、ＹＢＳの再編が行われ、林木河の主導のもと、政府から独立した組織へと変貌した点である。そこでは参加した多数の華人協会が共同でＹＢＳを運営することが確認されている。この二つの動きが同年に起こっているのは偶然の一致なのか。政府側の統治の必要から、華人社会をより統一的に治めるためにＹＢＳの再編が起こったというストーリーも考えられる。しかし、現在得られている情報では、ＹＢＳの再編については、林木河からのイニチアチブがまずあり、それを政府側の人間であるスグン医師が承認したという順序のようである。また、一九七七年時点ではBakom-PKBは設立されたばかりであり、ポンティアナックにおいては三年遅れの一九八〇年に結成されている[62]。よって、一九七七年時点でBakom-PKBが明確な計画をもって、華人社会に積極的に働きかけるだけの準備はなかったと思われる。

(3) Bakom-PKBの活動とYBS

西カリマンタンのBakom-PKBは、前述のように一九八〇年に成立した。シャファルッディンによると、確かにYBSは、政府と華人社会をつなぐ存在となり、Bakom-PKBも実質的にYBSを利用していたという[63]。また、西カリマンタンのBakom-PKB理事を務めたヘンドリ・ジュルナワン(Hendry Jurnawan)(一九五二年生まれ)は筆者にその内実を詳細に語った。彼はポンティアナック出身でスハルト体制期にはBakom-PKBの成員として活動したほか、大学講師も務めていた。彼は華人社会だけでなく、政府側の信頼も得ていた。

ヘンドリによると、西カリマンタンのBakom-PKBは、華人のインドネシア風の姓名への改名、異民族間の結婚奨励を行っていた。西カリマンタンでは、在地の華人組織がすでに根付いているために、新しくできた政府系の組織であるBakom-PKBが厳格に管理しようとすると華人社会の中で孤立するため、苦心したのだという。たとえば、Bakom-PKB初代会長となったロバート(Robert)という人物は、華人の祭礼や豚肉を使った食事を例外なしに禁止したため、「政府の犬」という評価を受けて、華人社会で孤立したという[64]。

一九八〇年代にBakom-PKBで活動した人物には、ほかにエディー・ファジャライ(Eddy Fajarai)がいる。彼はスハルト体制期にゴルカルから出馬した華人の政治家であり、その後西カリマンタン州議会議員となった。彼の場合、華人社会の実情を踏まえつつ活動し、抑圧的な姿勢をあえて取らなかったために、ある程度華人社会にも支持された。エディーのほか、ウィジャヤ・タンドラ(Wijaya Tandra)もゴルカルから出馬した政治家である。彼もまたBakom-PKBに関与した。スハルト体制期にゴルカルから出馬した西カリマンタンの華人政治家はほぼすべてBakom-PKBとの接点があった。

しかし俄作りのこの組織が独力でその任務を全うするには困難があった。比較的若い世代でも、当時のBakom-PKBやＹＢＳの活動を知る人々は、Bakom-PKBについて官製組織という印象を持っており、華人社会の中では馴染みが薄かったと述べた。その一方で、ＹＢＳには親しみが持てたと述べた(65)。アテン・タンジャヤ（Ateng Tanjaya）（一九五二年生まれ）によると、当初Bakom-PKBは単独では機能していなかったといい、協力的な華人も少なかった(66)。これも、インドネシア国家権力の先兵であるインドネシア国軍による「一九六七年華人追放事件」と軍による監視に怯えて生活していた華人にとっては当然のことであったと言えよう。

⑷　一九八〇年国籍証明書発行とＹＢＳ

一九八〇年当時、「国民の一体性」を実現し、後の一九九〇年に達成されることになる中国との国交回復に備え、華人をインドネシア側に引き止め、インドネシアの国力としてその経済力を利用することが望まれていた。そのためにインドネシア国籍を未取得の華人への国籍付与が重要であった。華人の国籍問題は一九六〇年代前半には法制上は解決済みであった。ところが、この際にインドネシア国籍を取得しておらず、そのことを証明する書類を所持していない華人も西カリマンタンや北スマトラなどジャワ以外の華人が集住する地域には多く居住していた。これらの人々への国籍証明書（Surat Bukti Kewarganegaraan Republik Indonesia, SBKRI）の発行が一九八〇年に行われた。実際の国籍証明書発行の現場で活動したのがBakom-PKBであり、その信頼を得てポンティアナックやその周辺で活動したのがＹＢＳであった(67)。国籍証明書の発行は、スハルト体制下の華人同化政策の一環であったが、この施策の含意について今一度考えてみたい。国籍証明書は、第Ｉ章で述べたように、一九六〇年代初め、インドネシア国籍を取得した華人に対して発行されたのがそのはじめである。当時の国籍証明書発行の手続きは、各地の地方裁判所に各自で赴き行う必要があった。さらに、スハルト体制期に入り、インドネシアと中華人民共和国との外交関係が凍結され、一九六九年スハルトは、一九五五年のバンドン会議のときに結ばれた華人の二重国籍解消協定自体を破棄する。それ以降、一九六〇年代時点で国籍が不明瞭であった華人がインドネシア国籍を取得し、国籍証明書を取得するには、この一九五五年の取り決めに沿った特例は認められず、もっぱら一般の帰化手続きしか方法がないということになった。このような理由により、一九八〇年まで無国籍状態の華人は多数に上った。いまだに身分証明書類を何一つ持たない華人に対して、インドネシア国籍を証明する書類を発行し、インドネシア国民としての地位を保証するというのが、一九八〇年の施策の目的であった。強調したいのは、一九八〇年のこの施策においては、インドネシア国家の意志として、すでに華人のほとんどがインドネシアで出生しているため、彼らはもれなくインドネシア国籍であることにし、そしてその証拠として国籍証明書を発行したという点である。

スハルト政権は一九八二年の総選挙に向けて、華人票を政府与党ゴルカルに呼び込むことを狙っていた。この時期には共産主義の脅威が遠ざかり、治安上の問題で華人を監視する必要はなくなった。また同時期、スハルト政権は中国との国交回復の時期をうかがっていた。このような背景があり、スハルト政権は一九八〇年、国籍証明書発行に踏み切ったのである［相沢二〇一〇：一二八－一三二］。

身分証明を何も持たない華人に対して国籍証明書を発行しようという動きは、大統領令第二号（一九八〇年）によって実現した。当時、これを支持したのはジャカルタの国際戦略問題研究所（Center for Strategic and International Studies）[68]のユスフ・ワナンディ（Yusuf Wanandi）[69]、ハリー・チャン・シラライ（Harry Tjan Silalahi）[70]であった。彼らはスハルト政権寄りで、華人同化に積極的に取り組む「同化派華人」である。その他、スハルトと近かった華人実業家の後押しもあった。

国籍証明書発行に際し、ＹＢＳはジャカルタのプラセティヤ・ムリヤ財団（Yayasan Prasetya Mulya）[71]とも協力関係を形成し、法務省、インドネシア国家警察、インドネシア国軍の協力のもとに政策を施行した[72]。

この施策の後、スハルト体制の意図に従い、華人は一九八二年の選挙に参加することになった。一九八〇年代という時代は、スハルト体制の基盤が盤石のものになった絶頂期であり、だからこそ華人も含めた動員とさらなる華人同化政策、強力なパンチャシラ教化政策が展開されたのである［同：一二八－一三四］[73]。

このとき、国籍証明書発行に関する大統領令により、郡（kecamatan）[74]レベルで国籍証明書を発行することが可能となった。発行受付期間は一九八〇年四月一日から三カ月間だった。国籍証明書発行の対象となった地域は、ジャカルタ首都特別州（DKI Jakarta）、西カリマンタン、バンカ、ブリトゥン、北スマトラ（特にメダン）、南スマトラであり、これらはすべて華人が集住している地域である［同：一三〇－一三一］[75]。この施策により、彼らがインドネシア国籍民として行政側に把握されるとともに、その法的地位も明確になった。

(5) 国籍付与の施行過程

国籍付与の指令は、華人政策を司る内務省からその出先機関である西カリマンタンの社会政治局にわたり、その実働部隊であるBakom-PKBが実務を担当した。華人をまとめる実質的な役割はＹＢＳに与えられた。この国籍証明書発行について、ヘンドリ・ジュルナワンは次のように語った。結局、Bakom-PKBは西カリマンタンでは、ポンティアナック、シンカワンのいずれにおいても、直接に華人社会に働きかけることはできず、特にポンティアナックにおいては既存のＹＢＳおよび各姓の組織を利用して統治するという様式が確立していた[76]。

なぜ華人は国籍証明書を求めたのであろうか。現在のＹＢＳ主導部の回想によると、当時は商売の許可を得るためにはインドネシア国籍を取得していることが条件となっていた。二〇〇六年新国籍法によって子どもの国籍選択にあたり、父方、母方のどちらか一つの国籍を選べることになったが、それ以前、子どもは父方の国籍を自動的に受け継いだ。そこで、商売の許可を取るためにあえて結婚証明書を作らなかったという。正式な結婚ということになると、父親が外国籍である場合、子どもが自動的に外国籍になってしまうからである。結婚証明書がない場合、その子どもは非嫡出子になるが、母親がインドネシア国籍であれば、子どもは母の国籍を引き継ぎインドネシア国籍となった。国籍証明書発行は西カリマンタンの華人にとって福音であって、この際に多くの人が国籍証明書を取得したのも商売の都合からで、それまで開業証書（surat usaha）としてムラユ系の人のものを使うか、インドネシア国籍の母親のものを使うかしていたからである。国籍証明書自体は政府の役人が発行したが、ＹＢＳがその場所を提供し、皆ＹＢＳに集合して証明書発行を受けた(77)。

陳得時（インドネシア名はYosef Setiawan）も類似する事例を語った。彼の場合、父親は無国籍状態(78)、母親はインドネシア生まれ（インドネシア国籍は未取得）であった。彼の両親は正式に結婚したため、彼自身も無国籍となってしまった。彼は香港への留学を希望していたが、国籍が定まらなかったため願いは叶わず、父の木材業を手伝うようになった。ところが、商売許可を取得するのにインドネシア国籍であることが求められ、結局、インドネシア人の名義人を使って会社の登記をした。同じようにインドネシア国籍取得済みの華人の名前を借り、名義料を支払う人も多かったという。取引の際も中国名を用いることはできなかった。これが、父親が一刻も早くインドネシア国籍を取得したがっていた理由であった。資金調達にも支障をきたし、銀行が融資に応じなかったため、高利貸しに頼り、その利息が年間二〇％から三〇％となった(79)。以上の事例に見られるように、国籍証明書を所持していないと実生活で不利を被るため、華人はこの機に競って証明書を取得したのである。

国籍証明書の発行に関して『アクサヤ』紙も多くを報じている。西カリマンタン州知事は、地方の指導者に対して「一九八〇年大統領令第二号」に従い国籍証明書を発行する手続きを始めるように指示を出した。記事には次のように書かれている。「華人はインドネシア社会で生活しており、インドネシア語を常用している。しかし彼らは、インドネシア共和国国籍民であるという証拠を持っていない。この問題を解決するためにこの法令が発布された。しかしこの法令は一九八〇年四月一日から六月三〇日までの三カ月しか有効ではない。特に法務大臣から指令を受けた郡長（camat）によって国籍証明書が発行される。これは「帰化（naturalisasi）」とは別のものである。すなわち、外国人が帰化の手続きを取ってインドネシア国籍を取得するのとは異なるものである」(80)。記事はさらに次のように続けている。「（国籍証明書は）外国の血筋を持つインドネシア国籍民（WNI keturunan asing）に対して発行される。その条件は、一九八〇年八月一七日（インドネシア独立記念日）時点で満一八歳以上の者か、それに満たなくてもすでに正式に結婚している者かである。彼らに課せられた条件は、インドネシアに生まれ、インドネシアで育っていること、インドネシア人として日常生活において振る舞っている（hidup sebagai warga masyarakat Indonesia）こと、インドネシア語、あるいはインドネシアの地方語が話せること（これにはジャワ語などが含まれるが、決して中国起源の言葉は含まれない）が条件となっている」。[81]

国籍証明書の発行が順調に進んでいると報道する記事は多数存在する。シンカワンの状況を報じた記事には、国籍証明書発行を行う事務所に人々が押し寄せてきている様子が描かれている。華人は、彼らが居住する地区の長から発行された証明書を持って集合した。郡の事務所では狭すぎるため、場所を体育館に移して事務作業は進められた。この事務作業は、開始された四月初めから多忙を極めた。[82]

五月一四日時点で、すでにサンバス県で二万一四〇二件の国籍証明書の発行が終わったことも報じられている。国籍証明書取得者が非常に多くなったために、証明書を作る台帳が不足していることが問題になっている。[83] また、西カリマンタン出身でジャカルタに長く住んでいる無国籍状態の人が、西カリマンタンで国籍証明書を作るために一時的に滞在している様子も報道されている。[84]「西カリマンタン州知事は『一九八〇年大統領令二号』の適用は、三カ月限りであり延長はないということを確認した。最初西カリマンタンで国籍証明書の発行を受けると予想されていた人数は三万一〇〇〇人であったが、実際にはその五倍の人数に上った。現在のところ、国籍証明書の受け入れは順調に進んでいる」と結ばれている。[85]

ポンティアナックにおいては、国籍証明書授与式がシャンタンにあるヌサ・インダ映画館（Bioskop Nusa Indah）の建物を貸し切って行われた。この会には、ポンティアナックの裁判所長官と同市Bakom-PKB代表のシモン・チェンドラサ（Simon Tjenderasa）が参加した。この会はまずインドネシア国歌「インドネシア・ラヤ」の斉唱から始まった。その後パンチャシラの朗読があり、続いて代表三人に国籍証明書が裁判所長官から手渡された。シモン・チェンドラサは挨拶の中で、参加した華人を代表して関係者に謝意を伝えるとともに、これによって華人は法的地位が明確になると述べた。

サンバス県（Kabupaten Sambas）では、申請受付締切間近の六月二三日時点において、国籍証明書が六万八五七一件発行されたと報じられている。その詳細は、シンカワンで二万五二〇六件、プマンカットで一万三五五件、スンガイ・ラヤ（Sungai Raya）で五〇一四件、テバス（Tebas）で五〇〇〇件であった。ジャワイ（Jawai）では四六四四件、サンバス郡（Kecamatan Sambas）では三三八八件、スラカウ（Selakau）では二五一〇件であったという。[86]

この手続き期間が経過した後でも西カリマンタン内陸部では、「一九六七年華人追放事件」後に内陸部に残った一部の華人、一度西沿岸部に移動したものの一九七〇年代中ごろに内陸部に引き返した華人の中には、いまだに国籍証明がない状況であった。[87]

4　一九八七年サンバス県議会選挙

スハルト体制期の選挙においては、あらかじめ選挙結果はゴルカルの圧勝に決まっており、それを達成するためにさまざまな形で動員がかけられていた。しかし一九八七年のサンバス県[88]の県議会選挙ではゴルカルの勝利は揺らぐことはなかったものの「インドネシア民主党（Partai Demokrat Indonesia, PDI）」も善戦した。当時、ゴルカルのほかに存在が許された政党は、イスラム系政党を合体させた開発統一党（Partai Persatuan Pembangunan, PPP）と、それ以外の非イスラム政党、キリスト教系政党、非ゴルカル政党の集合体であるＰＤＩであった。ＰＤＩの支持者には非イスラム教徒が多く、華人が多く居住する地域においてゴルカル以外の投票の選択肢としてしばしば登場する政党であった。このＰＤＩが善戦した一九八七年選挙結果はその後の西カリマンタン華人社会の情勢に多大な影響を与えた。

(1) 選挙キャンペーンの風景

当時の選挙キャンペーンはどのようなものであったのか。一九八七年選挙に向けてのゴルカルのキャンペーンの様子を伝える新聞記事を見てみよう。ポンティアナックの北に位置するスンガイ・ピニュ（Sungai Pinyuh）で四月一二日、五〇〇〇人がゴルカルの選挙キャンペーンに参加した。この選挙キャンペーンは、四月二三日に行われる選挙に向けたものであった。スンガイ・ピニュのゴルカル委員長は「ゴルカルが勝利すれば、開発（pembangunan）は順調に進展する」と強調する。彼は続けて、「インドネシア国民は誰しもパンチャシラを唯一の基礎として持っているが、各人の「開発」に関する立場は異なる。ゴルカルは開発政策を最も効率的に実施する能力を持っている。なぜならゴルカルは草の根の民衆の支持から立ち上がった政党だからである」と述べている。集まった群衆は「ゴルカル万歳（Hidup Golkar）」、「偉大なパンチャシラ（Pancasila Jaya）」、「開発前進（Pembangunan Jalan Terus）」と声を上げながら行進した。ゴルカル委員長はさらに、「ゴルカルは、すでにその能力を民衆に対して証明してきている。中学校や高校の設立もゴルカルなしではありえなかった。保健所（puskesmas）の整備もゴルカルの功績である」と述べた。最後に彼は、群衆に対して投票方法を実演した。投票用紙に印刷されているゴルカルの象徴、ブリンギンの木（pohon beringin）を釘で突いて穴をあける（coblos）という方法である。当時キャンペーン指南役を務めていた華人のウィジャヤ・タンドラ（Wijaya Tandra）は、「このキャンペーンの目的は、ゴルカルの勢力を保つこと、開発を進めることである」[89]と述べた。彼は「スハルト体制は、世界的に見ても非常に安定した良い政治体制である。オルデ・バル（Orde Baru）の目標は平等と繁栄であり、その実現のために、我々はゴルカルを支持し、勝利に導かなくてはならない」と述べ、ゴルカルへの支持を促した。上記のようなウィジャヤの演説に対して、集まった群衆の「ゴルカル万歳」の掛け声が答えた。この集会の後、キャンペーンはお祭り状態になり、地元の音楽バンドも参加して賑やかさを増した。その夜には地元の中学生たちによるダンスが披露された。このイベントの参加者は六〇〇〇人に上った[90]。

(2) 選挙結果

一九八七年選挙結果の詳細を見てみよう。西カリマンタン州議会においては、ゴルカルが二五議席を獲得、インドネシア民主党（ＰＤＩ）が六議席、開発統一党（ＰＰＰ）は五議席を獲得した。サンバス県では、ＰＰＰは五万八九二三票、ゴルカルは一七万二〇六五票、ＰＤＩは八万八九五八票を獲得した。ポンティアナック県では、ＰＰＰは七万三六〇四票、ゴルカルは二一万一八四二票、ＰＤＩは五万五二三〇票を獲得した。ポンティアナック市では、ＰＰＰ四万一一五〇票、ゴルカル一〇万五三九六票、ＰＤＩ一万九七三四票であった。(91)

この選挙の結果を見てもゴルカルが圧勝したことは間違いない。ゴルカルの党首はこの選挙結果を受け、「インドネシアの津々浦々でゴルカルが勝利したことは、次の選挙に向けてのゴルカルの挑戦でもある。その間にゴルカルは、インドネシアのすべての人々の福祉を向上させ、開発をますます進めなくてはならないからである」と述べている。(92)「ゴルカルの圧勝」とは言っても不安の種はあった。それがＰＤＩの議席数の急増であった。(93) この予期せざる選挙結果にサンバス県政府は驚愕し、二度とゴルカルの絶対的優位が脅かされないよう、対策を講じる必要に迫られた。

当時の選挙結果に関しては、西カリマンタン州議会の議席数については前掲のデータが得られたものの、サンバス県議会に関しては公的データが得られていない。ここでは、当時直接この選挙に関わった人々の記憶に頼り、その議席数を推測する。地方議会議員は全部で四五人である。このうち一〇人は軍部（Angkatan Bersenjata Republik Indonesia, ABRI）から選出されることは規定上決まっている。一九八二年のサンバス県議会選挙の際、インドネシア民主党の議員は四人であった。それが一九八七年選挙では一〇人に増え、議席数はそれぞれ、ゴルカル二三議席、インドネシア民主党一〇議席、開発統一党二議席、軍部一〇議席となった。(94) このインドネシア民主党の躍進はゴルカルの大勢を脅かすものではなかったが、これをゴルカルおよび県政府は危機と捉えた。当時、サンバス県社会政治局（Kantor Direktorat Sosial dan Politik）所長であったムハンマド・ハッサン（Muhammad Hassan）も筆者に対し、「インドネシア民主党が議席数を四議席から一〇議席と二倍以上伸ばしたことに危機感を覚えた」と告白している。(95) この後、ゴルカルはＰＤＩの躍進の原因を、華人の多いシンカワン郡（Kecamatan Singkawang）[96]の華人票の多くがＰＤＩに流れたと解釈し、華人社会に対する懐柔策を展開する。一九八〇年代になって初めてインドネシア国籍を取得し、インドネシア国民として選挙に参加することになった華人の選挙行動がゴルカル当局にとって脅威と映ったのである。

インドネシア民主党の選挙活動について、前出のリベルトゥス・アヒーによると、当選者にはダヤク人が多かった[97]。当時、インドネシア民主党から出馬して当選した一〇人の名前をリベルトゥスは挙げたが、それはジャワ人一人、ムラユ人二人、ダヤク人四人であり、残りの三人については、リベルトゥスも名前を思い出すことができなかった。当時インドネシア民主党は「刷新の党」として自身の党を宣伝していた[98]。華人にとっては、ゴルカルに投票するのが最も穏当な選択肢であった。にもかかわらず、一九八七年選挙においてダヤク人候補が多いインドネシア民主党に華人票が多く流れたのには理由があった。

シンカワンの黄威康（Bong Wui Khong）[99]は筆者とのインタビューにおいて、次のような理由を述べた。当時のシンカワンの町長（Walikota Administratif）でありゴルカル支部のウライ（Uray）という人物は、部下に命じて市場の豚肉に油をかけて燃やしたという。これに対し、反ゴルカルの機運が高まった[100]。

黄によると一九八〇年代のサンバス県では、国籍証明書の発行などで華人の権利は守られるようになったが、一方で一九八七年にインドネシア民主党が勢力を伸ばした後に華人に対する圧力が再び増した。華人の祝祭行事への制限も強められた。前出のウライの行動に対して、華人に限らずダヤク人からも不満の声が上がった。また、ウライの時代には、華人が商業許可を取得するのも困難を極めた。インドネシア民主党は、これらの華人が抱える問題についても解決策を提示するという公約をした。華人票がゴルカルよりもインドネシア民主党に集まったのは理由があったと言える。

反共政策を採るスハルト体制期、華人はときに共産主義と関連づけられ攻撃された。華人の中国との紐帯を断ち切るため、華人の祝祭、宗教実践も制限された。また当時、インドネシア民主党は「ゴルカルは止めて、「牛（客家語でニウ Niu）」に投票しよう」[101]というキャンペーンを華人が多い地域で行った。選挙以前のゴルカルの失政とインドネシア民主党の積極的な選挙キャンペーンにより、前に見たようにインドネシア民主党は選挙で善戦した。この選挙結果に危機感を募らせたサンバス県政府は「社会政治局」を通じて華人のさらなる動員を行うようになる。

この解釈に関して黄威康とリベルトゥス[102]の間では意見が食い違っている。黄威康によれば、一九八七年選挙においてインドネシア民主党が票を伸ばしたのを受けて、ゴルカルは華人への弾圧を強めたという。この状況を見て、黄威康が華人の諸権利を守るために闘い、その結果ゴルカルと華人社会の間の溝を埋め、両者の協力関係を築くことができたと彼は筆者に述べた。

一方リベルトゥスによるとこの事件の後、政府により華人に対する動員策が展開され、商業許可が簡便になったという。その他の動員策として、キャンペーン係（Juru Kampanye）に当時学校教師であったリベルトゥスや薬局を経営していた黄威康のようなそれまで政治活動経験の少ない人々を集めて、ゴルカルのキャンペーンに動員した。[103]

黄は、一九八七年のインドネシア民主党躍進の後に華人に対する弾圧、差別的待遇が強まったと強調する一方、リベルトゥスはそのようなことはなかったと述べていることについて、黄が自分自身の功績を過大に見せようとしている可能性もある。また、ゴルカルとの結びつきが強いとはいっても、華人である黄と、サンバスのゴルカル支部長まで務めたダヤク人のリベルトゥスの背景の違いが厳然としてあると考えられる。華人社会に関する制限については、当の華人社会の只中にいた黄の方がより詳細に知っていたことであろう。さらにリベルトゥスは当時まだ学校教師であり、華人社会内部の問題についてどれほど理解していたかにも疑問が残る。

この懐柔政策、動員策の実施においては前述の Bakom-PKB が活躍した。サンバス県の Bakom-PKB の設立は一九九一年とかなり遅い時期であり、その中心はシンカワンに置かれた。[104]これは、一九八七年選挙結果を受け、この地域の華人同化運動に特別に配慮がなされた結果とも解釈できるのではないか。

サンバス県 Bakom-PKB 会長にはダリウス・サントソ（Darius Santoso）という華人、書記には公証人のダリモンテ

（Dalimonte）[105]が就任し、黄威康、リベルトゥスも参加した[106]。

ダリモンテはBakom-PKBの活動について次のように語った。スハルト体制の対華人政策の要諦は同化（pembauran）であった。あらゆる場面、つまり文化、コミュニケーションのうえでの同化が図られ、そのためインドネシア語の普及が最重要視された。華人に関しては、できうる限り華人としてのアイデンティティを失わせる方向が目指された。

サンバス県のBakom-PKBのメンバーは二〇人であり、大半が華人であった。具体的な活動内容は、華人とその他の民族の間の結婚の奨励、また学校教師に対しては、同化政策、国民意識の醸成の重要性を学生に教えるように通達を出すことなどであった。

ダリモンテは次のようにBakom-PKBの活動を総括した。「Bakom-PKBの最終目標は、華人が居住地の「土着の文化」に溶け込むことである。西カリマンタンの場合、「土着の文化」とはダヤク人、ムラユ人の文化である。これらの間でコミュニケーションが円滑になることが最優先課題である。具体的には、異なる民族間の結婚であるが、これは強制できるものではない。しかしそれが望ましいのだ、ということを華人社会に宣伝した。また、華人の中国志向をなくし、インドネシア志向を称揚する努力も行った」[107]。このBakom-PKBによる華人同化運動は、ジャカルタをはじめジャワではすでに一九七〇年代には起こっていた。ところが、サンバス県では、一九九〇年代に入ってようやく組織化がなされたことに、辺境での国民国家中央による統制の緩さがうかがえる。しかもその末端では、具体的な人間関係にしたがい、組織が柔軟に運用されていた。次に取り上げる黄威康の運動も類似の性格を持つものであった。

5　黄威康の運動

本節で考察する黄威康の運動は、サンバス県（シンカワンはじめ、周辺の華人集住地域）の華人伝統宗教の実践の場を確保することを目的としていた。この運動が登場した背景には、華人同化政策、特に華人の伝統宗教に対する規制があった。

一九六七年、「チナ問題（国内の華人、中国との関係、共産主義対抗策など含み、包括的な解決が望まれた諸問題）」を専門に扱うチナ問題委員会は七月四日、合計一四本の法案、戦略案を内閣幹部会に提出した。これらは、変更を加えられながらもスハルト政権下の華人政策に導入された。そのうち、華人の宗教・信仰・習俗に関する内閣幹部会決定（Keputusan Presidium Kabinet tentang Agama Kepertjajaan dan Adat Istiadat Tjina）は、「中国の文化的要素を持つ」宗教・信仰・習俗について、家庭や特定の施設のみでの実践を許可し、公共の場での活動や関連行事を禁じるものであった。これにより、中国正月の祭礼を公共の場所で行うことは禁じられた［相沢二〇一〇：五六－六〇］。またこの内閣幹部会決定に基づいて一九六七年一二月六日には、スハルトによる大統領令第一四号（Instruksi Presiden Republik Indonesia Nomor 14 Tahun 1967, tentang Kepertjajaan dan Adat Istiadat Tjina）が発布される。この法令では、中国的色彩の強い儀礼は個人的に家庭内で行うにとどめることが規定されている［Departemen Dalam Negeri 1978:290-291］。華人の伝統宗教を残存させていれば、華人同化の障壁になると政権側は考えたのである。この基本方針に基づき、各地の華人に対する対応策が定められた。しかし各地方の実情に即しこの政策の実施過程は異なっていた。

この法令の適用範囲は「公的な場での」華人文化、中国文化の表出のみであり、家庭内での行事まで禁止されることはなかった。ただ、中国正月の赤い提灯などは北スマトラのメダンなど、華人が多い地域でも家の外に飾ることはできなかったという(108)。しかしシンカワンでは、元来華人が多数居住するため、スハルト体制期においても中国的な飾り付けはあまりに華美にならない限り容認されていた。

華人の伝統宗教への制限が強化された原因の一つは、一九八七年のサンバス県におけるインドネシア民主党の躍進であったことはすでに述べたとおりである。この点について黄威康は、「特に華人が集住するシンカワン市の中心部に位置するパシラン（Pasiran）、ロバン（Roban）の郡長（camat）は、華人儀礼そのものを禁止するか、許可してもその代わりに高額の許可料を要求した」と述べた(109)。

華人社会を監視する立場にあった行政側は、この事態にどのように対処したのか。特に華人が多く居住する地区においてその宗教儀礼に制限を加えることは広く行われていた。しかし一方で、行政側としても華人を効率的に動員し、ゴルカルの支持母体に育てるという意図があった。

その具体的な動きは、前出の「社会政治局（Sospol）」サンバス県支部から登場する。この機関が、一九八七年のインドネシア民主党の躍進という事態にどのように対応するのかという決断を迫られたのである。

当時、サンバス県の社会政治局局長を務めていたのは、前出のムハンマド・ハッサンである。彼はこの機関の局長として、住民のゴルカルへの支持を取り戻す必要があった。当時サンバス県の県知事が華人側のカウンターパートを探していた際に、ムハンマドが偶然知り合ったのが黄威康であった。ムハンマドは「黄のインドネシアナショナリズムに関する理解は確かであり、信頼できる」と筆者に対して述べた。[110]ムハンマドは黄と協力して、ゴルカルへの支持を取り戻すための動員運動を始めた。これには、前述の Bakom-PKB の諸活動を通しての同化政策の推進があった。またこれに関連した、シンカワンにおける華人社会の特筆すべき動きとして黄威康の活動が挙げられる。

⑴ 西カリマンタンの華人の伝統宗教の概要

具体的な黄威康の活動に言及する前に、彼が県政府の課す制限から守ろうとした西カリマンタン華人の「伝統儀礼」がいかなるものかを述べる。

一般に華人の儀礼のうち最も賑やかな祭日は、中国正月[111]と中国正月一五日目の元宵節[112]である。元宵節を西カリマンタンの客家人は「正月半（cang nyiet pan）」と呼ぶ。この「正月半」に「タトゥン（tatung）」と呼ばれる、神が憑依した人を神輿に担いで町を練り歩く行列は、この地域に現在までさまざまな変容が加わりつつも残っている伝統行事である（次ページ写真）。

黄威康の活動は、タトゥン行列とそこで人の身体に降りるとされている神々の母体である廟[113]の活動の両方をインドネシアの宗教政策および華人同化政策の文脈において再解釈し、その中に明確に位置づけることによって、伝統宗教の存続を図ったものであった。

(2) 黄威康の活動の経緯

一九八〇年代、公共の場での華人の文化表出が封じられていた時期に、限定つきであったとはいえ、シンカワンで宗教実践の自由が認められた背景には、この地域の華人人口の比率がその他の地域よりも高いという理由があった。しかし、一九八七年選挙以降、サンバス県政府の施策により、上述の華人の伝統宗教は存続の危機に瀕した。

シンカワンの元宵節におけるタトゥン行列（2010年３月筆者撮影）。

サンバス県政府は華人に対して同化を要求し、その施策は最も目につきやすい、華人の祭礼や廟に対する制限となって表れた。この施策に対してジャワの一地方では、それまでの廟をインドネシアの宗教政策に適合的に読み替えて、仏教寺院として定位してその存続を図ったという事例も報告されている［津田二〇一一：六九－七二］。

一九八七年選挙以前には、廟が行うタトゥン行列は、表向きは禁じられていたが、儀礼として元宵節において小規模ながら行うことは容認されていた。ところが一九八七年の選挙以降、黄によれば、タトゥン行列を全面的に禁止するという方針が採られ、廟の活動にも制限が加えられた。また、廟の改装工事は禁じられ、朽ち果てるままにしなくてはならなかった(114)。このような状況下で、華人の伝統儀礼、特にタトゥン行列を維持しようとするならば、国家公認の枠組みの中にこれを位置づける必要があった。この状況に機敏に反応したのがシンカワンの黄威康であった。彼は、インドネシア公認の仏教施設として廟を位置づけたうえで、廟が開催する儀礼としてタトゥンを定義し、タトゥンをもインドネシア国家が要求する形に仕立て上げたのである。

ではそもそも「国家公認の宗教の枠組み」とはどのようなものであるか。インドネシアの国是、パンチャシラの第一項に「唯一神への信仰」という項がある(115)。そもそもこの概念自体、イスラムやキリスト教をモデルにした「唯一神概念を備えた宗教」こそインドネシア人の信仰するべき宗教であるとしたのである。そしてこの宗教を管理する機関として宗教省が設立され、現在までインドネシア国民の宗教生活の管理（国民登録証への各人の宗教の記載、結婚手続きなど）を行っている。

ところが、インドネシア国民の中には、この「唯一神概念を備えた宗教」ではない信仰を持っている人がいる。仏教やバリのヒンドゥー教、ジャワの神秘主義(116)の信者である。これらのうち、ヒンドゥー教はいち早く、国家の宗教枠組みに適合的な一神教として従来の宗教実践を再定義した［福島 二〇〇二：三二五－三九六］。仏教においても一神教概念を取り入れたブッダヤーナ派(117)が登場した。

スハルト政権は、公認宗教を厳格に制度化した。公認宗教とは、イスラム、キリスト教カトリック、キリスト教プロテスタント、ヒンドゥー教、仏教の五つである(118)。このうち、仏教はその内実が複雑である。ブッダヤーナのように厳格に、国家の要求する条件に沿って改革を実行した一派もあるが、華人主体のトリダルマ（Tri Dharma）は、厳密には国家の定める宗教概念に適合しないが、仏教系の流派としてインドネシアの仏教者共同体のインドネシア仏教徒代表者連合（Perwalian Umat Buddha Indonesia）（以下 Walubi）(119)の一員に迎えられた。宗教の内実よりも、公認宗教である仏教の一派として国家に認知されることが何よりも重要であった。仏教は特に内実が多様であるため、華人の宗教実践を仏教の宗教実践として位置づけることは、その他の公認宗教として位置づけるよりも容易であった。

一方ジャワの神秘主義はこれとは異なり、公認宗教には組み入れられず、これとは別の信仰（kepercayaan）という枠で国家に管理されることになる。宗教（agama）を管理するのが宗教省であるのに対し、信仰を管理するのは当時の教育文化省（現在の文化観光省）であった。

黄威康の活動もこの文脈で解釈できる。彼は、インドネシアの宗教政策において法的根拠のない廟を、国家公認宗教である仏教組織として再定義することにより、廟の存続を図ったのである。黄威康は友人らと協力し、各友人の管轄を明確にし、廟組織の再編を行った。黄は一九八八年五月に、廟の統合、再編に向けての準備を始め、一九八九年一〇月二九日にサンバス県の三四三の廟を統括する「トリダルマ仏教徒大連合（Keluarga Besar Umat Buddha Tri Dharma）」[120]を設立する。この組織は、インドネシアの全国的な仏教の連合団体であるWalubiを構成する一組織と位置づけられ、これによってそれまで地位が明瞭でなかったサンバス県の廟が仏教組織の建物として再定義された。廟の名称も、それまで「福徳祠」（シンカワン周辺にはこの名前を持つ土地神を祀る廟が多い）とだけ呼ばれていたが、仏教のお寺を意味するヴィハラ（Vihara）が正式に用いられるようになり、廟の表に漢字ではなくサンスクリット語由来の廟の名前がラテン文字で書かれるようになった。

この過程において注意すべきは、ジャワにもあるトリダルマ諸組織との関係である。黄威康が一九八九年に結成した「トリダルマ仏教徒大連合」は、ジャワのトリダルマの組織とは無関係である。彼は単独でこの組織を立ち上げ、インドネシア仏教徒代表者連合の成員として、その他のマハーヤーナ（Mahayana）系、マイトリーヤ系（Maitriya）[121]、ブッダヤーナ（Buddayana）系と並び、自分たちの流派を位置づけたのである。この組織の設立式典には、これらの他の流派の代表が招待されたといい、当時のサンバス県の宗教部門長は多神教的背景を持つバリ人であり[122]、華人の宗教にも深い理解を示したということである[123]。

黄の運動は、インドネシア国家の定める宗教方針に適合しない華人の儀礼をそれに適合的な形に調整し、それを政府当局に明示することによって、華人社会の利益を守ることに成功した事例である。このような運動は、華人社会側だけでなく、インドネシアの行政側の理解を得ることなくしては達成できなかったのであり、これ以降、黄は以前にもまして華人社会とインドネシア行政の間の橋渡し役として活動する。黄威康は、一九九二年選挙ではゴルカルの候補として出馬して当選を果たし、一九九二年から五年間、サンバス県の県議会議員を務め、Bakom-PKB の一員としても活動した。

西カリマンタンでは、熱心に活動した黄威康のような人物がいた一方で、「禁止するなら仕方がない」ということで伝統儀礼を放棄するというのも普通の反応であった。黄の活動が際立っていたとはいえ、彼の運動をこの時期の西カリマンタン華人の動向の典型とすることはできない。この時期、黄威康の運動に類似した活動が他の地域で起こっていた可能性は否定できないものの、黄の活動の特徴は、サンバス県全域の廟を組織したその組織力にあった。黄の活動は、国家権力と華人社会の関係を観察する際に、一方が他方を弾圧する単純な図式だけでは理解できないことを表す好例である。西カリマンタン華人がスハルト体制が提示する政策に対し、されるがままになっていたのではなく、与えられた政治的与件を受容しつつ、それに対して主体的に対応していたのである。

6　西カリマンタン華人のジャカルタへの移動

西カリマンタン華人は、一九七〇代後半から移動の自由を再び得て、インドネシア国籍取得を経て、他地域への移住を開始した。隣国マレーシア（特にサラワク州）への移住、華人女性の、台湾人、香港人男性との結婚、移住も生じた。また、一九八〇年代以降、特にシンカワンとその周辺出身の華人が大挙してインドネシアの首都ジャカルタに移住し始めた。

その最初期には、ジャカルタ住民からは、中国人の密入国者なのか、インドネシア人なのか不明な怪しい集団と見られていた。インドネシア語も十分に話すことができなかったからである［Somers Heidhues 2003:263］。それほどに西カリマンタン華人の、外見や習慣、言語状況は、ジャカルタにおいて異質性が際立っていたということになろう。しかし間もなくすると、西カリマンタン出身の華人は、ジャカルタの華人社会の中でも人口規模の大きい集団へと成長していった。そして、これらの華人の中には経済的に成功する人々も増加した。成功者は、スハルト体制崩壊後（一九九八年以降）にジャカルタで、西カリマンタン出身者の互助組織の設立を主導し、さらには互助組織を基盤にした政治活動が二〇〇〇年代になって行われるようになった。

西カリマンタンにおける二〇〇〇年代の政治状況を見ると、もはやジャカルタの互助組織内や組織間の政治状況を見ずして西カリマンタンの政情を理解することが困難なまでに、「ジャカルタの西カリマンタン華人社会」が、西カリマンタンの政治状況に多大な影響を与えている。

さて、西カリマンタン華人のジャカルタへの移動[124]の契機として重要であったのは、一九八〇年のインドネシア国籍取得であった。タナアバンに一九八〇年代に移住したスカリム（Sukalim）によると、タナアバン全体を運営する半官半民のパサル・ジャヤ社（Pasar Jaya）は、一九八〇年代にはインドネシア国籍民（Warga Negara Indonesia、略してWNI）に限ってタナアバンのブースを賃貸していたといい、国籍証明書がなければ売り場を賃借することができなかったという証言をしている[125]。また新聞『アクサヤ』の記事は、すでにジャカルタにある程度の期間住んでいる、西カリマンタン出身の無国籍状態の人が、一九八〇年に西カリマンタンに国籍証明書を作るために一時的に滞在している様子を報じている[126]。このように、一九八〇年代の西カリマンタン華人のジャカルタへの移動と国籍証明書取得は関係がある。

またそれ以上に西カリマンタン、特にシンカワンとその周辺の貧困と地元産業への就業機会の乏しさも、彼らのジャカルタへの移動の動機づけとなった[127]。一九七〇年代にはすでにジャカルタへの移住が始まるが、それ以降、先にジャカルタに移住した人々を頼ってその家族、知り合いが次々とジャカルタに移動した。現在においてもシンカワン周辺の若者の間では、人生の一時期、ジャカルタで就業することは主要なライフコースになっている。

一九七〇年代、ジャカルタには西カリマンタン出身者はそれほど多くなかった。彼らは清掃や廃品回収に従事した。彼らは当時、ジャカルタ北東部のアンペラ（Ampera）地区[128]に住み始めた。靴工場、ワッペン業に従事する人が多かったようである。その後、ジャカルタ西部のジュンバタン・リマ（Jembatan Lima）地区にも居住するようになる。現在ではジャカルタ北部のグロドック（Glodok）の電気街にも多くの西カリマンタン出身者が開業している。

(1) 西カリマンタン華人の移動パターン

西カリマンタン華人のジャカルタへの主な移動は一九八〇年代に始まり、一九九〇年代にピークを迎える。この背景には何があったのか。彼らの移動の典型的パターンが表れている例を挙げよう。西カリマンタン出身者の互助組織、「関照加里曼丹人民協会（Perkumpulan Peduli Rakyat Kalimantan, PERAK）」のカメラマンとして活動しているアセン（A Sen）は、一九五八年のシンカワン生まれであり、一九七四年、ジャカルタに移住した。その後さまざまな事業に関わるが失敗し、その間ジャカルタとシンカワンを往復していたという。彼は一九九七年、グロドックに電気店を開くものの、一九九八年ジャカルタ五月暴動で被害に遭い、商品を暴徒に持ち去られた。

ロン（Long）は、シンカワンの北にあるジャワイ出身であり、一九八〇年代にジャカルタに移住した。最初、彼以前にジャカルタにいた西カリマンタン出身者の経営する工場でワッペン製作の補助をしていた。しかし彼は、これでは発展性がないと思い、タナアバン市場のブースで店番をしながら商売の経験を積んだ。その後衣料品を受注するようになる。流通部門に自身の専門分野を見出したということだろう。しかし当時、収入は安定しなかった。そこで独立して衣料品を生産するため、仲間で出資し合って機械を買い縫製業を開始した[129]。ロンの例は、西カリマンタン華人の活動の軌跡の典型である。最初、同郷の仲間と連れ立ってジャカルタに移住し、そこで親戚や友人を頼り、商売と生産の両方で経験を積み、製品の出荷をするようになる。

日本で就業した経験を持つ西カリマンタン出身者もいる。彼はシンカワン近郊のスンガイ・ドゥリ（Sungai Duri）に生まれた。西カリマンタンでの生活が苦しかったため、彼は同郷者七人と一九九三年から一九九九年まで日本の浜松で自動車部品作りの仕事をした。そのときに貯めた資金を元手に一九九九年、ジュンバタン・リマ地区に食料品店を開いた。彼によると一九九八年五月暴動の後、ジュンバタン・リマ地区の土地の値段は五分の一程度になった。現在の生活は安定しており、店は大いに繁盛している[130]。

アンペラ地区で廟のお参りのためのお香などの用具を売る店の店主は、シンカワン郊外の生まれであるが、長らく家で農業を手伝っていた。一九八〇年代にジャカルタに移住して店を開いた。彼によると一九七〇年代にはまだ西カリマンタン出身者はアンペラ地区には少なかった。当初来たときには彼は清掃など何でもやれる仕事はやったという[131]。

ジャカルタ在住のシンカワンとその近郊出身者の同郷会である「山口洋地区郷親会（Perkumpulan Masyarakat Singkawang dan Sekitarnya）（以下 Permasis）」（二〇〇六年設立）[132]会長を務めるヤント・チャハヤッディン（Janto Tjahajaddin、中国名は周沅瑶）が挙げる西カリマンタン出身者の特徴は、一つの部門だけに閉じこもらずに多角的に事業を展開するという点である[133]。確かに、上の事例にも表れているように、さまざまな仕事を転々として機会をうかがい、一人がある部門で成功すると友人たちも類似のビジネスを始めるというパターンを見せている。

(2) 一九七〇–九〇年代のタナアバン

最初アンペラ地区に多く定住した西カリマンタン出身者であったが、その後ジュンバタン・リマ地区にも展開し、ここに縫製業の工場[134]を構えるようになる。その後、それ以前から衣料品業の一大市場として有名であったタナアバンに進出する。彼らはジュンバタン・リマに家族経営の小規模な縫製工場を持っており、そこで生産したものをタナアバンに売りに出すようになる。原料の布もタナアバン付近で調達するのが普通である[135]。

一九七〇年代、タナアバンは、西スマトラのパダン出身のミナンカバウ商人が、イスラム服やバティック[136]を販売する場所であった。「タナアバン＝パダン商人」というイメージはジャカルタ住民の間にもいまだに根強く残っているほどである。そこに一九八〇年前後から西カリマンタン華人が進出する。彼らはそれまでのタナアバンの状況を塗り替えた。それがどうして可能であったのか、以下で考察する。

タナアバン市場における西カリマンタン華人商人の先駆であり、現在タナアバン市場の中心部に八つの店舗を出している「ドミノ（Domino）」という個人経営の衣料品店をまず取り上げよう。この会社の設立者はシンカワン北部にあるジャワイ出身の楊小強（Jong Se Khiong）（一九五八年生まれ）である。彼は一九七四年にジャカルタに移動した。当時から現在まで、タナアバンの市場はジャカルタ州政府が管理しており、半官半民のパサル・ジャヤ（Pasar Jaya）という企業が運営を委託されていた。タナアバン市場の土地は政府所有のため、使用者は使用権を得て、二〇年おきに契約を更新するという手続きを取ることになる。(137)

「ドミノ」の朝の風景（2012年10月筆者撮影）。

彼が「ドミノ」を開業する前から、すでに彼の父親が縫製工場を操業しており、家族で厳しい品質管理のもと衣料品を出荷した。店舗は当時持っていなかったが、トラックを用いて大口取引を行っていた。一九八〇年代初頭「ドミノ」を開業する前、楊は、「スワン（Swan）」と「ウィー・トゥー（We Two）」という二つのブランドを作りタナアバン市場で販売した。当時タナアバン市場は現在のような空調のある建物はなく行商人が集まって商売をしていた。当時を回想し楊は、「一九七〇年代には、プリブミ（多くはパダン人）とジャカルタの華人が主にバティックを売っているのがタナアバン市場だった」と述べている。当時のタナアバン市場においては、もちろんシャツ、下着も入手できたものの、化学繊維を使った製品がほとんどであり品質が悪かった。そのような状況で、楊は徹底して綿の肌触りを追究し、また縫製仕上がりの頑丈さにもこだわって商品を提供した。また彼は、商品のバリエーションも大幅に増やした。(138)

楊が語ったところによると、一九七九年にタナアバン市場で大きな火災

ジュンバタン・リマの縫製工場の光景（2012年10月筆者撮影）。

があり、市場スペースの一部が焼失したのが転機となった[139]。建物を再建する際に、新規に多くの西カリマンタン出身商人が流入した。この火災の後の数年は西カリマンタン出身商人にとっての黄金期（era emas）であった、と楊は述べる。彼は一九八〇年に「ドミノ」を開業する。化学繊維で作られた商品がほとんどであった当時のタナアバンにおいて、初めて「ドミノ」は綿製品を売るようになる。これが早速人気となった。一九八〇年代、ジュンバタン・リマで縫製業に従事したのは、西カリマンタンの華人女性が大変多かったという。当時、自身の店舗を持っている西カリマンタン商人はそれほど多くなかった。しかしこうして、同郷者の間で助け合いながら技術を学んでいた時期に、その後の発展の下地が着実に作られていった、と楊は述べた。「ドミノ」は当時、大人用の服を主に生産していたが、一九九〇年代に入り、子ども服に力を入れるようになった。子ども服は現在まで「ドミノ」の主要商品となっている[140]。

楊の次の世代には一九六〇年生まれの前出のスカリムがいる。彼はシンカワン近くの農家に生まれ、二一歳のとき（一九八〇年）にジャカルタに移動した。ジャカルタに移住したての頃は街の清掃、廃品回収に従事したという。そのかたわら、ジュンバタン・リマで、先に移住していた友人の工場で縫製業を学んだ。彼は自身で縫製の技術を習得後、縫製を受注するようになり[141]、一九九四年に自身の店を持った。当時は縫製の仕方は知っていても機械を所持していないため生産ができず、バンドンから直接洋服を仕入れていた。一九九七年に日本の「コジマ（児島）」社製の縫製機械を購入し、自宅で縫製を始め、二〇〇〇年には自作の洋服を売ることができるようになった[142]。

一九七〇－九〇年代にタナアバン市場で商売を始めた西カリマンタン出身商人は、第一世代である。彼らは既存の商品にはない特徴を備えた商品を自身の持つ縫製の確かな技術により生み出したことで、変容する消費者の需要に答え、それによって彼らの支持を受け、タナアバンに確固とした足場を築いたのである。

(3) 二〇〇〇年代以降のタナアバン

二〇〇〇年代は、タナアバン市場の「改革の時代」でもあった。新しい巨大な空調付きの建物が続々と建てられ、そこに西カリマンタン出身商人は出店した。ところが右肩上がりのタナアバン市場の発展にも変化が訪れた。廉価な衣料品を販売する大型店舗との競争が始まったのである。また、経営者も創業者から彼らの子どもの世代へと変化していった。

一九九〇年代末から二〇〇〇年代初めにかけて、タナアバンで商売を開始した比較的若い商人の例を挙げよう。現在タナアバンで「ユーロ(Euro)」という子ども服の店舗を持つマリア(Maria)(一九八二年生まれ)は、現在の西カリマンタン華人の傾向を次のように分析する。以前、彼女の両親の世代は、とにかくジャカルタを目指していた。彼らは家族や友人を頼って集団を形成し、「ジャカルタに移住すれば何か変化が訪れるだろう」、「貧しい故郷にいるよりはよい」という心境でジャカルタに向かった。何も持たず、何の見通しもなく体一つで出かけた。しかし現在では、西カリマンタン華人の教育水準も高まり、より多様なビジネスを展開するようになった。また移動の目的地もジャカルタだけではなくなった。以前はた

タナアバン外観（2012年10月筆者撮影）。

タナアバンの売り場の風景（2012年10月筆者撮影）。

だ周りに流されて友人とともに移住していたのが、現在では、事前に商機を見定めて移住するのが普通になっている。彼女は、一九九七年に初めてジャカルタに来た。すでにジャカルタに移住していた兄を頼ったのである。ところが間もなく一九九八年ジャカルタ五月暴動が発生したため、シンカワンに戻った。その後しばらくシンカワンで、数学の家庭教師をしていた。その二年後ジャカルタに戻り、同じく縫製業を営む男性と結婚し、協力して現在の店を出店した(143)。

サンサン（Sansan）（一九八一年生まれ）は、父親がすでにバンドンで洋服生産をしていたため、家業を継ぎ、一九九八年に父親とタナアバンに店を構えた。ところが、二〇〇〇年のタナアバンの大火災により、父親と協力して買った店は焼失した。その後、彼女が最初から店を立て直した。現在、商品の多くは中国から輸入しているが、自身で買い付けに行くほか、中国人商人との関係も重要になってきているという。彼女は現在までに、四つの店を持つようになっている(144)。

彼らの考え方は、先も見えないままにシンカワンを飛び出していき、頼れるものは何でも頼って仕事を転々とする、以前の世代とは異なっている。一九九〇－二〇〇〇年代には、彼らの両親や親戚、知り合いがすでに確固とした商売の基盤をジャカルタに築いているため、明確な目的を持って移住している。そのうえで、サンサンの例のように、さまざまな新奇なデザインの服を中国から取り寄せるような工夫を行い、顧客の関心を集める努力を行っている。

この点について、これまでのタナアバンの変遷を見守ってきた長老格のアセン（A Sen）（一九五五年生まれ。前出のカメラマンのア・センとは別人物）も感想を述べている。彼は一九七〇年代にはタナアバンに移動したが、「以前、西カリマンタン華人は丈夫な体だけが取り柄であった。とにかく一生懸命に働くことが第一で、教育は二の次であり、タナアバンで成功した人は小卒、あるいは楊小強のように中学校を中退して商売の道に進んだ人などが主である。現在は昔のように汗を流して働いても稼ぐことができない時代になっている。頭脳労働が主になっている現在、一九七〇－八〇年代にジャカルタに移ってきた商人たちも彼らの子どもたちによりよい教育を受けさせることを重視している」と筆者に対して強調した。(145) 確かに楊小強の子どもたちもシンガポールの大学を卒業している。

筆者が調査を行った二〇一二年時点で、一九八〇年代にジャカルタに移住した世代はほぼ第一線を退き、ジャカルタ生まれの彼らの子どもたちが店を切り盛りしている。アセンの息子デディ（Dedy）（一九八八年生まれ）は、父親がジュンバタン・リマで縫製工場を操業している時期から父親の仕事を手伝い、さまざまな種類の服、特に子ども服、スポーツ服を受注していた。現在、デディはスポーツ服を主に扱っている。父親のアセンは、一九九〇年代になって二つの店舗を構えるようになった。その両方とも、アセンが直接に店の経営に関わることを止めてから、彼の二人の子ども、デディとその姉に一店舗ずつ経営を任せている。(146) そしてアセンは最近、タナアバン市場の廟の運営委員長に就任し、この廟の改装工事を主導している。

子どもたちに八つの店舗運営を任せて引退した楊小強は、二〇〇〇年代以降のタナアバン市場の動向について次のように語る。以前はジャカルタの人々は小規模な行商人から衣料品を買うのが普通であったが、最近では、ショッピングモールで買い物をするようになった。そのうえ、タナアバン市場内でも店舗数は飛躍的に伸び、競争は激化した。脱落者も続出し勝ち残るのは非常に困難になった。一九八〇年代には、現在のようにショッピングモールで衣料品が売られていることはなく、ラーマーヤナ（Ramayana）やマタハリ（Matahari）(147) といった衣料品を扱う大手企業もまだなかったため、タナアバン市場の特権的地位は揺るがなかった。ところが二〇〇〇年代に登場した衣料品部門の大手企業は、以前からあるタナアバン市場を通さず、独自の流通ルートを構築した。そして人々がそのような大企業の大型店舗で衣料品を購入するようになったことがタナアバン市場に苦境をもたらした。しかしながら、タナアバンの一大衣料品市場のイコン（象徴）としての評判は揺るぎない。[148]

タナアバン市場の時代の要請に対応した発展に大きな役割を果たしたのは、西カリマンタン華人であった。筆者はタナアバン市場の西カリマンタン出身者の参与観察の中で、集団としての西カリマンタン華人に関する一定の「自画像」の存在を確認した。彼らの言辞によく登場するのは、西カリマンタン華人の仕事熱心さに関する話である。彼らが強調するのは、西カリマンタン華人同郷者のネットワークの強力さ、仕事への熱心さ（kerja keras）である。また、一度に大利を求めない、疲れを知らず、昼夜問わず働く（kerja siang malam, tidak lelah）という内容が聞かれた。その他、彼らがよく「われわれ西カリマンタン出身者」の特徴を形容する際に用いる言葉には、前進しようとする決意（bertekad untuk maju）、相互扶助（saling membantu）がある。若い世代であってもこれらの特徴を強調し、自任していることは重要性を持つ。なぜなら彼らの多くは、西カリマンタン華人という集団に所属しているという意識と、上記のような行動様式を共有していることを念頭に、それに見合うような努力を日常生活において行う蓋然性が高いからである。

ジャカルタ在住の西カリマンタン華人は、タナアバンの縫製業従事者に限らない。しかし、タナアバン市場に関係する商人に占める彼らの割合が特に高く、この分野で成功した人が多いため、ジャカルタの西カリマンタン出身者が二〇〇〇年代に入り彼らの間の互助組織を結成する際にもその影響力が強かった。

(4) グロドックの西カリマンタン華人

西カリマンタン華人の存在感が大きくなったもう一つの分野は、グロドック（Glodok）の電気関係である。電気街の建物を訪れると、人々が話している言葉はシンカワン周辺の客家語方言なのである。グロドックは一九九八年の五月暴動の際、甚大な被害を受けた地域として知られるが、一方でこの五月暴動は、西カリマンタン華人がグロドックに進出する契機を作った。

その第一波は一九九〇年代に起こっている。しかし、画期は一九九八年暴動の後に訪れた。暴動の後、この地に基盤を築いていた地元の商人はグロドックにとどまることを恐れ、移住していった。これによって、グロドック周辺の土地や店の値が急落したため、西カリマンタン華人商人は、これを事業展開の好機としたのである。

グロドックで電気部品店を持っているアロン（A Long）は、次のように語る。彼は、シンカワンの北のジャワイに生まれた。元来機械が好きだったこともあり、以前シンカワンでは電気機器を販売する企業に勤務していた。暴動後の一九九九年、初めてジャカルタに来て、グロドックで開業し、今も規模を拡大中である。その後、二〇〇二年から二〇〇八年までグロドックの電器製品売り場（Harco Glodok）の管理人を務めた。彼によれば、元来グロドックには西カリマンタン出身者は少なかったが、一九九〇年代から徐々に増加し、一九九八年暴動後に急増した。この際、売り場のほとんどが焼失したが、その後一年で再建が進められ、そこに新規に進出したのが西カリマンタン華人であった。それまでのグロドックの主流派は、ジャカルタの地元華人であったが、彼らは暴動に接した恐怖からグロドックでの商業を放棄したのだという。アロン自身もそのような西カリマンタン出身者の一人である。彼は「多くの収益を一度に挙げようとは思わない。少しでも利益が出そうならば、そこで一生懸命に働く気概があるのが西カリマンタン華人だ」と述べた。このような言明は、タナアバン商人にも共通するものである。彼は筆者に、一九九八年暴動で起こった火災により焼けた痕が残る天井を見せながら、このような時期でも西カリマンタン華人は生活のために一生懸命に仕事をしてきたのだと語った[149]。

プマンカット出身のジュン・ファン（Jung Fang）によると、現在、売り場フロアのほとんどを西カリマンタン出身者の店舗が占めているという。彼は一九九三年、彼が一八歳のとき、船舶で一日以上かけてポンティアナックからジャカルタに渡航した[150]。当初はチカラン（Cikarang）で電気製品について学び、一年間そこに滞在した後、グロドックに移動した[151]。

同じ売り場で働くエルフィン（Elfin）は、一九九二年にジャカルタに移住した後、ジュンバタン・リマの知り合いを頼ってワッペン製造業に従事した。一年間この仕事を続けた後、グロドックで電器製品の販売を始めた[152]。

アミン（A Min）は、一九九〇年、シンカワンで縫製業の見習いを開始し、一九九六年、知り合いの工場で働き始めた。当時彼は、主に布の長さを測り裁断する仕事をしていたという。すでに家族がジャカルタにいたため、家族の縫製業も手伝った。当時彼が居住したのはジュンバタン・リマである。一九九七年にはパサル・バル（Pasar Baru）で彼の親族が時計販売をしていたので、そこで一年間仕事に従事した。その後、パデマンガン（Pademangan）に引っ越した。一九九八年、ちょうど暴動が起こる一カ月前に、アミンは原因不明の病気に罹りシンカワンに戻ることになる。シンカワンで療養しているときにジャカルタで暴動が起きた。暴動の三、四カ月後、彼がジャカルタに戻ったときには、売り場は閑散としていた。放火による火災で焼失した箇所も多く、混乱を極めていた。彼はそれでも、「当時店舗が安く買えたため、初期投資額が少なくても成功する好機であった」と述べる。当時、電気製品を手広く扱っている現在のようなショッピングセンターはなく、グロドックが破壊された後、ジャカルタ住民は不便を被った。

アミンは、スネン（Senen）市場で中古の電気製品を仕入れ、整備し直して販売した。当時はグロドック以外に家電製品を購入する場所が乏しかったため、需要が高く、彼らにとっての「黄金期」であったという。当時扱った商品はテレビ、ＤＶＤ機器、ビデオ機器だったが、それらを買うのに行列ができたほどであり、需要が高く、買い手は値段が高くても購入したので、純利益も大きかった。東インドネシアのマルク州アンボン（Ambon）からテレビ一〇〇台の注文を受けたこともあった。そのときにはジャカルタの港からアンボンに運んだ。[153] その他グロドックの商売人には、アラン（A Lang）のように、シンカワンで雑貨店を営んでいたが、一九九八年五月暴動を商機と見て、グロドックに家電製品店を開業した人も多い。[154] しかし、二〇〇〇年代に大型スーパーが普及したために、家電製品販売の競争激化が起こり、以前のような賑やかさは影を潜めている。[155] しかし、既製品ではなく、家電製品の部品を探しにくる人々を対象にしたビジネスで生活できるだけの収入はあるようである。

彼らの経歴からわかるように、最初から特定職種に特化するのではなく、友人を頼りつつ職を転々としながら、最終的にタナアバンで衣料品を販売するようになった人、一九九八年暴動の後、ジャカルタの商人が恐れをなして脱出したグロドック地区に流入し家電関係の商売を開始した人など、そのライフコースは多様である。さまざまな職種を流動的に渡り歩き、ネットワークを形成してきた西カリマンタン華人の活動の一端がここからうかがえるのではないか。

西カリマンタン華人のタナアバンでの活動を、広くジャカルタの西カリマンタン出身者のコミュニティーの文脈において見ると、一九九〇年代末から活発化するジャカルタの西カリマンタン同郷会の活動を通じた、彼らの西カリマンタンの発展への財政的貢献も見逃すことができない。またグロドックに関しては、一九九八年五月暴動の後の西カリマンタン華人独特の対応という点で注目される。

7　同化政策のもとで

「一九六七年華人追放事件」以降のインドネシア国家の西カリマンタン華人に対する対応の要諦は監視と同化促進であった。華人は独自の中国起源の文化を捨て去り、彼らが暮らす地方の文化に馴染むべきであるとして推し進められたスハルト体制期の華人同化政策は、西カリマンタンにおいても施行された。

それが端的に表れたのは教育現場であった。華人同化を目的として行われた「一部学生入れ替え」政策は、不評を買うだけで実質的な効果をあげなかった。また、それまでインドネシア国民としての地位を証明するものを何一つ持っていない西カリマンタン華人に対して、インドネシア国籍証明書（ＳＢＫＲＩ）が発行された。国籍証明書がないために実生活の諸局面で困難を抱えていた華人は、この施策に敏感に反応した。

一九七〇年代には「一九六七年華人追放事件」の影響でインドネシア国軍による華人の監視はいまだに強かった。しかし一九八〇年代に入ると、積極的に華人の政治動員が行われた。そこでは政権与党ゴルカルの翼賛体制を華人も含めて盤石のものとすることが目指された。

ポンティアナックのＹＢＳは、「一九六七年華人追放事件」の際に、難民救済の面で活躍したのみならず、スハルト体制期には、ポンティアナックにおける最も有力な華人の社会組織として機能するようになり、一九八〇年の国籍証明書発行に代表される政府政策の実施にも協力した。

このような活動が可能であったのも、ＹＢＳが政府と緊密な関係を保持し、政府に信任を置かれていたからである。このような地位をスハルト体制下で獲得することによって、ＹＢＳは存続が可能になったのである。そこではBakom-PKBという、「官」と「民」のインターフェイスがあり、それによって政策の施行は順調に進んだ。本事例は「統治する側の政府」と「統治されるがままであった華人社会」というような二項対立的理解に対して再考を迫るものである。

さらに本事例は、華人組織に関して、「華人は互助組織を結成するものだ」という、当事者の行動を一つのエスニシティー、民族の特性に縮減して考えるような見方に対して反証を提示するものである。現在のＹＢＳがいかに「華人組織」のように見えても、そこに関わっているのは、華人だけではなく、政府側の人間、非華人もいた。その政治的背景をつぶさに観察することによって、華人研究はじめ、ある民族集団や属性に焦点を当てた研究が往々にして陥りやすい、人々の行動を「華人（あるいはある民族）だからそうするのだ」というように伝統・文化に落とし込んで理解してしまう解釈方法から一線を画すことができるのである。

しかし、インドネシア国民として選挙に参加するようになった華人は、ゴルカルを支持し続けたというわけではない。一九八七年サンバス県選挙では、華人の当時のゴルカル主導の政治への不満を背景とし、インドネシア民主党の躍進が見られた。

この状況に、スハルト体制下で各地の治安維持の役目を負っていた社会政治局は危機感を持ち、華人の祭礼にもそれまで以上の大幅な制限が加えられるようになった。この制限を、華人側はただ従順に受け入れたのではなかった。華人と政府との間を仲裁する人物を中心として、華人の祭礼についても制限付きとはいえ、完全に禁止されることにはならなかった。しばしば国家権力と華人社会は二項対立的に描かれることが多いが、実際には、それらの中間で国家と交渉し続ける人々がおり、彼らの活動が政策をも変化させていったのである。

スハルト体制期のこのような活動のうち、黄威康による活動が筆者の知る限りでは最も有名であったようである。これ以降、制限付きではあるが、シンカワン周辺の伝統儀礼であるタトゥン行列は存続が許された。この後黄威康は、スハルト体制にとっての「模範的華人」とともに、華人社会と社会政治局をつなぐ組織たるBakom-PKBに参加し、ゴルカル翼賛体制に協力する。この運動によって守られたものが、スハルト体制にとって「なくすべき」とされていた華人文化であったという点は、スハルト体制下の華人同化政策が、西カリマンタンにおいては、当初定式化されたとおりに進んだわけではないということを証明している。華人社会側について言えば、インドネシア国家が華人社会に求めているものを鋭く察知したうえで自身の権利を守るために賢く立ち回ったと言えよう。ここに見られるように、西カリマンタンでは、中央の施策がその意図どおりには実現することはなく、また現地では、その場にいる具体的な政府側の人物と具体的な華人社会の中の人物が交渉、協力しつつ、妥協点を見出すという努力がなされた。このような背景があり、国軍による監視が厳格であった一九六〇‐七〇年代とは異なり、一九八〇‐九〇年代の西カリマンタンでは、華人同化政策はかなり緩やかな形で遂行された。

とはいえスハルト体制期には、華人の政治参加は極端に制限され、西カリマンタンの政治は、ムラユ人と外来の人々、特にジャワ人に掌握されていた。この構造を考えると、明確な統治・被統治の関係が、インドネシア国家と華人社会の間に成り立っていた時代だったと言えよう。この状態が変容するのが、第Ⅳ章に述べるポストスハルト期である。この時期、華人の政治参加が進み、それが西カリマンタンの政治の新局面を生み出したのである。

注

（1）華人同化政策を国策としたスハルト政権の政策決定過程を、政治学の方法論を用いて分析したものに相沢伸広の研究がある。相沢の研究により、スハルト体制の「チナ問題（Masalah Cina）」への対応は、華人同化が至上命令だったのではなく、時期ごとの政治的（内政、外交両方の）要請に答える形で発動されたことが跡づけられた［相沢 二〇一〇］。この研究において相沢は、「チナ問題」とは、単なる国内の華人にどう対処するかだけでなく、中国との外交問題なども含んだ、総合的な問題であり、国家が総力を挙げて取り組むべき問題として認知されていたとしている。

（2）スハルト体制期の華人同化政策の根本にある思想は、華人の持つ中国起源の文化はインドネシアにふさわしくない「外国的で見慣れない、馴染みのない（asing）」ものであるから、華人はそれらを捨て去り、現地民と文化を共有すべきであるというものである。この思想的背景は一九五〇年代から華人社会（特にジャワにおいて）の識者の間でも議論されていたものであった。上記のような「同化（asimilasi）」をよしとする立場と、華人はその文化伝統の特色を保持したまま、インドネシアを構成する民族の一つを構成するようにする「統合（integrasi）」が望ましいと主張する立場の華人が論争していた［貞好 一九九五］。「同化」と「統合」の差は、華人を、インドネシアを構成する諸民族に加えないか加えるかという点が異なる。スハルト体制は、このうち同化派の思想を継承して華人同化政策を展開した。そこでは中国文化はできうる限りなくすことが華人に求められた。中国語学習、中国語学校の廃止、中国語使用（漢字で書かれた看板なども）の禁止はその端的な例であった。また華人独特の祭礼（中国正月の儀礼なども公的な場で執り行うことは禁止された。同化派の思想が国策化する過程については［貞好 一九九六］参照。

（3）ゴルカル（Golongan Karya, Golkar、職能集団）は一九六四年に正式に設立された党である。その主要な役割は、人々がゴルカルに投票するよう強力な選挙キャンペーンを行うことによって、選挙を牽引するとともに、政府と不可分な存在として、スハルト体制の存在理由である「安定と開発」を実績で示すことであった。

（4）リベルトゥス・アヒーは一九五三年、ポンティアナック近くのスンガイ・アンバワン（Sungai Ambawan）に生まれる。ポンティアナックのタンジュンプラ大学法学部を卒業し、一九七八年に公務員となり教育部門で活動する。一九七九年から一九九七年までシンカワンのイグナシウス高校（Sekolah Menengah Atas Ignasius、一九六九年にジャワから派遣された教師により設立されたカトリック学校）で教鞭を執る。またその間、一九九二年から一九九七年までサンバス県の県会議員、サンバス県のゴルカル支部長を務めた。

（5）インドネシアの地方統治システムはスハルト体制期に完全な上意下達方式となり、農村の末端まで組み入れて再整備された。それまでの自然村の区画をもとに、インドネシア全土に一律に、州（Provinsi）、県（Kabupaten）、郡（Kecamatan）という階層構造を適用させた。

（6）アロイシウス・キリムは一九六〇年、ランダック県（Kabupaten Landak）のパフマン（Pahauman）に生まれる。ジャワのマディウンおよびマランで、カトリックの宗教教師になるための教育を受ける。一九八三年九月から一九九八年までシンカワンで宗教を教え始める。また、一九七九年からインドネシア民主党（ＰＤＩ）の党員となり、二〇〇九年からはシンカワン市議会議員を務める。

（7）オランダ人の西カリマンタンにおけるカトリック宣教は二〇世紀初頭から始まるが、それでもスハルト体制期初期には、内陸の多くのダヤク人は先祖伝来のアニミズム信仰を持っていた。彼らのカトリックへの改宗が急速に進むのはスハルト体制期初期である。

（8）*Akcaya*, 1997.8.5.

（9）*Akcaya*, 1977.9.7.

（10）*Akcaya*, 1978.10.5.

（11）*Akcaya*1987.2.11.

（12）*Akcaya*, 1978.2.15.

（13）*Akcaya*, 1977.1.12.

（14）イスラムの入信儀礼は簡単であり、二人のイスラム教徒の証人の前で信仰告白をするとイスラム教徒と認められる。

（15）*Akcaya*, 1980.2.1.

（16）*Akcaya*, 1980.9.18.

（17）アミル・マフムドはスハルト体制の華人同化政策の立役者の一人である。彼が統率する内務省こそ、華人問題を一手に引き受けていた官庁であった［貞好 二〇〇七］。

（18）*Akcaya*, 1987.12.29.

（19）スハルト体制期に日常用語化したノンプリブミ（non-Pribumi）という言葉は、華人を表し、略されて「ノンプリ」と呼ばれた。当時、難民となった華人がいた一方、ポンティアナックには「一九六七年華人追放事件」以前から商業を営む華人企業家が存在した。

（20）*Akcaya*, 1977.10.24.

（21）*Akcaya*, 1977.3.7.

（22）マラリ事件とは、一九七四年に田中角栄首相がインドネシアを訪問した際の学生の抗議運動に始まり、暴動に発展して日系企業のほか、華人商店も焼き討ちに遭った事件である。これは、スハルト体制下で日系企業が多く進出し、また外資の受け皿として政府と関わりが深い華人系企業が特別扱いされていることに対する不満を背景としていた。

（23）*Akcaya*, 1980.5.16 など多数。

（24）*Akcaya*, 1977.11.12.

（25）「パンチャシラ」とはスカルノによって提唱されたインドネシアの建国理念であり、五の意の「パンチャ」、柱の意の「シラ」というサンスクリット語から成っている。文字どおり五つの理念から成っており、それは、①唯一神への信仰、②公正で文化的な人道主義、③インドネシアの統一、④合議制と代議制による英知に導かれる民主主義、⑤全インドネシア国民に対する社会的公正である。

(26) *Akcaya*, 1988.6.22 など多数。

(27) 「パンチャシラの実践のための方針（Pedemen Penghayatan dan Pengamalan Pancasila）」は頭文字を取るとＰＰＰＰとなり、Ｐが四つ並ぶため、Ｐ４（ペー・ウンパット）と発音される。

(28) *Akcaya*, 1979.3.8.

(29) *Akcaya*, 1980.6.12.

(30) *Akcaya*1989.7.28. この時代、豚肉の販売が制限されていたという証言は、シンカワンの複数のインフォーマントから聞いた。

(31) *Akcaya*, 1981.2.19.

(32) 「国家英雄」制度は一九五九年に成立し、現在まで一〇〇名を超す人物が認定されている。詳細は［津田二〇一一：一八九－一九二］参照。

(33) *Akcaya*, 1977.11.12.

(34) *Akcaya*, 1987.2.26.

(35) 「サント・ペトルス校」については、第Ⅰ章でその歴史について述べたが、元来台湾出身のカトリック神父たちが設立した坤甸中学である。その後カリマンタン学校、サント・ペトルス校と名前を変え、現在まで存続している。

(36) カルティニ（Raden Ajeng Kartini）は、一九世紀末に生きたジャワ人女性で、オランダ式の教育を受け、民族の啓発、社会生活の変革を進める女性の育成を説いた。一九六四年にインドネシアの国家英雄に数えられ、誕生日の四月二一日は「カルティニの日」として祝賀行事が開かれる。

(37) クバヤは、元来ジャワやバリの女性の上着であったが、現在ではインドネシア共通の民族衣装となっている。

(38) *Akcaya*, 1982.11.18.

(39) *Akcaya*, 1982.11.19.

(40) プルワント（Hari Poerwanto）の研究によると、学生の一部入れ替えといった積極策が採られるようになるのは一九七七年であるという［Poerwanto 2005］。

(41) 西カリマンタンで活動した、フランシスコ会修道士の教育社会福祉団体であるＭＴＢ（Maria Tak Bernoda、オランダ名は Huijbergen）の活動については、その活動記録が書籍化されている［Wolf 2004］。

(42) ムリジャンはジョクジャカルタ出身のジャワ人教師であり、華人の教育に尽力しカトリック学校の建設に関わった。彼が筆者に語ったこの時代の雰囲気を伝える逸話がある。彼は一九七〇年代、サンバス県のカトリック勢力を代表する人物の一人としてサンバス県議会議員となっていたが、あるとき、華人を擁護する発言をしたところ、激しい口調で「華人の肩を持つのか、この共産主義者め」と罵声を浴びせかけられた。イグナシウス高校を設立した際にも、華人を擁護するものだとして給料を減額された。一九七〇年代、サンバスの県議会議員には軍関係者、ムラユ人が多く、カトリック党のダヤク人も少数ながらいたが、華人は一人もいなかったという。ムリジャンへのインタビュー、シンカワン、二〇一一年一月二〇日。

(43) アロイシウスによれば、当時からあるシンカワン周辺の国立学校は一つだけであり、カトリック系の学校は二つあった。

(44) *Akcaya*, 1980.4.3.

(45) *Akcaya*, 1979.4.17.

(46) *Akcaya*, 1983.8.10.

(47) 坤甸中学が一九五八年にインドネシア語学校に生まれ変わった際に名前を変えたのがこの学校である。

(48) ジミー・シマンジャヤへのインタビュー、ポンティアナック、二〇一一年一二月一五日。

(49) 「国民一体性育成機構（ＬＰＫＢ）」は、「同化派華人」がインドネシア国軍と協力して作った組織である。

(50) この施策の原型は、西カリマンタン政府によって一九七七年に提示された。国立学校においては、インドネシア国籍民が少なくとも六〇％を占めなければならないとされた。しかし華人がすべて外国籍であることを前提にしたこの方策では、インドネシア籍の華人がこの六〇％に含まれてしまうために、華人とプリブミの比率を均等化するには不十分であった［Poerwanto 2005 : 167］。

(51) 少し時代が下るが、一九八〇年の教育機関におけるインドネシア籍と外国籍の比率については新聞報道がある。シンカワンにあるシンカワン第三国立中学校（SMP negeri III Singkawang）では、六三六人の生徒のうち一二〇人が外国籍であった（父親の国籍を引き継いでいるため）。ノンプリブミでインドネシア国籍を取得した生徒は一六四人でありプリブミは三五二人であった。シンカワンにある現状はいたって良好であり、ノンプリもインドネシア語を流暢に話していると報じられている。Akcaya、一九八〇年六月一四日。教育の

(52) リベルトゥスに対するインタビュー、シンカワン、二〇一一年一二月二六日。プルワントによると、プリブミが私立校に行く最大の障害は、イスラム教徒の両親に子どもをカトリックやプロテスタント系の学校に行かせることへの抵抗があったことである。プリブミは一般に、私立学校は「華人のもの」だという固定観念を持っていた［Poerwanto 2005 : 166-181］。

(53) シャファルッディン「ＹＢＳ：献身と奉仕」に拠る。

(54) 『Yayasan Bhakti Suci 西加孔教華社総会四三周年記念特刊』に拠る。

(55) 「廣肇」とは、中国広東省の広州、肇慶を指し、この組織はこれらの地域出身者の互助会である。

(56) 印尼＝インドネシア、西加＝西加里曼丹の略で西カリマンタン、坤甸＝ Khun Tian はポンティアナックの中国語表記である。英語名は West Borneo Lim Association。

(57) 林晒泰、林立強へのインタビュー、ポンティアナック、二〇一三年一二月三〇日。林氏協会のインドネシア名は、一九六二年にこの協会が政府に公認された際のものが現在まで用いられている。Halim の語には、lim（林）という語が忍ばせてある。

(58) 李（Lie）という姓が Asali の li の部分に忍ばせてある。
(59) 李紹発へのインタビュー、ポンティアナック、二〇一四年一月二日。
(60) 『西加孔教華社総会四三周年記念特刊』および李紹発へのインタビュー、ポンティアナック、二〇一四年一月二日。
(61) 『西加孔教華社総会四三周年記念特刊』に拠る。
(62) ヘンドリ・ジュルナワンへのインタビュー、ジャカルタ、二〇一五年一月六日。
(63) シャファルッディンへのインタビュー、ポンティアナック、二〇一四年一二月二三日。
(64) ヘンドリ・ジュルナワンへのインタビュー、ジャカルタ、二〇一五年一月六日。
(65) 林昞泰、林立強へのインタビュー、ポンティアナック、二〇一三年一二月三〇日。
(66) アテン・タンジャヤへのインタビュー、ポンティアナック、二〇一四年一二月二五日。彼は、ポンティアナックの私立消防団の活動に貢献した人物であり、一九八〇年代に団長を務めていた。
(67) ポンティアナックでは主にＹＢＳが活動したが、シンカワンの Bakom-PKB は、地元の華人有力者（組織ではなく個人）を通して活動した。
(68) 国際戦略問題研究所は、一九七一年に設立されたスハルト体制を支えるシンクタンクである。カトリック教徒の華人が多く関わったことでも知られる。
(69) ユスフ・ワナンディは、国際戦略問題研究所の設立メンバーであり、スハルトに最も近い華人の一人であった［相沢 二〇一〇：九五］。
(70) ハリー・チャンもスハルト体制を支えた同化派華人の代表である［相沢二〇一〇：一二八］。
(71) プラセティア・ムリヤ財団は、相沢によればスハルト体制期の華人同化政策に必要な資金を調達するために国家主導で林紹良（インドネシア名はスドノ・サリム）ら華人企業家を動員して作られた財団であった［相沢二〇一〇：一二八－一三二］。
(72) シャファルッディン「ＹＢＳ：献身と奉仕」およびヘンドリ・ジュルナワンへのインタビュー（ジャカルタ、二〇一五年一月六日）に拠る。
(73) 華人実業家のグループもこの方針に賛同しており、たとえば、林紹良のサリム・グループ（Salim Group）も内務省に働きかけていた［相沢二〇一〇：一二九］。
(74) 州（Provinsi）、県（Kabupaten）よりも下位の行政単位である。たとえば西カリマンタン州、サンバス県、モントラド郡。
(75) 西カリマンタンにおける一九八〇年の国籍証明書発行総数は、一五万五二五二件である［相沢二〇一〇：一三六］。
(76) ヘンドリ・ジュルナワンへのインタビュー、ジャカルタ、二〇一五年一月六日。
(77) 林昞泰、林立強へのインタビュー、ポンティアナック、二〇一三年一二月三〇日。
(78) 一九六〇年から一九六二年まで、華人はインドネシア国籍もしくは中国籍の選択を要求されたが、どちらの代表機関にも行かず放置した場合に彼らは「無国籍」と見なされた。
(79) 陳得時へのインタビュー、ポンティアナック、二〇一四年一二月二六日。彼は現在『ポンティアナックポスト』の中国語版『坤甸日報』総編集長である。
(80) *Akcaya*, 1980.4.1.
(81) *Akcaya*, 1980.4.1.
(82) *Akcaya*, 1980.4.23.
(83) *Akcaya*, 1980.5.26.
(84) *Akcaya*, 1980.5.27.
(85) *Akcaya*, 1980.5.28.
(86) *Akcaya*, 1980.7.3.
(87) *Akcaya*, 1983.8.20.
(88) 当時は、現在のシンカワン、ブンカヤン、サンバスを含むすべてをサンバス県と呼んでいた。スハルト体制崩壊後、シンカワン、ブンカヤン、サンバスはそれぞれ独立した県となった。
(89) 「新体制」とはスハルト体制のことであり、これに対しスカルノ期は旧体制（Orde Lama）と呼ぶ。
(90) *Akcaya*, 1987.4.15.
(91) *Akcaya*, 1987.5.25.
(92) *Akcaya*, 1987.11.5.
(93) 一九八七年のインドネシア民主党躍進について次のような一風変わった話も聞かれた。シンカワンでは、人々は富くじ（博打の一種）に馴染みがある。ある富くじにおいて、ゴルカルに反感を持つある人物が、選挙でインドネシア民主党が勝利すると必ずや運が巡ってくると選挙五日前に触れまわった。この噂はシンカワンとシンカワン周辺の華人集落に瞬く間に広まった。しかし、シンカワンの華人たちの間に馴染みのあるこの情報ネットワークは、外部者が察知することは困難であり、政府機関にも探知されなかった。スハルディ・ダルマワンへのインタビュー、ポンティアナック、二〇一一年一二月一七日。
(94) この選挙結果については、一九九〇年代、ゴルカルのサンバス県支部長を務めるリベルトゥス・アヒー、一九八〇－九九年にシンカワンにおいて華人とゴルカルを橋渡しする役割にあった黄威康（Bong Wui Khong）の二人の記憶を照合したものである。
(95) ムハンマド・ハッサンへのインタビュー、シンカワン、二〇一一年一月一一日。
(96) シンカワンは現在では、シンカワン市（Kota Singkawang）として、州（Provinsi）の下位区分である県（Kebupaten）と同等の地位を持っているが、これは二〇〇一年の行政単位変更（pemekaran）の結果である。当時シンカワンは、サンバス県（Kabupaten Sambas）に含まれる、県の下位区分である郡（Kecamatan）であった。

(97) スハルト体制期に西カリマンタンの華人で政治家として活躍した人は次の通りである。州レベルではヘンドリ・ジュルナワン(Hendry Jurnawan)、ポンティアナックではエディ・パジャライ(Edy Padjarai)、サンバス県では黄威康、ボン・チンネンの二人ですべてであり、これらの人物はすべてゴルカルから出馬した[La Ode 2012:25]。

(98) リベルトゥスへのインタビュー、シンカワン、二〇一一年一二月二六日。

(99) 黄威康は漢方薬を処方する薬局を経営しているが、一九八〇年代後半からゴルカルと華人をつなぐ役割を果たした。政府当局からもその功績が認められ、一九九二年にはゴルカルから選挙に出馬し、一九九二年から一九九七年までサンバス県の県会議員を務めた。

(100) 黄威康へのインタビュー、シンカワン、二〇一一年一二月二三日。

(101) 「牛」に投票しようというのは、インドネシア民主党のシンボルに水牛のモチーフが用いられていることを踏まえている。

(102) 両氏とも一九九二年選挙にゴルカルから出馬し、サンバス県議会議員を務めた。

(103) リベルトゥスへのインタビュー、シンカワン、二〇一一年一二月二六日。

(104) ジャカルタでBakom-PKBが結成されたのは一九七七年である。貞好はこの機関の設立を、一九七四年のマラリ事件における反華人暴動が起きたことを反省した政府が取り仕切った、華人の新同化運動の一部であるとしている[貞好二〇〇七]。

(105) シンカワン生まれの華人であるが、ジョクジャカルタで大学時代を送っており、夫人もジャワ女性であることから、当局としても適役だと見込んだのではないだろうか。この役職は、ほぼ一方的な政府側からの指名で決定された。彼の職業は公証人である。

(106) ダリモンテへのインタビュー、シンカワン、二〇一一年一二月二三日。

(107) ダリモンテへのインタビュー、シンカワン、二〇一一年一二月二三日。

(108) 北スマトラメダン出身で四〇歳代のヤント(Janto)へのインタビュー、シンカワン、二〇一一年一月二一日。

(109) 黄威康へのインタビュー、シンカワン、二〇一一年一二月二三日。

(110) ムハンマド・ハッサンへのインタビュー、シンカワン、二〇一一年一月二一日。

(111) インドネシアではイムレック(Imlek)と呼ばれる、この語は「陰暦」の福建読みである。

(112) インドネシアでは一般にチャップ・ゴ・メ(Cap Go Meh)と呼ばれる。この語は「十五暝」の福建読みである。

(113) インドネシアではクレンテン(klenteng)と呼ばれる。西カリマンタンの客家人の間では伯公(Pa Kong)の呼び名が一般的である。バリ島ではコンチョ(Kongco)、スマトラなどの福建系の華人社会では大伯公(Toa Pe Kong)あるいはPe Kongという呼び名が一般的である。

(114) 黄威康へのインタビュー、シンカワン、二〇一一年一月一八日。具体的には「クレンテンの様式に関する内務大臣令一九八八年第四五五.二一─三六〇号[Instruksi Mentri Dalam Negeri Nomor: 455. 2-360 Tahun 1988 tentang Penataan Klenteng]」である。これは、インドネシアの公認宗教たる仏教風にヴィハラ(Vihara)を名乗っていようと内実が中国廟であれば、新築、建物の拡張、修復を禁止するものであった［津田 二〇一一：七一］。

(115) インドネシアの多数派は確かにイスラム教徒であるが、他の宗教を信仰する人々に配慮するために建国時に定められた原則である。

(116) ジャワ神秘主義は、ジャワ中部、東部に見られる多種多様な宗教実践の総称であり、多くは瞑想、食事制限、夜半の水浴といった各種の行によって、神秘的な啓示を得たり、超越的な体験をしたりする［福島 二〇〇二：三七八－三八三］。

(117) ブッダヤーナ派の開祖、アシン・ジナラキタ（Ashin Jinarakkhita）は中国的要素を排除した純粋にインドネシア独特の流派を確立しようとした。彼は、国家の宗教の定義が唯一神概念を要求するのに呼応し、ジャワの古い仏教書の中から「サン・ヒャン・アディ・ブッダ（Sang Hyang Adi Buddha）」をインドネシアの国是であるパンチャシラの中にある「唯一神への信仰（Ketuhanan Maha Esa）」の唯一神であるとした。アシン・ジナラキタ自身は華人である［Brown 1987, Abdul Syukur 2010:105–138、津田 二〇一一：六七－六九］。

(118) 当初、バリ・ヒンドゥーと同じく一神教的色彩を持った儒教の一派も一九六五年には公認宗教となっており、公認されたのは六つであった。しかし、一九七〇年代後半、華人に対する同化政策が強まる中、儒教は公認宗教から外された。この儒教が再公認されるのは、ポストスハルト期に入ってからである。したがって現在のインドネシアの公認宗教は、儒教を含めて六つである［北村 二〇〇九］。

(119) インドネシア仏教徒代表者連合は、スハルト政権が多様な仏教の諸派を束ねて制御するために作らせた仏教徒の連合である。Walubi の名は一九七八年当時の宗教省大臣によって命名された［Abdul Syukur 2010:116］。

(120) 二〇世紀初頭、ジャワのプラナカン華人の間に「中国の文化伝統を引き継ぐ者」を自認するアイデンティティの昂揚が見られたが、その担い手となったのがバタヴィア（現在のジャカルタ）を端緒として各地に作られた「中華会館（Tiong Hoa Hwee Koan, THHK）」であった。この運動は、中国人の宗教は孔子の教えを基礎とする「孔教（清末の中国でキリスト教の影響下に、唯一神（天）や預言者（孔子）といった概念をもって作られた宗教）」であると主張する「孔教会（Khong Kauw Hwee）」に発展した。ジャワの「孔教会」で活躍した郭徳懐（Kwee Tek Hoay）は、後に中国人の信仰である儒仏道混淆の「三教（Sam Kauw）」に注目し、「三教会（Sam Kauw Hwee）」を設立する。その後、三教の思想を広めるため文筆活動、教育活動を展開した［Sam 2008:150–151］。この三教会が基礎となり、インドネシア独立後に再編されたのが「トリダルマ（Tri Dharma）（三つの教えの意）」である。トリダルマの組織内にも正統性をめぐっての争いが現在まであるが、これについてはここでは詳しくは述べない。

(121) 台湾起源でインドネシアにおいても華人を中心に信者を集めている。スハルト体制期には「マパンブミ（Mapanbumi）」という名でワルビ（Walubi）の一翼を担っていた。弥勒大道と呼ばれる。

(122) バリ島で優勢な宗教はバリ・ヒンドゥーであり、イスラムが優勢なジャワと異なり思想背景が多神教的であるため、神々の像が多数祀ってある中国廟に対しても理解があったと黄威康は述べた。黄威康へのインタビュー、シンカワン、二〇一一年一二月二三日。

(123) 黄威康へのインタビュー、シンカワン、二〇一一年一二月二三日。

(124) 移動の状況について数値によって示すことができればなおよいが、彼らの移動実態についての統計は現在のところ入手できておらず、それを把握していた機関もない可能性があるため、この類の資料の入手は極めて困難と思われる。

(125) スカリムへのインタビュー、ジャカルタ、二〇一二年七月二七日。

(126) *Akcaya*, 1980.5.27.

(127) その背景には第Ⅱ章で考察した「一九六七年華人追放事件」がある。多くの華人が西カリマンタン内陸部から沿岸部に追放され、西沿岸部の人口は膨れ上がり、特に難民は、就業の機会を求めてジャカルタに移動していった。

(128) 付近にあるマンガ・ドゥア（Mangga Dua）の International Trade Center（ＩＴＣ）という大ショッピングモールに展開する店舗の半数以上が現在、西カリマンタン出身者で占められる。そこでは衣料品だけでなく、食品、時計、貴金属など多彩な分野で西カリマンタン出身者が活躍しており、同郷者の集まり、交流も盛んであるという。*Info Kalimantan*, 二〇〇八年五月、三四－三五頁。

(129) ロンへのインタビュー、ジャカルタ、二〇一一年一二月七日。

(130) ジュンバタン・リマの雑貨店店主へのインタビュー、ジャカルタ、二〇一一年一二月七日。

(131) アンペラ地区の祭事用品店店主へのインタビュー、ジャカルタ、二〇一一年一二月七日。

(132) 一九八〇年代より拡大したジャカルタにおける西カリマンタン華人社会を束ねる動きはポストスハルト期（一九九八－）になって活性化した。

(133) ヤント・チャハヤディンへのインタビュー、ジャカルタ、二〇一一年一二月一二日。

(134) 工場とはいっても、家族に加えて数人の従業員を雇うほどの規模である。しかし中には一〇〇人以上の従業員を抱える工場もある。

(135) スカリムほか、タナアバン商人の間での参与観察に基づく。

(136) インドネシア独特の蠟けつ染めの布やそれから作った衣服のことである。

(137) 楊小強へのインタビュー、ジャカルタ、二〇一二年七月二五日。

(138) 楊小強へのインタビュー、ジャカルタ、二〇一二年七月二六日。

(139) タナアバン火災については、同時期から開業していたタナアバンの商人たちに同様の話を聞いた。

(140) 楊小強へのインタビュー、ジャカルタ、二〇一二年七月二六日。数十年にわたり「ドミノ」では毎朝のように、インドネシア全国から衣類（特に子ども服）を商う商人が大量買い付けにやってくる。作りは丈夫だが一枚三〇万ルピア（日本円で三〇〇〇円程度）で決して安価とは言えない服が、三〇分ほどで毎日三六〇〇着ほど売れる。購買客は、値段や品質にこだわるというよりも「ドミノ」のブランドを買っていく。筆者が話を聞いた幾人かの購買客（小売り店主）は、pokoknya "Domino" という表現をしていた。

それは「とりあえず、なにはなくても「ドミノ」であればいい」という意味である。
(141) バンドゥンも衣料品業の一大センターである。
(142) スカリムへのインタビュー、ジャカルタ、二〇一二年七月二七日。
(143) マリアへのインタビュー、ジャカルタ、二〇一二年七月二七日。
(144) サンサンへのインタビュー、ジャカルタ、二〇一二年七月二七日。
(145) アセンへのインタビュー、ジャカルタ、二〇一二年六月一九日。
(146) デディへのインタビュー、ジャカルタ、二〇一二年九月二八日
(147) いずれも衣料品専門店であるが、マタハリの方がラーマーヤナよりも比較的高級である。これらの大型衣料品チェーン店は独自の生産流通経路を構築しており、それはタナアバンを介さない。そのため、人々がそこで衣服を買うようになれば、タナアバンには脅威となる。
(148) 顧客の中には、アフリカ人、フィリピン人、マレーシア人など外国客も多い。タナアバンの商品は中国製品と対抗関係にある。中国が冬物を販売する時期には、熱帯のフィリピン、マレーシアから半袖の服をタナアバンに大口で購入しにくる客が多い。楊小強の息子で「ドミノ」の経営を任されているウェンディ（Wendi）へのインタビュー、ジャカルタ、二〇一二年九月二八日。
(149) アロンへのインタビュー、ジャカルタ、二〇一二年七月二四日。
(150) 一九九三年にジャカルタに移住したときには、財布には一万五〇〇〇ルピア（約一五〇〇円）しかなく、コーヒーを飲むのも惜しかったという。ワルン・トゥガル（Warung Tegal, Warteg）という質素な食堂で毎日食事をしていた。
(151) ジュン・ファンへのインタビュー、ジャカルタ、二〇一二年七月二八日。
(152) エルフィンへのインタビュー、ジャカルタ、二〇一二年七月二八日。
(153) アミンへのインタビュー、ジャカルタ、二〇一二年七月二八日。
(154) アランへのインタビュー、ジャカルタ、二〇一二年六月一九日。
(155) アミンおよびエルフィンへのインタビュー、ジャカルタ、二〇一二年七月二八日。

第Ⅳ章　「改革の時代」の西カリマンタン華人

一九九七年に発生した「アジア通貨危機」の影響はインドネシアにも及んだ。各地で物価が高騰し、生活困窮者が街に溢れた。この窮状を背景として起こった一九九八年ジャカルタ五月暴動では、華人を特に標的にした襲撃事件も多発し、華人社会全体が恐怖に包まれた。

スハルト体制崩壊後、政権を取った政治家たちは、インドネシアに対して恐怖と敵意を感じている華人の不信感を取り除き、インドネシア国民として受容するという姿勢を採るようになる。この姿勢が顕著になったのは、アブドゥルラフマン・ワヒド大統領（Abdurrahman Wahid）（在職一九九九－二〇〇一）の時代であった。この時期、スハルト体制期から存続していた中国語使用禁止令、中国起源の祝祭の禁止令が撤廃された。さらに二〇〇三年には、中国正月（春節）はインドネシアの国定祝日となった。

このように文化面での華人に対する制限が廃止されるとともに、華人の政治参加も盛んになった。その過程で、インドネシア全国の華人を束ね、緩やかな紐帯を形成することを目的として全国組織が結成された。「印華百家姓協会（Paguyuban Sosial Marga Tionghoa Indonesia, PSMTI）」[1]や「印尼華裔総会（Perhimpunan Indoneisa Tionghoa, INTI）」[2]はその代表である。これらの組織は、インドネシア各地にその支部を持ち全国規模で活動している。

しかしながら一部の華人は、二〇〇〇年代に華人を取り巻く状況が大きく変化したといっても、いまだにスハルト体制期さながらの危険を孕んでいると見ている。たとえば、後述する二〇〇七年末にポンティアナックで顕在化した民族対立（「一七番路地事件」）のような、華人の立場の不安定さがうかがえる事件も起こった。

一九九〇年代から二〇〇〇年代初頭における反華人運動を分析したジェマ・パーディ（Jemma Purdey）は、スハルト体制期には、政府が政策として反華人運動を扇動したのは確かだが、それだけでなく、華人に対する根深い偏見についても分析する必要があると述べている［Purdey 2006］。一方で二〇〇〇年代のインドネシアでは、華人と非華人の間での歩み寄りも見られ、相互理解も進んでいる。本章は、二〇〇〇年代という劇的な社会変動の時代を西カリマンタン華人がどのように生きてきたのかを主題としている。

西カリマンタン華人にとっても、スハルト政権崩壊は政治参加の契機となった。華人の祭礼も華やかになり、それだけ政治の道具として利用される可能性をも拡大させた。つまり、華人が政治面、経済面あるいは文化表出の面で突出し過ぎると、それまでスハルト体制期に政治権力を独占していたムラユ人からの不満が噴出し、「華人文化の過度な表出は他の民族に対する配慮が足りない」と非難されることにもなったのである。

西カリマンタンにおいては、二〇〇七年に華人のシンカワン市長、西カリマンタン州副知事が誕生しており、これに対する反対の声も高まった。この西カリマンタンの状況は、インドネシアの全国政治における華人の政治参加の実験場と見ることもでき、西カリマンタンの「華人の政治進出」の過程と影響を考察することは、現在そして今後のインドネシア全体の政治の趨勢を考えるうえでも重要と思われる。

本章ではまず、西カリマンタン華人のみならず、全国の華人に衝撃を与えた一九九八年五月暴動が、華人の政治参加の主要な契機となった経緯について述べた後、スハルト体制期に発展した、ジャカルタにおける西カリマンタン出身者のコミュニティーが成熟し、組織化が急速に進む様子について考察する。これらの多くは当初、社会福祉団体として設立されたが、ポストスハルト期の西カリマンタンの地方政治において、影響力をますます強めていった組織である。また、二〇〇〇年代以降の西カリマンタン華人の政治参加がどのように進行したのか考察する。

その後、華人の政治参加の一つの到達点として、二〇〇七年にシンカワンで華人市長、同年西カリマンタン州で華人副知事が誕生することになった経緯とその社会的影響について、さらに華人が組織を設立することが禁じられていたスハルト体制期と比較すれば大きな変化であろうと思われる、西カリマンタン華人を束ねる組織の形成について述べる。

次に、華人の政治参加に対する他民族の反応の中で、特に二〇〇〇年代後半に発生するようになった、華人の存在の突出を警戒する動きについて考察する。この動きは幾度か民族対立の危機を惹起した。また、この民族関係の悪化が進行した時期に展開された、華人市長ハサン・カルマンのシンカワン市政において特に強調された、「ティダユ（ティオンホア、ダヤク、ムラユから成る造語）」概念の含意について考察する。この概念が斬新なのは、スハルト体制期には、インドネシアの民族共生の枠には含まれない（華人は各地の現地民社会に同化することが求められたので）とされた華人の側から、「華人も含めた三民族の共存こそがインドネシア的である」という表象、ひいてはインドネシア統合のモットー「多様性の中の統一」が導き出されたからである。さらにハサン市政が、インドネシアを構成する他民族に劣ることのない一要素として華人の存在を強調する一方で、台湾との紐帯を利用して台湾の一都市と姉妹都市協定を結んだ経緯と、これが意味するところについて考察する。

さらにジャカルタの西カリマンタン出身者のコミュニティーと西カリマンタン、特にシンカワンの政治が接続される過程について、それが顕著に表れた元宵節の儀礼に即して述べる。最後に、二〇〇〇年代において、インドネシア全国で知名度を上げた西カリマンタン（特にシンカワン）の表象について、二〇〇〇年代に発表された映画作品を検討する中で考察する。

本章は、以上の内容により、ますます多様化し混乱を極める西カリマンタン華人の政治参加の諸局面を分析することを目的としている。

1　一九九八年ジャカルタ五月暴動の衝撃

一九九八年五月暴動は、インドネシア国内外の人々の記憶に深く刻まれた。特にインドネシアに居住する華人が受けた衝撃は計り知れなかった。当初、スハルト退陣を要求する学生運動に端を発した示威行動は過激化し、ジャカルタの華人街、グロドック地区周辺は焼き討ちされ、華人商店の物品は持ち去られた。この暴動により、ジャカルタの華人街は壊滅的な打撃を受け、人的被害も大きかった。これ以降、ジャカルタ在住の比較的裕福な華人は、暴動の再発を恐れ、インドネシア国外もしくは比較的安全だとされたバリ島で避難生活を送る選択をした。このジャカルタ五月暴動に関しては近年、詳細な聞き取り調査に基づく研究成果も刊行されている(3)。

また、この事件を契機にして、インドネシア全国の華人を束ねる組織が設立された。それまでインドネシアの華人は、華人としての紐帯を基礎にして組織を結成することを禁じられ、彼らの居住する地域社会への同化が推奨されていたため、政治参加は極端に制限されていた。ところが、一九九八年五月暴動後、特にジャカルタの華人社会のリーダーたちは、スハルト体制期において、華人に政治的基盤がなかったために、事あるごとに華人がインドネシア国家のスケープゴートにされてきたのだという認識を持ち、組織化へ動いた。この認識の上に、前述のＰＳＭＴＩやＩＮＴＩといったインドネシア全国の華人の緩やかな連合が結成された。特にＩＮＴＩは、スハルト体制期に定着した、華人自身の中の「政治アレルギー」を改善し、華人の政治参加を促すという使命を明確に表明している団体である。五月暴動の影響は、西カリマンタンでは直接には及ばなかったものの、当地で二〇〇〇年代に政治活動に関わった人々は、その政治活動開始の契機としてしばしば五月暴動に言及している(4)。

2　ジャカルタにおける西カリマンタン出身華人の結束

ジャカルタで働く西カリマンタン出身華人が一九八〇年代から急速に増加したことは第Ⅲ章で述べた。これらのジャカルタで働く人々を組織化するイニシアチブを最初に取ったのが一九九七年に設立された赤道基金会（Yayasan Khatulistiwa）であった。[5]赤道基金会の設立に際しては、ブンカヤン出身の大企業家、プラヨゴ・パンゲストゥ（Prayogo Pangestu）[6]やシンカワン出身で国会議員を務めたフラン・チャイ（Frans Tshai）の働きかけがあった。後にシンカワン市長に就任するハサン・カルマンも、この基金会設立時から活動に関与している。スハルト体制崩壊以前の当時、華人協会の結成には制限はあったが、洪水などの天災の被災者支援、西カリマンタンの教育問題への対処、特に経済的理由で学校教育が受けられない子どもたちへの支援、西カリマンタンにおける中国語教育に対する支援を行っていた。[7]

さらに二〇〇六年には、シンカワン市とその周辺の同郷者を束ねる組織として、「山口洋地区郷親会（Perkumpulan Masyarakat Singkawang dan Sekitarnya, Permasis）」が結成される。この中心メンバーのほとんどは「赤道基金会」の成員と重複している。「赤道基金会」発足時の社会福祉活動は、当時はまだ人手が足りなかったし、同様の組織での活動経験が豊富な人も少なかったため、手探り状態で苦労したとハサン・カルマンも回想している。[8]

それまでの在ジャカルタのシンカワン出身者の組織には、一九六〇年代に発足した「山口洋南華中学旅椰校友会（ジャカルタ南華中学校友会）」がある。しかし彼らは同窓生で集会を開催することはあっても、社会福祉活動に関わることはほとんどなかった。これに対しPermasisは、シンカワン地区の発展への貢献、ジャカルタ在住の同郷者の相互扶助を明確に目標として掲げた組織である。発足して最初の二回の会議を経て、シンカワン出身の企業家、リオ・クルニアワン（Lio Kurniawan）（中国名は廖鵬庭）[9]が会長に就任し、二〇〇六年から二〇〇九年まで当協会の会長を務めた。現在、リオから業務を引き継いだヤント・チャハヤッディン（Janto Tjahajaddin）（中国名は周沅瑶）が会長を務める。

ヤントによると、ジャカルタに移住して成功した人々が愛郷の精神に基づいて活動する拠点としてPermasisがあるのだという。協会を組織しても資金がなければ結局有意義な活動ができないという考えから、多くの西カリマンタン出身の企業家に参加を募り、彼らから出資を得て西カリマンタンの発展のために尽力している。ヤントはまた、この協会が多様な世代の同郷者の交流の場となるのを期待していると筆者に述べた[10]。

またPermasisは、ジャカルタ在住のシンカワン出身者と、シンカワン在住華人をつなぐ組織として機能している。二〇〇七年のシンカワン市長選挙で同市市長に選出されたハサン・カルマンも、当初プラヨゴ・パンゲストゥが経営するバリト・グループ（Barito Group）に勤務し、その後ジャカルタを拠点にビジネスを展開した経験を持ち、二〇〇六年のPermasis発足後は副会長を務めた。これは一例にすぎないが、次第に、ジャカルタに移住して経済力を蓄えた人々とシンカワンの政治がPermasisを通して接続していったのである。

Permasisに続き、ジャカルタやその周辺で、西カリマンタンにおける出身地ごとの同郷会が続々と結成された。ジャカルタ市内の「スンガイ・ピニュ同郷会」、ジャカルタ東部のタンゲラン市（Tanggerang）の「西カリマンタン同郷会」などである[11]。また、Permasis結成の同年、西カリマンタンの貧困層を救済する目的で慈善団体「西カリマンタン住民生活擁護協会（Perkumpulan Peduli Rakyat Kalimantan, PERAK）（中国語名は関照加里曼丹人民協会）」が結成された。この団体には、「赤道基金会」、Permasisの成員のほか、タナアバンで商業的に成功し、財産を築いた商人も参加しており、安定した財源をもとに貧者救済、西カリマンタンの教育の充実に尽力している[12]。

3　西カリマンタン華人の政治参加

ポストスハルト期の政党政治は、それまでの政治とは大いに性格を異にするものであった。前述のように、スハルト体制期においては、与党ゴルカルが必ず勝利を収める体制が作られていたために、至って単純であった。ゴルカルのほかに政治参加を許された政党は、イスラム系諸党を統合した開発統一党（ＰＰＰ）と民族主義政党を統合したインドネシア民主党（ＰＤＩ）であった。ポストスハルト期においては、この制限が解かれたため、一九九九年選挙では四八政党が参加した。インドネシア民主党は、インドネシア闘争民主党（Partai Demokrat Indonesia-Perjuangan, PDI-P）として再生し、インドネシア初代大統領スカルノの娘、メガワティ・スカルノプトゥリ（Megawati Soekarnopetri）がこれを率いた。ゴルカルは、ゴルカル党（Partai Golkar）と名を変えて選挙に参加したが、スハルト体制を支えた組織というイメージがあるために、支持を伸ばせなかった。

この時期、華人であることを基盤にした政党の是非について多くの議論が戦わされ、一部の華人の間では、一九九八年五月暴動において華人が標的になったのは、華人がスハルト体制期にほとんど政治基盤を確立していなかったからだという主張が展開された［Suryadinata 2007:243-246］。そのような背景もあり、ポストスハルト期には、華人が表立って活動する政党は総じて支持を集めなかった。華人票は、インドネシア闘争民主党に流れるのが大勢であった。また特に西カリマンタンにおいては、闘争民主党と並び「多様性の中の統一党（Partai Binneka Tunggal Ika, PBI）」への支持が際立っていた。この政党はジャカルタで活動する政治家、ヌルディン・プルノモ（Nurdin Purnomo）(13)によって結成された政党であり、西カリマンタン州からは、国民議会議員一人のほか、西カリマンタン州議会、ポンティアナック県議会、サンバス県議会において華人議員を輩出した(14)。

西カリマンタンの一九九九年選挙結果はどうであったのか。西カリマンタンのＰＢＩ支部は、テンゴノ・ポア（Tenggono Poa）とスサントという二人の企業家が中心となって結成された。当時の西カリマンタン州では、ＰＢＩから二人の国会議員候補が出馬した。スサントが、一九九九年にサンバス県から分離したばかりのブンカヤン県で約一万八〇〇〇票を獲得、ポンティアナックの企業家サンティオソ（Santyoso）が約七万五〇〇〇票を獲得した。当初、得票数の多いサンティオソが国会議員になることが予想されたが、サンティオソが個人的事情から、その権利をスサントに譲ったため、スサントが国会議員（一九九九‐二〇〇四年）に選出された。

シンカワンの黄威康によれば、ＰＢＩは結成間もない一九九九年には、サンバス県で四五議席中二八議席を獲得するという大躍進を遂げたという。[15]この政党はまた、現西カリマンタン州副知事、クリスティアンディ・サンジャヤ（Christiandy Sanjaya）（中国名は黄漢山）を含む四人の州議会議員を生んだ。しかしながら、一九九九年当時、西カリマンタンにおいても、多くの華人は政治参加に否定的であった。たとえば元来学校教師であったクリスティアンディは、州議会の候補に推薦された際、最初強硬に拒んだという。[16]

ところがPBIは、二〇〇四年の選挙には選挙に参加する条件を満たさなかった。[17]しかし、その後、二〇〇三年にシャフリール（Sjahrir）[18]が結成した「新しいインドネシアのための闘争党（Partai Perjuangan Indonesia Baru, PIB）」からも多くの華人議員が誕生した。[19]

PIBの活動に関わっていたスハルディ・ダルマワン（Suhardi Dharmawan）は、当時ジャカルタでビジネスを展開していたハサン・カルマンをPIBの活動に誘った。ジャカルタで党の中心人物が会合を開いた際、スハルディは当初、テンゴノも誘ったが、テンゴノが辞退したため、ハサンの名が挙がったのだという。[20]

この政治過程においては、スハルト体制期からゴルカルの議員として活動していた黄威康といった人物も継続して政治に関与したが、より注目すべきは、西カリマンタン州の政治動向が、ジャカルタの西カリマンタンコミュニティの意向を反映するようになっていったことである。長らくジャカルタで活動していたハサンが出馬した二〇〇七年のシンカワン市長選においても、彼はPIB党員として活動していた。この時期からハサンや、同じくジャカルタで活動していたテンゴノ・ポアの名も西カリマンタンにおいて聞かれるようになり、彼らの西カリマンタンの政治状況に与える影響はますます増大していくのである。

4　華人ハサン・カルマンのシンカワン市長就任

華人のハサン・カルマンが、インドネシアの行政区分において、州（Provinsi）の下位区分である県（Kabupaten）と同等の行政レベルである市（Kota）の長である市長に就任したのは二〇〇七年であった。

彼が市長に就任した背景には何があったのだろうか。それまで長らくジャカルタで活動していた彼は二〇〇四年、PIBの党員として中央の国会議員に立候補するが落選する。その後、二〇〇五年に入ってハサンを推す勢力が登場する。特に「シンカワン支援団体（Kelompok Peduli Singkawang）」という、二〇〇一年にシンカワン郡（Kecamatan Singkawang）がブンカヤン県（Kabupaten Bengkayang）から独立してシンカワン市（Kota Singkawang）となった際にイニシアチブを取った団体が彼の政治参加を後押ししたほか、ハサンと親しいプラヨゴ・パンゲストゥの後援もあった。

二〇〇四年にジャカルタで、シンカワンの将来についての討論会が開催された。この討論会にハサンも参加したが、当時は市長になる意思はなかったのだという。しかし彼は、当時からシンカワンの開発計画について日刊紙『ポンティアナックポスト（*Pontianak Post*）』に意見を掲載していた[21]。

シンカワン市長選が近づくと、ジャカルタの西カリマンタン出身者の団体、特にPermasis内で立候補者を選出することになった。まず、当時のPermasis会長、リオ・クルニアワンの私邸で打ち合わせが行われた。この会合には、ハサンのほか、テンゴノ・ポアも参加していた。この時点までリオ・クルニアワンが市長選に出馬するという予測がPermasis内で流布していたが、彼が結局辞退したため、ハサンが出馬することになった。

その後、ハサンは選挙活動に邁進する。二〇〇六年には選挙に備え、ハサンは自身の事業を部下に任せてシンカワンに移動して選挙活動を開始した。最初、彼の支援団体（Tim Sukses）は五〇人ほどの規模であり、Permasis内では二〇人ほどで活動したが、選挙活動を展開する中で、次第に支持を広めていった。この時期から彼が公約として掲げていたのは、シンカワンの観光促進、企業誘致、インフラ整備であった。

またPermasisは、社会福祉団体であり、ここで役職に就いた状態で政治活動を行うことはできないという規則があるため、Permasisの副会長であったハサンは、選挙活動を開始する前にPermasis副会長職を退いた。結局、Permasisの後援とハサン自身の効果的な選挙活動が功を奏し、二〇〇七年一一月のシンカワン市長選ではハサンが現職のムラユ人、アワン・イシャク（Awang Ishak）に勝利し、同年一二月に市長に就任した(22)。

華人市長の誕生は、ポストスハルト期の社会変化を象徴するものであった。この背景には、ポストスハルト期の地方分権の進展と、首長を選ぶプロセスの民主的手続きが整ったことが挙げられる。また、行政区画整理（pemekaran）が行われ、地方自治体の範囲がより細かく分けられることになった。たとえば、現在では華人の人口比率が極めて高いシンカワン市（Kota Singkawang）も、この行政区画整理によって二〇〇一年に成立した地方自治体であった。行政区画の変化は、華人の多い地域で、華人の首長が選出される可能性を上昇させたのである。

また、スハルト体制期には、華人が多い地域であっても、その地域の首長は、地方政府からの推薦を踏まえ、中央政府により直接任命されるのが原則であった。ところが、地方分権によって、華人が集住する地域においては、彼らの間からの候補がその地域住民から選ばれて首長になることが容易になったのである。これらの背景があって、西カリマンタンでは二〇〇七年に、西カリマンタンの州副知事およびシンカワン市長どちらも華人であるという状況が出来したのである。

5　西カリマンタンの汎華人組織

第I章に見たように、一九五〇年代の西カリマンタン華人社会には、商会や中華公会、中国語学校といった華人独特の組織が存在した。しかし、スハルト体制期には華人組織の活動は厳しく制限された。唯一存続を許されたのは華人独特の儀礼に則って葬儀を行う互助団体である。ポンティアナックやシンカワンには古い歴史を持つ「林」や「李」といった姓ごとの組織が存在するが、これらが葬儀のためだけでなく、互助組織ともなっていた。また、ポンティアナックには、これらの各組織を束ねる組織として「西加孔教華社総会（Yayasan Bhakti Suci, YBS）」が存在することはすでに触れたとおりである。

ポンティアナックの華人社会を一応代表する組織として現存するＹＢＳのような例もあるが、西カリマンタン各地に居住する華人が、一つの「華人」という帰属意識のもとで結集するということはなかった。ところが、ポストスハルト期にダヤク人、ムラユ人の民族意識の高揚を背景として、華人としてのまとまりを模索する動きが登場した。

(1)「ダヤク慣習協会」と「ムラユ文化慣習協会」

二〇〇〇年代に見られた華人の急速な政治参加の裏に張り付くように、「華人であること」を強調する姿勢が顕在化した。この前段階として西カリマンタンにおいては、ダヤク人を総体として一つの共通性を持つものと捉える動き、および、主に西沿岸部に居住するムラユ人の間でも、その文化的共通性を強調し、ムラユ人としての団結を主張する動きが活発化した。

この民族意識の高揚は、一九八〇年代からのダヤク人の運動にまず見られた。元来、ダヤク人は、地方ごとの文化的、言語的差異が極めて大きく、統一的なダヤク人意識は育ちにくかった［Somers Heidhues 2003:23–27］。しかしそのような中でも、地域ごとに文化背景の異なる人々の総称でしかなかった「ダヤク」という枠組みに意味を持たせる運動が起こったことがあった。インドネシア独立間もない時期に、ウファン・ウライが西カリマンタンの「土地っ子」としてのダヤク人の集合的権益をインドネシア国政に反映させることを目指す政治運動を展開したのである。スカルノも、西カリマンタンのダヤク人を代表する人物としてウライに配慮していた。ウライは、一九六〇年に西カリマンタン州知事となり、広範な支持を受けて一九六六年までその職にあった。その後、一九六七年の「華人追放事件」においてて、彼は再びイニシアチブを取ったことは第Ⅱ章で述べたとおりである。

その後ウライは、中央の国民議会議員として活動するが、西カリマンタンに密着した活動を展開することはなかった。ダヤク人の権益を拡大するという彼の希望も空しく、スハルト体制期にはダヤク人は西カリマンタンの政治において周縁化されてしまう［Davidson and Kammen 2002］。この時代、ダヤク人の政治参加は制限され、政府系の要職はムスリム（ムラユ人、外来のジャワ人）に握られていた。ダヤク人は、スハルト体制期以前には、多くは精霊信仰を持っていたが、スハルト体制期には、彼らのカトリックへの改宗が進んだ。しかし、政府の要職に就くためには、ムスリムであることが重要であった。こうして、ダヤク人は、西カリマンタンの政治から疎外されたのである。代わってイスラム教徒のムラユ人、ジャワ人による政治の独占状況が現出した。この状況を改善することが汎ダヤクの運動の目的に掲げられた。また、ダヤク人の、他の民族と比べて遅れた教育状況や生活環境の改善も喫緊の問題として捉えられた。

このような背景があり、一九八一年に「パンチュル・カシ（Pancur Kasih）」という相互扶助組織が設立され、広範囲のダヤク社会における資金融通のための共同組合として機能し始めるとともに、ダヤク人の主張を発信するメディアとして『カリマンタン・レビュー（*Kalimantan Review*）』誌の発行が開始された。そこでは「ダヤク人の文化」を記録・保存することが強調された。またカリマンタン島各地のダヤク人の文化研究のため、アメリカのフォード財団の支援を得て、「ダヤク学研究所（Institut Dayakologi）」が発足した。国内外の研究者を結集して設立された、ポンティアナックにあるこの組織は、ダヤク人の伝統文化や生活、ダヤク人の生活環境の変化についての研究を推進し、その研究成果を発表している［Davidson 2008:108–117］。これらのメディアや研究所、共同組合の結成は、汎ダヤク意識を醸成するのに相補的に機能した。そして、この民族意識の高揚は次第に、その他の民族への攻撃的態度へと変容し、ダヤク人の権益を脅かす企業（特に森林伐採業）にその矛先が向くようになった。一九九〇年代を通じて、これらの企業に対して、ダヤク人の慣習法（hukum adat）を用いた制裁を行うという事例が複数回起こった［Ibid.:108–117］。

一九九五年には、「ダヤク慣習協会（Dewan Adat Dayak, DAD）」が結成され、西カリマンタン全域のダヤク人の団結がより一層図られるようになった［Ibid.:231–232］。さらにはダヤク人の外来者への攻撃的態度は、スハルト体制期に西カリマンタンに移住してきた東ジャワに位置するマドゥーラ島出身の移民（マドゥーラ人）にも向いていった。マドゥーラ人とダヤク人の間の小規模な紛争は、すでに一九七〇年代から生じていたが、大々的な移民排撃事件が一九九七年に生じた［Ibid.:85–103］。この紛争は、一九八〇年代から興隆していた汎ダヤク人意識をますます高揚させた。

　これに対して、スハルト体制期に政治的に最も力を持っていたムラユ人の一部は危機意識を募らせた。彼らは自らの権益がダヤク人によって脅かされようとしていると警戒したのである［Ibid.:118–146］。彼らは在地的かつ緩やかなつながりしかなかったところに「ムラユ人」という範疇を想定し、それを強調する活動を行っていく。その地域的な炸裂となったのが一九九九年のサンバス[23]でのマドゥーラ人の追放事件である。この事件はサンバスにおける「ムラユ人意識」を高揚させる契機となった［Ibid.:140–146］。

ポンティアナックのダヤク学研究所（Institut Dayakologi）（2015年9月筆者撮影）。

　一九九七年、一九九九年の二つの対マドゥーラ人紛争によって、汎ダヤク人意識、汎ムラユ人意識は急速に固着化した。一九九七年のダヤク人によるマドゥーラ人追放の直後、これに呼応するかのように、ポンティアナックで「ムラユ文化慣習協会（Majelis Adat Budaya Melayu, MABM）」が結成された。これは「ムラユ人」という範疇を強調し、その集団意識を促進することで、ダヤク人と並び「ムラユ人」もれっきとした西カリマンタンの「土地っ子」であることを主張する政治的試みであった［Ibid.:149］。ＭＡＢＭもダヤク人の組織であるダヤク慣習協会（ＤＡＤ）と同様に、ムラユ人の相互扶助と民族文化の保存、文化振興を目標とするほか、政治的意図も持ち、ムラユ人の文化的な共通点を強調して団結心の高揚を図るものであった［Ibid.:149–150］。

(2)「中華文化慣習協会」

「ダヤク人」、「ムラユ人」という民族範疇を強調する政治的動きに触発されて、それまで存在しなかった、西カリマンタン華人の団結を促進する組織が結成された。二〇〇〇年代に入り華人の政治参加が進行するとともにこの計画は具体化し、二〇〇五年、ポンティアナックの華人を中心に結成された「中華文化慣習協会(Majeis Adat Budaya Tionghoa, MABT)」に結実した。MABTの結成者の一人に、前出の「カリマンタン学校」の校長を歴任したジミー・シマンジャヤの息子、アンドレアス・アチュイ・シマンジャヤ(Andreas Acui Simanjaya)(中国名は沈潮水)がいる。アチュイによると、MABT結成以前にも、華人の姓ごとの協会やYBSといった組織は存在したが、それらは華人社会全体を代表するものではなく、民族間の交渉や紛争解決の場で、華人の代表として誰を呼ぶのかという問題が二〇〇〇年代に入り頻繁に登場したことが背景にあったという。二〇〇五年九月一八日、アチュイとアディ・ルンベ(Adie Rumbee)というポンティアナック在住の華人を中心とする三三人の華人社会の有力者が集まって協議し、MABTを結成した。その後MABTは、政府からの資金援助を直接受ける正式な組織として認められた[24]。MABT設立の目的として、アチュイは「紛争解決の手段」を強調しているが、民族間の紛争が起こるようになったこと自体、民族間の境界(特に華人、ダヤク人、ムラユ人の三者関係の間の境界)が固着化したことの証左である。

現在MABT会長を務めるハルソ・ウトモ・スウィト(Harso Utomo Suwito)によると、MABTは西カリマンタンの華人社会全体の政治参加を促進することを目的とし、華人社会を束ね、華人を代表する組織が必要であることから誕生したとする。また、従来のYBSは、狭い範囲でしか活動していないため、西カリマンタン華人を代表する組織とは言えないとしている[25]。ハルソが二〇〇九年にMABT会長に就任する以前の時期は、西カリマンタン華人を代表する組織としてのMABTの広報活動が熱意をもって行われた。またさまざまな社会福祉事業、災害の被災者への支援も行われた。ハルソが会長に就任した後、MABTの活動は、社会福祉面だけでなく、華人の政治参加の促進にも活動領域を広げた。ハルソによると、現在MABTは西カリマンタンに一九の支部を持っている。さらにはバリやブカシ（Bekasi）（ジャカルタ東部に位置し西ジャワ州に接している行政区）にも支部があるという。

このことの意味について、ハルソは「西カリマンタンで結成されたＭＡＢＴをインドネシアの全国組織にする意図がある」と述べた。西カリマンタン発のインドネシアのナショナルな華人組織を構想しているというのである。このような発想は、従来のＹＢＳにはなかったものであり、その実現可能性はともかくとしても、このような発想自体は、二〇〇〇年代、政治活動に自覚的になったインドネシアの華人社会特有のものであると言えよう。

ＭＡＢＴはまた、華人だけでなく非華人も含めた生活困窮者支援、中国語学習の普及に力を入れている。華人の国籍問題にも積極的に関与しており、国籍証明書（ＳＢＫＲＩ）や身分証（ＫＴＰ）を所持していない華人への援助も行っている。(26)

ダヤク家屋（2015年９月筆者撮影）。

ムラユ家屋（2015年９月筆者撮影）。

⑶　建物による民族性の表出

二〇〇〇年代にはまた、西カリマンタンの各民族を代表する建物群が相次いで建造された。ここに華人を象徴する建物を加えたのもＭＡＢＴである。二〇〇〇年代、ポンティアナックには大規模なダヤク家屋（Rumah Dayak）、ムラユ家屋（Rumah Melayu）が建設された。

これらの建築物は各民族の伝統的建築様式に拠っている。ジャカルタには「うるわしのインドネシア小公園（Taman Mini Indonesia Indah）」という一九七五年に開園したインドネシアのミニチュア公園があるが、この西カリマンタン版とも言えるものである(27)。これらのダヤクやムラユの伝統家屋風の建築物の中では、民芸品が売られたり、各民族の伝統料理のフェスティバルが開かれたりする。MABMやDADが先立ち、その後華人のMABTが結成されたように、ここでもダヤク家屋、ムラユ家屋が先に建設され、その後華人の存在を象徴する建築物が作られた。西カリマンタン博物館の裏手の、文化公園（Taman Budaya）と呼ばれるスペースにあるダヤク風家屋とムラユ風家屋の隣に、華人を象徴するものとして「八角堂」がMABTの指揮により建設されたのである。これにより「西カリマンタンには三つの民族が鼎立する」ことが視覚的にも表現されたのである(28)。

華人の存在を象徴する八角堂（2015年9月筆者撮影）。

MABTの活動は、必ずしも当初の目的を果たしているとは言えない。そもそも知名度がそれほど高くなく、新聞紙上で彼らの社会奉仕活動が報道されることはあっても、一般の華人はそれほど彼らの活動に興味を持っていない。このような状況を見ると、MABTが「西カリマンタンの華人を実質的に代表する」組織だとは言えない。しかし「西カリマンタンの華人を代表するとされる」組織の設立により、「形式的に」華人の代表が必要とされる場合、その役目を果たすことになった。これは、個々人がどのエスニシティーに属するのかという境界をより鮮明に線引きすることにつながり、その境界を固定化し、その内部の差異（地域差など）を不可視化し、民族間の対立の緊張関係を高める方向に機能することにもなった。このことは、実際にシンカワンやポンティアナックで二〇〇〇年代になって起こった民族対立で顕在化した。

6　民族対立の脅威

ダヤク人、ムラユ人、華人それぞれの総体としての民族意識の高揚は、民族間の摩擦を生んだ。特にスハルト体制期に政治の場での存在感が薄かった華人が、二〇〇〇年代に積極的に政治参加したことに対する他民族の警戒は顕著であった。

この傾向は二〇〇七年、シンカワンで華人市長が誕生したこと、同年の州知事選挙で、州知事にはダヤク人のコーネリス（Cornelis）、副知事には華人のクリスティアンディ・サンジャヤが当選したことにより加速化した。特に表面化したのは、スハルト体制期に政治的に力を持っていたムラユ系住民の危機感であった。

この危機感を背景に、ジャカルタに本部を持つ「イスラム擁護戦線（Front Pembela Islam, FPI）」が中心となり西カリマンタンでも過激な示威行動を展開した。シンカワンの象徴として二〇〇八年に建設された「龍の柱（Tugu Naga）」の含意をめぐって二〇〇八年一二月から二〇一〇年六月まで論争や示威行動が起こった。また、二〇〇八年にハサン・カルマンが書評会で読み上げた原稿中に、歴史を遡るとサンバスのムラユ系スルタンは「海賊行為」に関与していたと書いてある部分があったことが問題視され、在地のムラユ系組織から問題視する声が上がった。そして、ハサンに対してその責任を取ること、この件に関してサンバスのスルタンの家族に対して慣習法（Adat）に基づいて謝罪することを要求した。ハサンはこの要求に応じ、サンバスの王宮（Kraton）に赴き謝罪した。この筆禍事件と「龍の柱」事件は二〇一〇年五月、六月に同時並行で過熱し、一時はシンカワンの治安が脅かされた。

また、二〇〇七年にはポンティアナックで華人商店襲撃事件が起こり、これをムラユ人の華人に対する敵意と危機感の表れと解釈した当時のポンティアナックのムラユ系市長は、市全体の治安維持のために、翌年二〇〇八年の中国正月における公共の場での獅子舞、龍舞を禁止した［Wibowo 2010:7］。あたかもスハルト体制期に逆戻りしたかのようなこの法令によって、その後ポンティアナックの中国正月の祝祭は、シンカワンに比べ抑制されたものになった。

ＭＡＢＴ設立者の一人であるアチュイも、ＦＰＩが過激な団体であるのは確かであるが、一方で彼らがムラユ系の大衆の支持を集めうるという点が恐ろしいと筆者に述べている[29]。この状況は、華人の政治活動の活発化がムラユ人の危機意識を高めていることを反映している。

(1)「一七番路地事件」（ポンティアナック、二〇〇七年）

ポンティアナックでは、スハルト体制崩壊から間もない一九九九年、長らく禁止されていた中国正月の際の獅子舞、龍舞が復活した。ところが、二〇〇四年に龍舞を披露していたところ、その龍が暴徒によって引きちぎられるという事件が起きた。これはＦＰＩの関与が明らかな事件であった[30]。

このような不穏な事件はポンティアナックにおいてしばしば発生した。二〇〇七年の年末に起きた「一七番路地事件（Pristiwa Gang 17）」はその中でも民族間の緊張度が特に高まった事件である。この事件は、ポンティアナック市のカプアス川沿いに走るタンジュンプラ通り（Jalan Tanjungpura）に接する一七番路地で二〇〇七年一二月六日に起こった。当初、住民間の些細な言い争いであったものが民族対立に発展した。結果的に華人の商店や自動車、中国廟が投石により破壊された。当時の新聞報道によると、当該事件が民族対立にまで発展した背景には四人の扇動者がいたということである。さらに、騒乱を目抜き通りであるガジャマダ通り（Jalan Gadjah Mada）で引き起こそうという不穏な動きが生じたため、市警察は一時厳戒態勢を敷いた[31]。

しかし事件発生の翌日、ムラユ人、華人の各民族の代表間の話し合いが行われ、平穏を取り戻した。この話し合いには、被害者の家族、ムラユ文化慣習協会（ＭＡＢＭ）代表と共に、華人側の代表として当時のＹＢＳ理事長、リンドラ・リー（Lindra Lie）（中国名は李麒麟）が、ポンティアナック市長の公邸に集まって和解した[32]。「一七番路地事件」が生じた時期に注目すると、ちょうど二〇〇七年一一月に行われた西カリマンタン州知事選挙の結果が公表され、ダヤク人の州知事と華人の州副知事が選出された直後に当たる。また、同時期シンカワン市においても華人が市長に選出されている。このようなタイミングを見ても、この事件が、華人の政治参加に対するムラユ系住民の危機意識の表明であると解釈することが可能なのである。

この経緯について、アンドレアス・ハルソノ（Andreas Harsono）は次のように記している。[33] 事の発端は、「一七番路地」でムラユ人が会合を開いていた際、路上に駐車していた自動車の一つにかすり傷がついたことであった。二〇〇七年一二月六日のことである。これに気付いた会合中のムラユ人は、傷をつけた側の自動車を運転していた人に詰め寄った。この状況を見て仲裁に入った華人男性の言葉づかいに怒ったムラユ人たちは、その個人宅を集団で包囲し投石した。この間、プレマン（preman）と呼ばれるやくざ者も関与していた。さらにその日の深夜、そのやくざ者たちは市内の中国廟に闖入し、廟内の香炉を破壊した。

一二月七日、警察はＭＡＢＭのムラユ人代表とＹＢＳの華人代表を召喚した。その際、ムラユ人側から表明されたのは、一一月の州知事選挙において、西カリマンタンの州知事にダヤク人、州副知事に華人が選出されたことへの不満であった。話し合いに参加した代表者は意見交換の後、和解した。

これをもって事件は終息したかに見えた。ところがＹＢＳ関係者が、『ポンティアナックポスト』紙など、ポンティアナックの主要新聞に謝罪文を掲載したことが華人社会内の対立を惹起した。その文面は「「一七番路地事件」について、ＹＢＳは「華人を代表して」お詫びいたします」というものであった。

これに対し、若い世代のＭＡＢＴに関与する華人から、ＹＢＳが「華人を代表する」ことへの反発が示された。彼らはＹＢＳを時代遅れの組織と見なし、事なかれ主義で、将来へのビジョンがないと批判した。このとき、特に攻撃を受けたのは、当時のＹＢＳ会長、リンドラであった。リンドラは、「われわれは努力して事を平穏に終息させるために謝罪した。ＭＡＢＴはこれに不満だと言うが、私はすべてのムラユ人に対して謝罪したのではなく、この事件の被害者に対して謝罪したのだ」と弁明した。ところが、ＭＡＢＴの成員、特にタン・チュン・ホア（Tan Tjun Hwa）、アンドレアス・アチュイ・シマンジャヤ、グナワン・リム（Gunawan Lim）はリンドラを訪問し、ＹＢＳの方針に不満を表明した。彼らは、ＹＢＳはいつから華人社会全体の信任を得たというのかと抗議したのである。[34]

この事件の経緯を見ると、当初個人間の紛争であったものが、次第に華人とムラユ人の間の民族対立へと変容していった様が読み取れる。この事件に際しＹＢＳは、華人を代表する組織として活動したが、ＹＢＳの方針を受け入れない若い世代の華人もその意見を表明するようになった。

この一連の事件の経緯から見える二〇〇〇年代のポンティアナック華人社会における変容とは何か。スハルト体制期、ＹＢＳは政府と華人社会の間のコネクターの役割を担っていた。しかし、ポストスハルト期においては、ダヤク人意識、ムラユ人意識の高揚とそれを背景とした民族対立が深まる中、華人の権益を保証し、民族間の対話を可能にする組織としての役割を果たすようになった。しかし、このＹＢＳの方針に不満を抱く若い世代の華人が、ＭＡＢＴのような新たな「華人組織」を組織し、ますます混乱の度を強めてもいる。スハルト体制期のように華人の活動が制限されていた時期には、ＹＢＳは華人社会を代表する組織として存在しえた。しかし二〇〇〇年代、華人がより自由に発言できるようになると、ＹＢＳの特権的な地位も失われていった。さらには、民族関係が悪化したときに「華人を代表して」調停する立場でありながら、それをすると華人社会内部からは「ＹＢＳは華人を代表していないのに」と批判されることになった。二〇〇〇年代においてＹＢＳは、このようなジレンマの中にあると言えよう。

(2)「龍の柱」事件（シンカワン、二〇〇八―二〇一〇年）

シンカワンの「龍の柱（Tugu Naga）」はシンカワン市のシンボルとして建設されたものである。[35] しかし当初から反感を持つ人も多く、それが騒擾を引き起こした。「龍の柱」は、シンカワン市の華人文化を過剰に強調しているとして問題視する人々が登場したのである。彼らは「龍の柱」はシンカワン市中心部の目抜き通りの交差点に建てられており、あたかもシンカワンが「華人の町」であると主張しているような印象を与えると批判した。

特にムラユ系住民からの反発が強かったのだが、ムラユ系住民すべてがこの柱に反感を持っているというわけではなく、最初に「龍の柱」を問題視し始めたのは外来者のＦＰＩであった。

「龍の柱」は二〇〇八年一二月に完成した。当時からＦＰＩはこれに反発しており、その後二年間、ＦＰＩとムラユ系住民の一部は、「龍の柱」が公共の場に建っているのは望ましくないと主張し、柱を取り壊すかあるいは、廟の中に移転させることを求めた。さらには、「龍の柱」建設に関わったハサン・カルマンとシンカワンの高級ホテルを運営するベニー・スティアワン（Benny Setiawan）の二人が「龍の柱」を自ら移転させないならば、ＦＰＩが「龍の柱」を破壊するという主張を展開したのである。これに対し、ムラユ系住民の一部も組織を作ってＦＰＩに同調した。この動きに、ダヤク人は「龍の柱」を守るために団結し始めた。こうして、シンカワンのダヤク人とムラユ人がこの問題をめぐって対立することになった。

シンカワンの「龍の柱」（2011年1月筆者撮影）。

特に二〇一〇年に街頭デモは過激化した。五月、ＦＰＩが騒乱を画策したとして、シンカワン警察は、ＦＰＩ成員を大量検挙した。この処遇に対してＦＰＩ側から猛反発があり、同月シンカワン市内では火炎瓶によるテロ事件が多発した。[36] このような状況下で、シンカワンの市議会でも紛争の火種となる「龍の柱」は取り壊した方がよいのではないか、という意見が多数派となった。

その矢先、ロー・アビディン（Lo Abidin）[37]やダヤク人の名士たちが大規模な示威行動を開始した。そこで主張されたのは、「龍の柱」自体には罪はない、騒乱を起こしてシンカワンの治安を悪化させたＦＰＩこそ排除されるべきであるというものであった。ローたちは市議会に、より厳格な姿勢でＦＰＩに対処してほしいと直接に訴えたのである。

この示威行動は、ダヤク人と華人の主に若年層を中心に組織されていた。「ダヤク青年団（Persatuan Pemuda Dayak）」、「華人青年団（Persatuan Pemuda Tionghoa）」のほか、シンカワンの「ダヤク慣習協会（ＤＡＤ）」支部も参加した。[38]

この「龍の柱」擁護を掲げた示威行動の特徴は、華人とダヤク人を両親に持つローのイニシアチブの影響もあってか、ダヤク人と華人が協同して行われた点である。示威行動参加者はこれを「平和的行動（aksi damai）」と位置づけ、一切の暴力行為を禁じ、「龍の柱」の擁護を主張した。さらに、ハサン市政支持を明確にし、テロ行為の背後にいる人々に対する市の厳格な対処、シンカワンの治安を乱す団体の解散を要求した。[39] この示威行動の後、シンカワン市議会は彼らの主張を受け入れ、「龍の柱」移転計画は取り消された。[40]

この「龍の柱」事件により、少しでも取扱いの方法を誤れば民族間の紛争の種になりかねない危険因子がシンカワンに存在することが明らかになった。

(3) ハサン・カルマン筆禍事件（シンカワン、二〇一〇年）

「龍の柱」事件と並行して、ハサン・カルマンが二〇〇八年のセミナーで報告した際の原稿が政治問題化した。当時の新聞報道によると、この事件の経緯は次のようである。[41]

二〇一〇年五月二八日、シンカワン、サンバス、ポンティアナックのムラユ人有力者がシンカワンに結集した。そこで彼らは、二〇〇八年八月二六日にハサンが発表したムラユ人の起源に関する論文について検討した。シンカワンで開かれた『ムラユのイスラム規範（*Fiqf Melayu*）』という書籍の書評会において、ハサンは「ムラユ人の起源とその歴史の概略（Sekilas Melayu: Asal-usul dan sejarahnya）」という題で講演を行い、その原稿が保存されていたのである。[42] この中でハサンは次のように書いていた。

一七世紀には、商業や海賊行為に関わったムラユ人は、西カリマンタン沿岸部の河口でその地位を強固なものにしていった。彼らは、多くの商業の中心地、海洋に開かれた商業基地を築いたのである（Pada abad ke-17, orang Melayu yang terlibat dalam perdagangan dan perompakan telah memperkuat kedudukan mereka di muara-muara sungai sepanjang pesisir Kalbar dengan mendirikan banyak sekali pusat-pusat perdagangan dan pangkalan-pangkalan maritim.）[43]

このうち「商業（perdagangan）や海賊行為（perompakan）[44]に関わったムラユ人」という部分がその二年後の二〇一〇年、一部のムラユ人有力者によって取沙汰されることになった。彼らは、ハサンに事実関係の説明のみならず、引責辞任をも要求した。彼らは、ハサンが当該原稿において、ムラユ人、ひいてはムラユ人社会の権威たるサンバスのスルタンの威信を傷つけたと主張した。そしてハサンに、サンバスのスルタンに対するムラユ人の儀礼に基づいた謝罪を要求した。

結局ハサンは、公人としてサンバスのスルタン王宮に赴き、ムラユ人の儀礼に則って謝罪を行った。これによって事件は終息した。サンバス県のムラユ人の象徴たるスルタンへの正式な儀礼を伴う和解過程を経て事件は落着したのである。

この謝罪においてハサンは、自身の原稿中のムラユ人についての記述は、袁冰凌（Yuan Bingling）の著書［Yuan 2000］に依拠して書いたと述べたうえで、この原稿が、騒乱の原因になったことを謝罪した。一方でハサンは、『カリマンタン情報』誌のインタビューに答えて、「二年前に私がこの原稿を発表したときには何の反応もなかったのに、今になってどうして問題になるのか」[45]とも発言している。

この事件において重要なのは、ハサンのあらさがしを行ったのは外来のＦＰＩ勢力ではなく、サンバス、シンカワン、ポンティアナックのムラユ人有力者であった点である。ハサン個人への反感と、彼が華人であり、しかもシンカワン市長であるということへの反感がどれほどの割合で混合していたのかは、ここから判定することはできない。

しかし当時、ハサン市政への華人とダヤク人の支持が非常に高かったことから[46]、これはムラユ人の、華人やダヤク人に対する敵対心の表れとしても解釈できよう。

これらの事件は、華人の政治参加に対するムラユ人の反発の実例であった。これらの多くはＦＰＩによるものであった。しかし過激派の行動を容認する、あるいは感情的に支持する社会的下地があったことも確かである[47]。

このように、一触即発状態の緊迫した民族関係が現出していたシンカワン市において、華人が市長に就任し、その華人市長が市政を主導していくためには、繊細な政治バランス感覚が必要であった。二〇〇七年から二〇一二年まで継続したハサン市政においては、シンカワンに居住する複数の民族に配慮することが喫緊の課題となった。この難題に対して、ハサン市政はどのように対処したのであろうか。

7 「ティダユ」概念による「インドネシア性」の表出

本節では、シンカワン市の民族間の調和を掲げ、ハサン市政が推進した「ティダユ」概念の普及について詳述する。これは単にムラユ系住民から表明された不満に対処するといった限定的目的のみならず、シンカワンの多様性を強調することで、インドネシア統合のモットーである「多様性の中の統一」に接続させ、インドネシア全国に向けてシンカワンの民族共生を広報する息の長い戦略であった。市長に就任した直後からハサンはこの概念を強調していることから言っても、ムラユ人の不満噴出への対応という狭い目的のために展開されたものではないであろう。

この「ティダユ」という語は、ティオンホア（Tionghoa）[48]、ダヤク（Dayak）、ムラユ（Melayu）の三つの語の合成語である。この発想は、元来二〇〇〇年代初頭に「チダユ（Cidayu）」（Ci は Tionghoa ではなく Cina から取っている）[49]というポンティアナックで提唱された民族表象が原型となっている[50]。当時「チダユ」という表象は普及しなかったものの、ハサンはもう一度この発想を掘り起こしてシンカワンに適用したと筆者とのインタビューで明言した[51]。これにはどのような含意があったのだろうか。「ティダユ」概念提唱とその後の発展について次にその経緯を見てみよう。

ハサンは二〇〇八年、イスラムの経典『コーラン』の朗唱大会（musabaqah tilawatil qur'an）がシンカワンで開催された際の実行委員長を務めて以来、「ティダユ」概念を強調し始めた[52]。二〇〇八年のコーラン朗唱大会では、三つの民族の舞踊を混合させた「ティダユ舞踊（Tarian Tidayu）」、もしくは「三つの民族の舞踊（Tarian Tiga Etnis）」と呼ばれる舞踊が初めて披露され、その後シンカワン市成立の日（七月一〇日）などの催し物のたびに演じられるようになった[53]。最も華やかに演じられるのは、元宵節の舞台においてである。二〇一一年の「ティダユ舞踊」においては、各民族の特色を備えた衣装に身を包んだダンサーたちが、各民族風の舞踊を踊った後、全員でインドネシア国旗を持って踊り、いずれの民族もみなインドネシア民族（Bangsa Indonesia）であると示していた。「シンカワンはインドネシアの民族協和の縮図である」という表現も当時メディアで盛んに紹介されていたこともあり、大統領スシロ・バンバン・ユドヨノ（Susilo Bambang Yudhoyono）（在職二〇〇四－二〇一三年）もこの舞踊に関心を持ち、二〇一一年にはジャカルタにダンサーの一行を招待して、公演させている[54]。ダンサーたちはプロではなく、シンカワンの住民から募ったものである。

元宵節におけるティダユ舞踊（2011 年 2 月筆者撮影）。

その他、市長や市長夫人が広報する「ティダユバティック（Batik Tidayu）」も「ティダユ舞踊」と並び特筆すべきハサン市政の政策である。これは、インドネシアを代表する工芸品であるバティック（ろうけつ染めの衣類）に、ムラユ人、ダヤク人、華人をそれぞれ表すモチーフを染めこむというアイディアである。ダヤク的とされる植物のような曲線からなる文様、雲や扇などの中国的な文様、葉を茂らせた木のようなムラユを特徴

「ティダユバティック」を紹介するシンカワン市長夫人（2010年3月筆者撮影）。

づける文様が一枚のバティックの上に共存しているもので、ジャカルタで生産されている。このような多様な媒体（舞踊、バティック）を用いて表象される「ティダユ概念」の持つ意味は何であろうか。

これに関しては、津田による華人文化表象という切り口からの論考がある。それに拠ると、いかにもインドネシア的なバティックという素材を選んで、そこに華人的なモチーフを描くという行為は、華人としての存在とインドネシア人として生きることが並立しうるということの文化表象上の表現と言え、ポストスハルト期のインドネシアの中での華人のありようの一端を表すものであるという［津田二〇一二：一四五－一五〇］。

ハサンは筆者とのインタビューにおいて、二〇〇九年から市長と市長夫人が「ティダユバティック」の販売促進、普及に取り組み始めたと述べた。インドネシアでは、県知事、市長など行政単位の夫人は、その地域の地域国民工芸品協会（Dewan Kerajinan Nasional Daerah, 略称 DEKRANASDA）の会長に就任する慣例がある。この協会の目的は、各地の工芸品の販売促進、普及である。市長夫人、エンマもまたこの活動に熱心に取り組んでおり、ジャカルタにおいても「ティダユバティック」普及活動を展開している(55)。

エンマ夫人は二〇一二年五月一五日、ジャカルタのテレビ番組に出演し、シンカワンの工芸品を紹介し、シンカワンの民族と文化の多様性（keberagaman etnis dan budaya）を強調している。彼女は言う。「多様性の中の統一を今回の主題として取り上げました。シンカワンの人々の生活の中の民族協和を一枚の布の上で表現したのがこのバティックなのです」。[56]

「ティダユバティック」について、ハサンは次のように説明する。「この模様は、どこかほかのところから持ってきたのではなく、実際にシンカワンに存在する三民族の共生を形にしたものである」。[57] つまり、インドネシアで理想とされる「多様性の中の統一」ということが、空虚な理念として掲げられているのでは決してなく、ましてやそれを裏付けるようなものを捏造しているのでもなく、シンカワンの文化資本としてすでに存在するものが、インドネシアの理想と一致したと表現したいという意図がここから読み取れるのではないだろうか。

「ティダユバティック」の普及活動は、二〇一二年に入っても継続している。二〇一二年、ジャカルタのクラパ・ガディン（Kelapa Gading）地区にあるホテルの大催事場で行われたファッションショーにおいては、このバティックが表彰され、知名度を上げている。このイベントは、若い四人のデザイナーが企画したものであり、「ティダユバティック」をインドネシア全国、特にジャカルタにおいて宣伝する狙いがあったと思われる。このイベントにおいても、ハサンは「シンカワンは西カリマンタンの民族共生の縮図である」という表現を使って挨拶しており、シンカワンの多民族協和を強調した。[58]

また、二〇一二年五月にジャカルタで行われた「ジャカルタファッション・食品祭（Jakarta Fashion and Food Festival）」における特別企画、「シンカワンと共に過ごす一時間（Satu Jam Bersama Singkawang）」においても、シンカワンの「多様性の中の統一」の達成例として「ティダユ」概念が紹介された。このファッションショーの部分は、西カリマンタンの「インドネシアファッションデザイナー協会（Asosiasi Perancang Pengusaha Mode Indonesia, APPMI）」の成員によって企画された。[59] ここでのテーマは、「調和の感覚（Sensation of Harmony）」であった。

このファッションショーに「ティダユ」的モチーフを用いて参加したデザイナーのリカ・アプリアンティ（Rika Aprianti）は、「神秘的（Mystical）」という主題に則り「ティダユバティック」を制作した。彼女自身もシンカワンの出身であり、「十五暝」（Cap Go Meh）[60]から霊感を得て、黒、栗色、茶色、赤を配色して魔術的（magis）な印象を与えるデザインを発表した。このイベントでは、「三民族のモチーフの独自性のある融合（Perpaduan Unik Motif Tiga Etnis）」が出品の条件となっていた[61]。

ハサンは「ティダユ」概念による文化貢献を認められ、二〇〇九年五月、ジャワの宮廷文化の中心地、ソロ（Solo）のスルタン王族に招待され、「ハサン・カルマン・ノトハディニングラット（Hasan Karman Notohadiningrat）」というジャワ貴族の称号を授与された。さらに彼は、ジョクジャカルタ（Yogyakarta）の「インドネシア芸術協力協会（Badan Kerjasama Kesenian Indonesia, BKKI）」からもシンカワンを代表して表彰された。文化促進、地方の観光促進と共に、彼がシンカワン市の広報において、多民族協和の要素を強調したことが評価されたのである[62]。民族協和を示すとして、全国レベルで積極的に宣伝されている「ティダユ」概念であるが、一方でシンカワン市を効率的に統率する際の重要な用具の側面も持つ。ハサンが市長に就任した後、シンカワンでは一触即発の民族対立の危機が継続しており、それに呼応するようにハサン市政は「ティダユ」概念を強調し続けているからである。従来の「華人の町」というシンカワンのイメージを払拭し、「三民族協和の町」というシンカワン表象の創出を試みたと言えよう。これにより、華人市長の誕生によって生じうる民族対立の可能性を抑制する意図も存在したと思われる。

また彼の文化表象において特筆すべきは、「華人文化もインドネシアの多様な文化を構成する一部分である」という強力な主張である。華人文化の表出自体は、ポストスハルト期には法的にも社会的にも容認されるようになった。しかし、華人文化が後になってその他のインドネシアの民族文化の列に加わったというようなものではなく、ハサンはさらにそれを推し進め、華人文化もインドネシアの中で欠かすことができない重要な一部分であるということを、インドネシアの統合の論理にも合致するように表現する方法を編み出したと考えられる。またそれ以上に強調すべきは、この運動がハサン市政の一方的なものだったのではなく、当時のインドネシア大統領の注目も集め、ジャワ宮廷の権威からも表彰されるなど、周辺的な現象にとどまらなかったことである。

二〇〇〇年代初頭、華人は恐る恐る自文化を表出し始めた。スハルト体制期を経験した彼らの中には「華人文化はインドネシアにはふさわしくなく、悪いもの」という観念が刷り込まれていたからである。ところが、ハサン市政が行った「ティダユ」概念のインドネシア全国への普及活動は、華人文化を堂々と表出し、実践して見せたのみならず、華人文化が決してインドネシアにおいて周辺的な「あってもよい」とされるようなもの、すなわち消極的に許容されるようなものではなく、華人はインドネシアを構成する民族の中の一員であるということを彼ら自身の生活に根差した華人文化を用いて表現するものであった[63]。これは華人側からインドネシアの民族協和の形を、持ち前の具体的な文化によって提示した初めての例ではないだろうか。

もちろんそれ以前にも「華人はインドネシアの欠かすことのできない一部である」という議論はしばしば主張されていた。一九五〇年代、インドネシア国籍協商会（Baperki）を組織した蕭玉燦（Siauw Giok Tjhan）、また蕭の影響を受けつつ、ポストスハルト期に Baperki 的なインドネシア統合論を「シナジー（Sinergy）」という言葉で表現し、積極的に政治的発言を行っている陳瑞霖（Tan Swie Ling）はその例である[64]。しかしそれらは観念的なものであり、シンカワンのハサン市政が推進した運動とは異なるものである。繰り返すが、ハサン市政の画期的な点は、概念として「華人はインドネシアの一部である」ということを主張するだけでなく、それを西カリマンタンの民族関係に即したものとして提示し、インドネシア全国に向けて宣伝したことにある。しかも、「多様性の中の統一」という「インドネシア的価値」、「インドネシア性」が、スハルト体制期にはそれとそぐわないとされた華人側から、しかも彼らの生活に根差した文化の中から具体的に表現されているのである。

8　台湾との紐帯

前節では、ハサン市政のシンカワンの「インドネシア性」の表現を検討した。しかし、ハサン市政の特徴は、これだけではない。それは「華人の町」としての側面を強調し、中華文化圏との紐帯を強めようとする志向性である。二〇一〇年、ハサンは台湾からの代表団をシンカワンに招待し、続いて自身も台湾に赴いている。そして、シンカワンの多くの華人女性が台湾出身男性との結婚を機に移住した、台湾の一都市と姉妹都市協定を結んだ。このハサンの政策に対して、シンカワンの華人の中には、台湾の都市と友好姉妹都市協定をいまさら結ぶのはどうか、「インドネシア人」に徹するべきでないかという批判的意見も多い。しかしハサン自身は、すでに存在する縁を活用する意図しかないと表明している。

台湾出身男性とシンカワンの華人女性との国際結婚は、一九八〇年代から増加した(65)。彼女たちの結婚は、結婚後の不和といった問題も引き起こす事例もあるものの、総じて実家の生活水準を向上させた。台湾に居住する娘の送金によりオートバイを買ったり、パラボラアンテナを購入したり、家を改築したりしたという事例をシンカワンでは多く見聞する。国際結婚により、シンカワンと台湾との間の人の移動が頻繁になり、特に台湾の客家系の華人との結婚が増えてくると、台湾の中でも特に客家系が多い地域にシンカワン出身女性も集住し始めた［横田 二〇一六］。その紐帯を基盤にして、二〇一〇年一一月二八日、シンカワンと台湾桃園県楊梅市との間で友好姉妹都市協定が結ばれた。

この協定は、二〇一〇年四月一五日の「駐インドネシア台北経済貿易代表処」とシンカワン市政府との間の取り決めに基づくものである。二〇一〇年四月、「台北経済貿易代表処」の重役がシンカワン市を視察した。この際視察団は、シンカワン周辺のビジネスの機会について調査を行い、台湾側としては農業技術の面で支援可能と表明した。同年一一月にはハサンが台湾に赴き、友好姉妹都市協定を結んだ。この協定の目的は、教育分野の協力、農業、観光、文化交流の促進、経済協力であった(66)。

このときハサンは、友好姉妹都市協定が可能になった背景には、「源流を同じくするシンカワンの人々と楊梅市の人々との間の感情的な紐帯（ikatan emosional antara masyarakat Singkawang dengan kota Yang Mei yang masih serumpun）」があったのだと述べている(67)。これまで見てきたようにハサンは、一方でシンカワンの「インドネシア性」を強調し、もう一方では台湾との紐帯を強調している。シンカワンの場合、当地の華人女性の台湾人男性との結婚という歴史的背景を基盤にして形成された、人的・経済的紐帯を前提としており、また特に台湾の中でも、文化的・言語的にシンカワン華人社会と近似している台湾の客家系住民が多い地域に移住が多いというように、極めて文化的紐帯によって結びついている点が特徴的である。

ポストスハルト期においては、「華人であること」と「インドネシア人であること」が、もはや矛盾するとは捉えられなくなった。ハサン市政はその状況を踏まえ、「華人であること」を利用した海外（台湾）との紐帯も視野に入れつつ、それでもなお「インドネシア人である」ということを主張した。このようなあり方も、華人および華人文化は、その他のインドネシアを構成する諸民族の文化と同等に重要であるという考え方からは何の矛盾もなく引き出せる。翻ってスハルト体制期の同化政策に則った思考においては、本節で検討したハサン市政の政策は、「インドネシアに対する裏切り行為」とも評価されかねないものとなるのである。

9 ジャカルタの西カリマンタン出身者コミュニティーと元宵節の祝祭

スハルト体制期の同化政策下において、華人の祝祭の実行は長い間、極度に制限されていた。この制限に対抗して、政府与党ゴルカルに協力するのと同時に、華人の宗教実践を擁護するために活動した黄威康というシンカワン華人がいたことは第Ⅲ章に記したとおりである。

彼は地方政府と華人社会の間をつなぐパイプとなり、華人の政治動員に尽力するとともに、「華人の宗教」として、当時の政権から抑圧されていた中国廟が主催する祭礼（特に元宵節に行われるタトゥンと呼ばれる憑依祭礼）が政府側に制限されないように、中国廟を統制して国家公認の仏教組織として定位させた。さらに自ら立ち上げた宗教組織を、「インドネシア仏教徒連合（Walubi）」に加入させることで、インドネシアの宗教政策の中で明確な地位を確立した。

これにより、シンカワン周辺（現在のサンバス県、ブンカヤン県、シンカワン市）にある中国廟は、その内容に変更を加えることなく存続が容認された。

スハルト体制期の西カリマンタンにおいては、華人の宗教を代表する組織は、黄威康が統率する組織以外には存在しなかった。ところがポストスハルト期に入ると、黄が統制していた元宵節の祝祭を観光資源としてインドネシア全国に向けて宣伝しようとする勢力が出現する。この動きの主体となったのは、ジャカルタの西カリマンタン出身者の組織である「山口洋地区郷親会（Permasis）」であった。Permasisは、これまで黄威康が擁護してきた「宗教儀礼」まで観光資源化しようと試みたのである。Permasisの勢力、特に二〇〇七年に市長に就任したハサン・カルマンは、次第に自分たちこそがシンカワンの宗教儀礼を主催すべきであると主張するようになり、黄の勢力は隅に追いやられた。これに対し、黄もハサンに対抗し、決してその正統性を譲らないと主張したため膠着状態に陥った。黄威康、ジャカルタのPermasisを支持母体とするハサン両者とも、政治家としての経歴があり、元宵節の祝祭は、ますます政治色の強いものになっていった。

Permasis派と黄威康の一派のほか、二〇〇八年からは「道教教徒」を名乗る「インドネシア道教協会（Majelis Tao Indonesia, MTI）」が、「本来的には憑依の儀礼は道教の儀礼であり、われわれこそが祝祭を統制する資格がある」と主張するようになった(68)。こうして祭礼の際、儀礼を行う場所が三カ所に分裂した。この三派閥は、タトゥン行列を統率する資格は自分たちが持つのだと主張して譲らないからである。

スハルト体制期には、華人の宗教が存続を許容される条件として、国家公認宗教の仏教の「型」にはめ込むことが必要とされた。しかしポストスハルト期においては、華人の宗教についての制限が廃止されたために、華人の宗教実践の中での差異が強調されるようになり、その主張の違いによって対立が生じた。その結果、華人の宗教に関する事柄は、華人社会内の政治を反映することになった。

たとえばハサンは、元宵節の祝祭を観光資源にするべく尽力した。彼は筆者とのインタビューにおいて「元宵節の祝祭は、大いに観光客を惹きつける潜在能力を持っているので、これから発展させていきたい」とも語った[69]。このような背景があり、伝統行事を観光資源にしようとするハサン主体のPermasisと、あくまで伝統行事の観光化に反対する勢力との間の対立が顕在化したのである。

この事例は、ポストスハルト期に発生した華人社会内での宗教実践をめぐる差異化と相互対立の一側面を表しているとともに、ジャカルタ在住の西カリマンタン出身者の意向が、西カリマンタンの華人社会の諸局面に影響を与え始めていることを如実に示している。ハサン・カルマンという人物はこの動きにおいて象徴的存在であった。彼は、シンカワン出身ではあるが、長らくジャカルタでビジネスを展開し、ジャカルタ在住のシンカワン出身者の間で支持を集め、郷里の市長に就任したからである。ジャカルタにおいて、ハサンの熱烈な支持者は多い。では、当時シンカワン華人の宗教実践に起こった変化について、順を追って見ていこう。

(1) ポストスハルト期の華人の宗教実践に起こった変化

スハルト退陣後の「改革の時代」に、インドネシアの華人社会に起こった変化は大きく分けて次の二つである。一つは、華人がインドネシア国民として享受すべき権利を回復したことである。インドネシア国民として、華人のその他の民族と変わらない地位を保障する「二〇〇六年国籍法」制定がその象徴であろう[70]。もう一つは、中国文化の表出、中国語教育の自由が容認されるようになったことである。これらはスハルト体制下では長らく抑圧されていたが、二〇〇〇年代に入るとインドネシア政府にも認知され、華人文化もインドネシアの多様な文化の一角を構成する文化として称揚されることになった［北村 二〇一四］。

このような状況下での特筆すべき現象として、中国起源の宗教実践の「囲い込み」現象がある。これは特に「儒教」[71]を純粋な「華人の宗教」であると主張する勢力が、中国廟での儀礼を一義的に儒教の儀礼であると解釈する運動を展開した。中国廟には、もちろん孔子像がある場合も多く、儒教的要素はあるものの、もちろんそれだけではなく、道教の神々、仏教の要素（釈迦像、観音）も含む形であるのが普通であるが、この儒教の一派は、中国廟を儒教の要素に純化しようとする運動である。

この一派とは、「インドネシア孔教最高評議会（Majelis Tinggi Agama Khonghucu Indonesia, MATAKIN）」のことであるが、彼らの国家への働きかけにより二〇〇六年、儒教は国家公認の宗教としての地位を得た［北村 二〇〇九］。彼らは、中国廟は「儒教」の礼拝施設であり、中国正月は「儒教」の宗教儀礼であると主張する。これにより、元来どの宗教カテゴリーにも当てはまらず、その間で自由自在に自らの位置を状況に応じて定義してきた中国廟の位置づけが問題化した(72)。

これはポストスハルト期に特徴的な変化である。このようなことは、スハルト体制期に、国家の定める枠組みに無理やりに落とし込む、つまり廟を仏教施設であるヴィハラ（Vihara）として位置づけるしか方法がなかったスハルト体制期には起こりえなかった現象である。

華人の伝統宗教の側でも、「内実は何でもよい」廟が特にＭＡＴＡＫＩＮの勢力下に置かれてしまうという危惧から、一九九九年より、新たに中国宗教の「儀式」を作り、自分たちの領域を守るという運動もジャカルタを中心として登場している(73)。

また中国廟の道教的要素を強調する勢力もまた、この趨勢の中で、華人の本来の宗教は道教であるという立場から、他の派閥と同じ論理構成をもって道教の「儀式」を定めて明文化し、「道教徒」としてのアイデンティティを主張するに至った。このような変化は、西カリマンタン、特に華人が集中するシンカワンの宗教実践にどのような影響を与えたのであろうか。

(2) タトゥン行列は誰が統括すべきか

シンカワンにおいて近年議論の的となっているのは、道教とそれまであった宗教実践の間の確執である。シンカワンの宗教実践（廟での儀礼、タトゥンと呼ばれる憑依儀礼）は道教の専有物であると主張する一派が登場し、これが人々の宗教実践を二分することになったのである。

シンカワンにおいて、タトゥンの儀礼は道教が司るべきであるという主張を展開しているのは「インドネシア道教協会（ＭＴＩ）」であることは前述した。このインドネシア全国組織の創立者はクスモ（Kusumo）という人物である(74)。一九五一年、スマトラ島北東部のメダンで生まれ、一九七四年にはメダンで「道教協会（Majelis Tao）」を設立した。当時彼がこの組織の設立を思い立った契機は、自らキリスト教やイスラムを含むさまざまな宗教を研究しながら、華人の宗教実践を振り返ったところ、そこには明確な教義がないことに思い至ったことにあるという。改革の必要を感じた彼は、教義の明確な宗教としての道教の信仰を確立したいと考えた。

「道教協会」は、華人の伝統儀礼に則った葬儀を執行する組織およびその他の社会福祉活動を行う組織として、非公式団体として活動を始めた。さらに彼は、道教の儀礼を体系化することにも当時から尽力した。彼は、華人の宗教は元来道教であって、仏教も儒教も後に登場したものであって本質的ではないと考える(75)。

これは三教（つまり儒仏道）を華人の宗教と考えてきたトリダルマ系の派閥とは相反する考え方である。クスモが設立した組織は一九九二年、「インドネシア道教仏教聖職者連合（Perhimpunan Rohaniawan Buddhis Tao Indonesia）」としてインドネシア政府に公認された。教義上は仏教を退けていたにもかかわらず「仏教」の語を組織名に用いたのは、スハルト体制期には公認宗教として仏教しか認められていなかったからである。このように仏教団体として政府に認識され、活動していた点はシンカワンの黄威康のトリダルマ系の組織と共通している。その後、ポストスハルト期に「インドネシア道教協会」と改名した。

二〇〇九年五月、ＭＴＩはジャカルタに事務所を設立し、広汎な活動が可能になった(76)。現在クスモは、道教式の華人の結婚を司ったり、宗教にかかわらず生活上の相談を受けたり、道教の行事を統率したりしている。もちろん仏教の団体として認定されているので、彼のもとでの結婚の場合、それは仏教式の婚姻として登録される。

このような論理構成はトリダルマと共通するものの、ＭＴＩもタトゥンについて発言するようになった。スハルト体制期には黄威康が統括するトリダルマの組織のみがタトゥン行列を執り行っていたのに対し、「改革の時代」においてはこれに加えて、年々力を増しているPermasis勢力、さらには、どちらの勢力にも重ならない部分を持つＭＴＩ勢力という三勢力が拮抗するようになった。この中で、トリダルマとＭＴＩは、Permasisが推し進めるタトゥンの観光化には反対するという共通点を持っていた。

シンカワンのＭＴＩ会長、蔡国強（Cai Khet Khiong）によると、シンカワンのＭＴＩ支部は二〇〇八年一二月一二日に結成されたという。蔡は、スハルト期にタトゥン行列は黄威康らのトリダルマが執り行うものとして存続していたが、現在ではそのような制限から人々の信仰が解放されたので、各人がそれぞれの宗教、信仰に基づいて宗教行事に参加する自由が保障されているということを強調した[77]。

シンカワンのＭＴＩの役割について蔡は、タトゥンの「正統な」儀礼を伝承することであるとする。彼は、「現在、元宵節の行事としてタトゥンが注目を集めているが、これは元来道教の儀礼であるから、観光化すべきではない。また、イベントの運営側（Permasis成員を中心とする運営委員会）にこの儀礼について干渉されたくない」と述べた[78]。ここで注目すべきは、彼が、タトゥンを道教の専有物であると主張した点である。

こうして、タトゥンを観光の呼び物として支援するPermasisやシンカワン市政の考えと、蔡の考えは真っ向から対決することになった。蔡は、ジャカルタ勢力中心の「十五暝運営委員会（Panitia Cap Go Meh）」[79]は、元宵節の提灯行列の演出、スタジアムの出し物の企画、花火等の元宵節のイベントに限って取り仕切るべきであり、タトゥン行列にまで口出しをするのはＭＴＩが許さないと主張した。

この主張は、長年トリダルマ系の派閥を率いてきた黄威康の主張と重なる。彼も「本来イベントを企画するPermasis主体の運営委員会は、華人の伝統儀礼に口を出すべきではない、伝統儀礼を運営すべきは自分たちのトリダルマである」という考え方を持っている[80]。なぜなら彼には、スハルト体制期においても華人の儀礼を自分たちが守り抜いてきたという自負があるからである。タトゥンを管理する正統性を主張する派閥は、こうして、トリダルマとＭＴＩ、さらにはPermasisの影響の強い「十五暝運営委員会」の三つとなった。二〇一二年の元宵節においては、中国廟の神々が憑依したタトゥンが寄り集う元宵節のための臨時の祭壇を各々準備した。

このような状況はいかにして生じたのであろうか。一九九九年以前には、政府によって公認された黄威康のトリダルマの祭壇しか存在しなかった。ところが一九九九年、シンカワンを中心とする華人の緩やかな連合である「華人連絡フォーラム（Forum Komunikasi Etnis Tionghoa, FOKET）」が関与してくることで、この祭礼は政治的な色彩を持つようになった。黄は当時、結成されたばかりの「多様性の中の統一党（Partai Binneka Tunggal Ika, PBI）」の党員として活動していた。一方で、当時ＦＯＫＥＴの会長を務めたケニー・クマラ（Kenny Kumala）[81]は、インドネシア闘争民主党（ＰＤＩ－Ｐ）[82]党員として活動していた。彼が党の存在感を示すためにＦＯＫＥＴの祭壇を作ったことから、タトゥンを取り仕切る勢力は二つに分裂した。ケニー・クマラらの勢力はジャカルタのシンカワン出身華人との結びつきが強く、次第に黄威康の勢力はＦＯＫＥＴに圧倒されていく。

この過程についてケニー・クマラは次のように述べた。彼が元宵節のタトゥン行列を成功させる前には、黄威康らの勢力がシンカワン郊外でタトゥン行列を実行していた。当時、まだスハルト体制の余韻が残っており、人々には、大々的にタトゥン行列を行う勇気はなかった。二〇〇〇年の元宵節では、シンカワン警察はクリダサナ・スタジアム（Studiom Kridasana）でタトゥン行列を行うことを許可した。しかし、ケニー自身はこれにも不満であった。彼らは、スタジアムではなく、町の目抜き通りで行列を実施したいと考えていたのである。

彼は、ＦＯＫＥＴを代表して警察、行政当局と交渉した。すると警察は、目抜き通りのスジャトラ通り（Jalan Sejahtera）を治安維持の名目で警護するという条件で開催を認めた。これに対しケニーは強気に出た。彼は、三日以内に目抜き通りでのタトゥン行列の無条件の許可が下りなければ、ＦＯＫＥＴは多数のタトゥンを呼び寄せて示威行動を展開すると迫り、結局許可が下りた。このため、ケニーは現在のタトゥン行列の原型を整備したのは、黄威康ではなく、FOKETであると自負している。[83] 彼の強気な行動が、行政の態度すら動かしてしまったことにも、時代の変化を看取できる。こうして、スハルト体制期にはタトゥン行列における正統性を独占していた黄威康も、FOKETとケニー・クマラの登場によってその勢力に翳りが出てきた。これはポストスハルト期の華人の組織化の急激な進行がシンカワンの状況に及ぼした影響であった。

二〇〇八年にはさらに、MTIが祭礼に参加し、二〇〇九年、Permasis まで介入した。二〇〇七年からシンカワン市長を務めるハサンは、タトゥン行列を観光資源として広報することに熱心であり、ハサンと Permasis 勢力はタトゥン行列を観光イベントに作り替えていった。これに対して、伝統的儀礼の観光化に反対する黄威康と蔡国強は強硬に抵抗した。しかしハサンは、元宵節においてタトゥンを統率する組織は、Permasis を基盤にした「十五暝運営委員会」で事足りるという立場を崩していない。[84] そして委員会側は、その圧倒的な政治力とジャカルタ勢力の経済力をもって他勢力を圧倒し、二〇〇九年以来、運営委員会の祭壇以外は不許可という方針を採っている。それでもなお、蔡国強と黄威康は、運営委員会の認可を取らずに、各々祭壇を設置し続けている。

Permasis 勢力の影響力は拡大する一方であった。二〇一一年、「十五暝運営委員会」は、元宵節が迫る頃、タトゥンの出場者を集めて、イスラム教徒の礼拝時間、および日曜日のキリスト教徒の礼拝の時間帯には静粛にすること、人によっては不快感を覚える観客もいるため、生きたままの鶏を食するタトゥンのパフォーマンスは行わないように呼びかけた。[85] その他、「十五暝運営委員会」は、タトゥンが通過する経路を制限したり、[86] 行列への参加を事前申し込み制にしたりした。つまり、祭日当日に自由に参加することを禁止したのである。また「十五暝運営委員会」は参加者に対し、神輿を用いる場合には二四〇万ルピア（約二万四〇〇〇円）、神輿なしの場合には一二五万ルピア（約一万三〇〇〇円）の支援金を提供することも決めた。委員会への事前申し込みには、身分証（KTP）と、どの中国廟の神々が憑依するタトゥンであるかに関する廟からの証明書が必要とされ、それによって委員会が登録を行った後、支援金が支給される。支援金が支給されるのは、前年度も参加したタトゥンに限られ、初めての出場者には支給されない。これは支援金目当ての参加を防止する方策であった。よって、初めて参加するタトゥンは自費で神輿や衣装を準備しなくてはならない。結局二〇一一年の元宵節には、七二三組のタトゥンが参加した[87]。

このような運営委員会側の規制を、伝統行事に対する不当な干渉であるとするＭＴＩは、タトゥン行列参加予定者に対し、儀礼の由来に関して書いた小冊子を配布し、「正統な」タトゥン儀礼を司るのはＭＴＩであると主張している[88]。また初参加のために委員会からの支援金が得られず、出場困難な人々に対して資金面での援助も行っている。蔡国強は一貫して、タトゥンは「伝統儀礼」であるとし、参加するタトゥンに人数制限を課そうとする運営委員会に対して「儀礼なのだからイベント上の制限は受けない」と主張した。また、儀礼を行う祭壇やタトゥンが通過する経路についても、委員会が管理するのは不当であるとした[89]。

二〇一一年の状況は、運営委員会とＭＴＩの対立は解消されないまま、より正確には、財政基盤が強固な運営委員会が、ＭＴＩの主張に耳を貸さない状態のまま元宵節の日になり、委員会の祭壇、ＭＴＩの祭壇、さらには黄威康のトリダルマの祭壇の三つの祭壇が並び立つことになった。日中には、ＭＴＩの祭壇の方へ向かうタトゥンが、委員会の定める経路に違反しているとして警察に押し留められようとしたため、警官と蔡国強が路上で口論になるという一幕をも筆者自身目撃した。

この論争は、伝統儀礼として行われていた元宵節のタトゥンが、行政や「十五暝運営委員会」側から管理されたことに端を発していた。委員会はタトゥンの一部始終を管理しようとした。これに対し、「信仰儀礼の専門家」を自認するＭＴＩは、「宗教儀礼をイベントとして取り扱い、制限を加えるのは不適切であり、自由に実行させなくてはならない」と主張した。

しかしこの「道教の専門家」は一般に知名度が低く、観光客や地元の華人、華人以外の観客も蔡の存在を知らず、委員会の設置した華美な祭壇に集まっていた。ＭＴＩとトリダルマの祭壇には人がまばらであり、その差は歴然としていた。結局、ＭＴＩやトリダルマの主張、活動は、それそのものとしては一応筋が通っていると考えられるも

「十五暝運営委員会」による祭壇の様子（2011年2月筆者撮影）。

元宵節の風景（2011年2月筆者撮影）。

のの、そのアトラクションとしての魅力において委員会のものに劣っており、委員会が元宵節のタトゥン行列を代表することが状況的には明白であった。

このようにシンカワンの祭礼は、地元で宗教実践を管轄してきた勢力とジャカルタのPermasis勢力の間の政治抗争の場としての色彩を強めている。特にPermasisを基盤としたハサンが二〇〇七年に市長に就任した後、Permasisが優勢のまま状況は推移した。これは地元の人々よりもジャカルタに住むシンカワン出身者の方が、シンカワンの政治においても発言力を持っていることを表している。これをもって、「地元派対ジャカルタ派の争いであった」という解釈ももちろん成り立つものの、このことは、ジャカルタにおけるシンカワン出身者の社会（シンカワンの飛び地のような存在）がますます成熟し、また経済的にも潤っており、このジャカルタのコミュニティーとシンカワンがますます密接に関わり合いを持つようになったことを示すと考えられる。

10　多様なシンカワン表象を観察する
——映画に見るポストスハルト期の華人

本節では、台湾とインドネシアの間を揺れ動いているシンカワン市政と同じような現象が、シンカワンという街をめぐるイメージ、表象の中にも登場している様を検討する。西カリマンタン、特にシンカワンの知名度は、二〇〇〇年代に入って少しずつ上がっていった。しかし相変わらずの以前からのイメージがあった。それは、貧困と、そのために若い女性が台湾人男性と、実家の家計のために強制的に結婚しなくてはならない悲劇が生じている街というイメージである。

しかし、そのような貧しさゆえの非対称性の中で、若い女性が犠牲になっているというイメージがある一方で、外部からは東洋的ノスタルジアを喚起する街としてのイメージも重ね合わされていた(90)。二〇〇〇年代に公開された、シンカワンをテーマにした映画を検討することによってこの主題に迫ることを本節では試みる。

本節では、三編の映画について検討する。そのうち二編はシンカワン社会の外部者によるものであり、もう一編はシンカワンの社会の只中にいる映画制作者によるものである。特に外部者の視点と、シンカワン社会の内部にいる人の視点のギャップに注目したい。

「混成アジア映画の海：時代と世界を映す鏡」〔山本 二〇一三：八－一二〕は、映画表現をもって、ある対象を理解するための方法論の一例が示されている。それによると、映画はその発展の歴史から見ても、異国の馴染みのない文化を知るために重要なメディアであった一方で、映画の持つ際立った写実性により、それが真実のようにも受け止められることも多く、ある地域や人物、民族に対して一方的な欲望を投影するような「オリエンタリズム」の機制にも関与してきたという。しかしまた、現代の映画は外部からの「勝手な」イメージの構築に対抗して、内部の人間が映画を制作することによって（しかもそれは、昨今の技術革新によってますます容易になっている）、外部からのイメージに対抗すること、またその多様な性格を持つ映画作品を「競い合わせる」ことが可能となってきている。筆者はここで、「外部の人々」よりも「内部の人々」の方が真実を語れるというような二項対立に問題を押し込めることはもちろん企図していない。「内部の人々」の視点をも相対化することができるだけの多様な描き方が登場している中で、それを比較し、また映画で描かれる以上のこと、その社会文化、歴史的背景を吟味しながら、それを比較すると何が見えるかを検討したいのである。

(1) 分析対象とする映画三編の紹介

スハルト体制期にも数多くの映画が撮られたが、テーマとしてはインドネシアのナショナリズムを称揚するもの、民族独立運動に関するもの、インドネシアの歴史一般に関するもの、あるいはコメディが多かった。ところが、ポストスハルト期に入ると、より自由なテーマで多様な映画が撮られるようになった。特に、スハルト体制期にはタブー視されていた、民族や宗教、人種をテーマにした映画も撮られるようになったのである。イスラム色を前面に出した作品や、華人を特に取り上げる作品は二〇〇〇年代に入って初めて登場したものである［西 二〇一三：三〇四―三一二］。この流れに連なるものとして、シンカワンをテーマとした映画も登場してきたのである。

本節で取り上げる三編のシンカワンを舞台にした映画作品はどれも、シンカワン華人の生活を題材にしている。その中では「華人がインドネシア国民として生きること」が頻繁に強調される一方で、それだけに回収されない彼らの現実生活に根差した表現も見られる。では、「現在のシンカワンにおいてインドネシアという国家の中で華人として生きるとはどういうことなのか」という本書全編にも通じる問題を、映画という素材を用いて考えていくことにしよう。

取り上げる映画の一編目は『我愛你インドネシア（Wo Ai Ni Indonesia）』（二〇〇四年）、二編目は『バッパオ・ピンピン（Bakpao Pingping）』（二〇一〇年）、そして最後は、中国正月に合わせてシンカワンで封切られた『シンピン島の夕暮れ（Senja di Pulau Simping）』（二〇一二年）である。この三編の映画のうち、『我愛你インドネシア』と『バッパオ・ピンピン』は、パプア州（Provinsi Papua）マノックワリ（Manokwali）出身でジャカルタを拠点に活躍するフィファ・ウェスティ（Viva Westi）監督の作品である。『我愛你インドネシア』は純粋な映画作品として、『バッパオ・ピンピン』は、テレビ放映のための映画として制作された。これに対して、『シンピン島の夕暮れ』は、企画、シナリオ、撮影すべて、シンカワン在住の映画制作者、ロー・アビディン（Lo Abidin）による映画である。本節は、筆者が二人の映画制作者に対して行ったインタビュー、映画本編およびシナリオに基づいている。

(2) 非華人フィファ・ウェスティ監督の視点

パプア州に生まれたフィファ・ウェスティは、大学卒業後、ジャカルタの映像制作会社に勤めていた。彼女が最初、『我愛你インドネシア』を撮ることになった契機は、所属していた映像制作事務所のプロデューサーから、中国正月用の新しい映画を制作しないかと言われたことであった。ちょうど二〇〇三年に中国正月が国民の祝日となり、翌年初めてインドネシアで中国正月がナショナルに祝われた。この記念すべき出来事に合わせて、華人を主題にした映画を作ってはどうかという提案を受けたという[91]。この作品以前には、彼女は映画のシナリオを書いたことはあったが、自ら映画を撮影した経験はなかった。『我愛你インドネシア』は彼女にとっての最初の映画作品となったのである。

フィファは最初から、華人のインドネシアナショナリズムを描くことを念頭に置いていた。それは後に映画の表題や筋書に直接的に表現された。フィファの視点は、シンカワンの外部者のインドネシア人によるシンカワンの見方の一つを表現している。彼女が生まれ育ったパプアにも華人がいるが、パプア華人の文化は地元の文化と一体化し、同化が進んでいる。シンカワンの状況はこれと異なり、より「中国的」であるため、非常に興味深かったとフィファは明かす。

フィファは、シンカワン華人が「中国文化」を濃厚に保存しているとする。だが、それでも彼らはインドネシア人として生きているということを表現するのが彼女の目的であったという。まさに、ポストスハルト期のインドネシアにおいて、華人文化もインドネシアを構成する文化の一つであるという認識が広まり始めた時代に適合的なテーマだったのである。

『我愛你インドネシア』を撮影するにあたり、二〇〇三年、フィファはまず、一〇日間の事前調査を行った。最初、シンカワンの人々と打ち解けるのに時間がかかったという。その主な理由は、彼女が調査をしたときには、シンカワンの人々の多くが、インドネシア語が話せないか、あるいはインドネシア語で話すことに躊躇があったからである。シンカワンの住民の外部者に対する警戒心は強く、フィファたち一行は不審の目で見られた。

彼女がシンカワン住民にインドネシア語で話しかけると、彼らは「頭が痛い（pusing）」とインドネシア語で言うだけで話すのを避けた。また、彼女がシンカワンを訪れた際、制作している映画がシンカワン女性と台湾人との結婚を主題としていることが住民に知れ渡り、住民からはシンカワンの「汚点」をわざわざ拡散しないでほしいという声も上がった。[92] その後知り合った、ホテル経営者のベニー・スティアワンが仲介役となり、ようやく少しずつ調査が前進するようになった。二〇〇三年には、シンカワンは依然として閉鎖的な雰囲気に包まれていたようである。

シンカワンには、「千の寺の町（Kota Seribu Klenteng）」、「インドネシアの香港（Hongkongnya Indonesia）」のほか、「アモイの町（Kota Amoy）」という異称がある。「アモイ」の語は、客家語の「阿妹（A Moi）」に由来している。この語のインドネシアにおける（特に西カリマンタンの外での）含意はネガティブなものである。それは端的には、女性が台湾に「売られている」、「女性虐待」「売買春」といった陰惨なイメージに連なるものである。二〇〇〇年代初頭にフィファがシンカワンを訪れたときには、そのようなイメージが濃厚であったため、住民もその悪いイメージを想起して恐れて、「汚点」と述べていたのであろう。

華人市長ハサン・カルマンは、在職中、『カリマンタン情報（*Info Kalimantan*）』誌上で、このようなイメージを幾度にもわたって否定し続けている。ハサンは、「台湾人がやってきて、シンカワンやポンティアナックの女性を写真で見て選んで結婚するというような形態（kawin fotoと記事の中では表現している）は存在しない」と強調している。「華人の伝統の中にはkawin fotoなどということはありえない。このようなイメージが広まると西カリマンタン全体のイメージが悪化する恐れがある。台湾人や香港人がシンカワンやポンティアナックの女性と結婚する理由としては、言葉がどちらも客家語であること、文化的共通点があることが第一に挙げられるだろう。きちんと華人の結婚儀礼に則って結婚したもので、写真を見せて即決定ということはない」[93]。「アモイの町」という異称は、不道徳な（kurang etis）印象をシンカワンに与えており、ふさわしくない、とハサンは主張する[94]。これほどまでに市政を挙げてシンカワンのネガティブなイメージを否定しなくてはならないほどに、これらのイメージは根深いのである。

ところが、外部に対して閉じていたシンカワンも、二〇〇八年、フィファが二作目『バッパオ・ピンピン』の撮影のために再びシンカワンを訪れたときには大きく変化していた。この映画に出演した俳優たちは、シンカワンの若者たちの間で大人気になったという。「シンカワンで映画を撮らないでほしい」という反応が強かった二〇〇三年時点と比べ、格段に外部に対して開かれたと言えよう。では『我愛你インドネシア』から順に見てみよう。

(3)『我愛你インドネシア』(二〇〇四年)

『我愛你インドネシア』は、台湾人男性が花嫁探しのためにシンカワンにやってくるところから話が始まる。最初に台湾人を登場させるスタイルに、フィファ自身のシンカワンに対するイメージが表れている。つまり、シンカワンが外部者に対して受動的に描かれているのである。この映画は一九八〇‐九〇年代にピークを迎え、現在も継続している台湾人男性とシンカワンの客家人女性との結婚の事実をもとに撮影されたものであり、シンカワン側にも結婚仲介者がおり、その仲介の様子も描かれている。最初の部分で仲介者は、台湾人に女性の写真を見せ、台湾人が気に入った女性を紹介する。

次に描かれるのは、シンカワン郊外に暮らす主人公一家の生活である。この一家が暮らすのはマンギス（Manggis）

地区に設定されている。「一九六七年華人追放事件」で難民となった人の多くが、生活環境の悪さから難民キャンプで亡くなった。彼らの集合墓地が建設されたのがこの場所である。現在でも元難民が多く住んでおり、映画の中の彼らの家の貧しい雰囲気から、元難民を想定しているとも考えられる。この点はフィファに直接確認していないが、シンカワン中心部ではなく、郊外のしかもマンギス地区を舞台にしたところにその意図を読み取ることができる。

この一家には姉妹がいる。地道にシンカワンで働いて、将来自分のコーヒー店を持つことを夢見る妹と、貧しい境遇にうんざりし、この状況を変えるために台湾人と結婚して裕福な海外生活をしたいと願う姉である。シンカワンに花嫁探しにやってきた台湾人は、姉の方と面会するが、結局妹の方にひかれ、強引に台湾に連れ帰ろうとする。この試みは間一髪のところで防がれ、その後、姉の方もこれまでの安逸な生き方を反省する。

映画の端々に、シンカワンでよく見られる、いかにも中国的な生活習慣が表現されており、またシンカワンの市場の雑踏、中国廟の様子といった「中国的」な風景と、「アモイの町」のステレオタイプに依拠した表現が多く登場する。経済的に貧しいシンカワンは、台湾人男性の前に受動的にならざるを得ないという暗さも表現されている。シンカワンには野菜栽培や稲作のほかに主立った産業がなく、シンカワンにいる限り経済的上昇はほとんど望めない状態にあるからである。この非対称性は、貧しさから脱却するために台湾人男性と結婚する道を選ぶ女性の姿だけでなく、結婚仲介者の男性の、台湾人に対する卑屈な態度にも表現されている。そのような陰鬱なイメージの中で、妹の、勤勉でひたむきに夢を追いかける姿はひときわ輝いている。彼女のような生き方を、フィファは称揚したかったのであるし、「あるべきインドネシア華人像」を妹に仮託したと考えられる。

最後には姉も心構えを改め、台湾人と結婚することを諦めてインドネシアで働くことを決意する。ここにおいて、映画のテーマである「我愛你インドネシア」が浮かび上がってくる。華人もまたインドネシア人であり、インドネシアで生活していくのだというメッセージは、二〇〇四年、はじめて国民の祝日として祝われた中国正月に合わせて封切られるにふさわしい内容であった。映画の最後に、家族総出で新調した服をまとって中国正月を祝う。ここで彼らがインドネシア人として生きていくことに希望を見出していることを表現してハッピーエンドとなる。

しかしながら、この映画を貫く暗さは、その根底にあるのがシンカワンの決定的な貧しさであるために生じている。「一九六七年華人追放事件」の傷痕が残り、就業機会も乏しく目立った産業もないシンカワンの貧しさは、以下で検討する二作品においても共通の主題となっている。

(4)『バッパオ・ピンピン』(二〇一〇年)

フィファによる、シンカワンを舞台にした映画の二作目が『バッパオ・ピンピン』である。この映画の題名自体、前作の『我愛你インドネシア』の題名のシリアスさと比較すると、ユーモラスである。「肉包(Bakpao)」とは餡入りの饅頭である。主人公の若い男性がシンカワンで饅頭売りをしているからである。またその恋人になる活発な女性の呼び名がピンピン(Pingping)である。

『我愛你インドネシア』では冒頭で、マレーシアに出稼ぎに出て、結果虐待を受け頭を殴打されたために片足が不自由になってしまった中年女性を描いている。この悲惨な出来事とシンカワン女性の台湾人との結婚が並列されて描写される点に、フィファの「台湾人と結婚することは悲惨な結果を招く」という見方が表れている。この映画は、シンカワン女性と台湾人との結婚が悲劇として描かれ、そのようなことをしなくても、シンカワンの人々はインドネシア人として、インドネシアで生きていけると主人公たちが確信するというストイックな筋書きになっていた。翻って『バッパオ・ピンピン』にはコメディータッチが目立ち、全体として前作に比べ明るい色調である。

では、あらすじを見てみよう。主人公はアセン(A Seng)という若者とピンピンという若い女性である。アセンの父親は饅頭売りを生業にしており、その職業に誇りを持っている。彼は、生業を息子のアセンに継いでほしいと思っているが、当のアセンは、将来への見通しもないまま、ふらふらと毎日を送っている。店を一応は手伝っているものの、饅頭売りという職業を古臭いと思っており、シンカワンの生活に退屈している。そればかりか、店を抜け出しては毎日、お金を賭け事につぎ込んでいる。アセンは「シンカワンには飽き飽きだ。饅頭売るのも飽きた」と言う。

ピンピンの家庭事情はこれと異なっている。途中、ピンピンがアセンに「あなたは私よりずっと恵まれているわ。あなたには饅頭売りという家業があるんだもの」と言う場面がある。ピンピンの仕事は不定期で収入は少ない。しかも家族の生活を支え、弟と妹を学校に通わせせなくてはならない。彼女は言う。「もし私が台湾に行ったら、お金のことでこんなに頭を悩ませなくてもよくなるのに」。

そこに、台湾人と結婚したアセンの伯母がシンカワンに戻ってくる。名前をラニ伯母（Tante Lani）という。彼女は、台湾人の夫が亡くなった後、夫の財産を持ってシンカワンに戻ってきたのである。

ラニ伯母とその兄であるアセンの父親の間には、考え方の違いがある。アセンの父親にしてみれば、インドネシアを捨てて台湾に嫁ぐことは悪である。アセンの父親は、ラニ伯母が亡くなった台湾人の遺産の一部分を彼に渡そうとすると、それを断固として拒否する。アセンの父親は、シンカワンの伝統を体現すると同時に、インドネシアナショナリズムの体現者として描かれている。この「台湾人と結婚することは悪であり、悲劇である」という信念は、実はフィファの前の作品である『我愛你インドネシア』で貫かれていたものにほかならない。

ある日、ラニ伯母が台湾からお土産に持ってきた中国服をアセンが着ているところを見咎めた父親は、アセンを叱りつける。父親は騒ぎを聞きつけてやってきたラニ伯母に対して、「台湾から持ってきたものを絶対に息子に渡さないでほしい」と強い口調で言う。ここにも父親のナショナリズム感情、台湾と名のつくものはすべて悪であるという信念が浮き彫りになっている。

ラニ伯母はシンカワンに戻ってきた後、台湾人をはじめとする外国人の結婚相手の斡旋所（biro jodoh）を開く。またアセンとピンピンをこの仕事に誘う。アセンもいい仕事だと思い、ピンピンも誘って二人でチラシ配り、広告貼りをシンカワン市内で行う。

しかし、このことを知ったアセンの父親は激怒し、アセンに次のように言う。「お前は今では饅頭を売ってはいない。お前は自分の民族自体を売っているのだ（jual bangsa kamu sendiri）」。これに対してアセンは強い口調で父親に言う。「これで彼らは貧しさから抜け出せるんだ（selamatkan dari kemiskinan）」。父親は息子の意見を聞こうとせず、「お前の祖国は中国や台湾なんかじゃない。祖国は「ここ」なんだ（tanah air mu di sini）。インドネシアだ。これこそが私たちの祖国（tanah leluhur）なのだ」と言う。

このタナ・ルルフル（tanah leluhur）というインドネシア語は直訳すると「父祖の地」となるだろうか。また、もう一方のタナ・アイル（tanah air）という同じく「祖国」を表す語はよりナショナリスティックなニュアンスを持つ言葉である。たとえばインドネシア国歌『インドネシア・ラヤ（Indonesia Raya）』に登場するのもタナ・アイルである。アセンの父親はタナ・アイルの語を用い、さらにタナ・ルルフルも用いている。特に華人の場合には、このタナ・ルルフルの語は、日常会話では圧倒的に「中国」であるというイメージは根強い。それにもかかわらず、タナ・ルルフルもインドネシアであり、身も心もすべてがインドネシアに帰属しており、その他への帰属意識とこれは両立しえないという表現となっている。

ここにおいて父親の考えとアセンの考えは対照をなす。父親はあくまで理想を語っているのであり、アセンは現実を訴えている。前作においてフィファは、女性が台湾人と結婚するのは、インドネシアナショナリズムに反する完全な悪として描いていた。しかし、本作では、それだけでは片づけることができない現実問題としての貧しさへの対処方法として、台湾人との結婚という選択肢が厳然としてあり、それは必ずしも悲惨なものではないという描き方になっている。

この父子の対話において、もう一つ重要なことは、父親が自身や子どものアセンが「華人であること」を強烈に意識しているのと比べ、アセンは、自分が華人だから中国に引き付けられるのではなく、より良い生活を求めるから海外に出るというところから立論している点である。

父親は「華人であること」に、アセンよりも縛られている存在として描かれている。またアセンの意識の中には、より良い生活を求める行為が「売国行為である」という意識は片鱗もない。貧しさから脱却するために台湾行きを選ぶ人たちも、華人というアイデンティティにこだわりを持つ人、あるいは強いインドネシアナショナリズムを持つ人から見れば非難されるかもしれない。しかし若い世代は、すでにそのようなことに捕われていないということも浮き彫りになっているのではないだろうか。

父親がヒステリックなまでに民族（bangsa）を強調するのは、インドネシアにおいて「華人であること」がスティグマとなってきたことを反映していると思われる。そのスティグマのために、自分の意志ではどうしようもなく、華人だというだけで差別されたり大変な目に遭ったりしてきた。そのような経験があるために、自分たちはインドネシア人であるということをことさらに強調せねばならないのである。「華人であること」をネガティブなことと受け止め、それを内面化した姿がアセンの父親像に投影されているのではないか。

一方、アセンには父親のように、華人だというだけで差別されるような屈辱的な経験がほとんどなかったに違いない。彼の世代においては、そのようなことを意識せずともインドネシアで暮らしていけるのであるし、その中で、何かより良い生活に結びつくものであれば、すぐに試したいという考えを持っているのである。アセンから見れば、父親は昔ながらの商売をしていて、変化に適応しない古風で頭が固い魅力のない人物にしか見えない。それよりも台湾帰りの新しい風を吹き込むラニ伯母の方に惹かれるのである。

アセンはピンピンと歩いているとき突然、ピンピンこそ台湾や香港に嫁いでいくのにふさわしいのではないかと言う。突然のことに驚くピンピンであったが、家族を助けるためにその選択肢について真剣に考えるようになる。ところが同時期に、アセンはピンピンに恋心を寄せるようになり、自分が提案したこととはいえ、もしピンピンが本当に台湾に行ってしまったらどうしようという不安に駆られる。

アセンの不安は的中し、間もなくピンピンは台湾人と面会することになる。アセンは、ピンピンが自分のもとから離れてしまうという不安の中、いてもたってもいられなくなり、自分のこれまでの生活を改め、人が変わったように熱心に働き始める。父親はアセンのこの様子を見て大変喜び、アセンに仕事を継ぐように勧める。

結婚斡旋業をしているラニ伯母は、台湾人にピンピンを紹介する。台湾人はピンピンを見て気に入り、結婚の話が決着しようとしたそのとき、アセンが殴りこみをかけ、台湾人に怪我を負わせてしまう。アセンは傷害罪で投獄される。その刑務所に台湾に出発直前のピンピンがやってくる。ピンピンはアセンに、「どうしてこんなことになったのか」と尋ねる。アセンは「君に台湾に行ってほしくなかった」と言う。ピンピンは、「ずっと前から親友だった、こんなにアセンのことを大切に思っているのに」と言う。アセンは「自分が間違っていた。自分がピンピンをラニ伯母に紹介などしなかったらこんなことにはならなかったのに」と言う。このアセンの言葉に対する次のピンピンの応答に注目しよう。ピンピンは、「アセンは間違っていなかった。私だってしたくない。けれど、家族を助けるためにしなくてはならない、どうしようもないのよ」と言うのである。

アセンはピンピンに愛の告白をする。ピンピンもアセンに同じ気持ちを伝える。しかし彼女は続けて、アセンに辛い一言を添える。「愛だけでは足りないわ（cinta aja gak cukup）」。

アセンはピンピンに結婚しようと言う。しかしピンピンはそれを拒否する。拒否して愛してもいない台湾人のところに行くのだと言う。それは家族を自分が支えなくてはならないからである。ピンピンはアセンに、「アセンは賭け事ばかりして、自分のことも自分で支えられない。それで私と結婚できると思うの？　私たちは別々の道を行くのがいいんだわ」と言う。そこに台湾人がピンピンを迎えにやってくる。アセンは悲痛な気持ちで彼女を見送る。

その後、アセンは一生懸命に働き、しかも饅頭の餡を工夫しさまざまな種類の饅頭を売るようになり、アセンが父親から店を継いだ後、店は大いに繁盛する。アセンは無我夢中で仕事に専念する。そこにある日、ピンピンが台湾から戻ってくる。こうして二人は再会を果たす。ここで映画は終わるが、最後に現れる一文は注目に値する。

「台湾に着いた後、ピンピンは台湾人の夫のもとから逃げ、台湾で帰国のためのお金を貯めるために懸命に働いた。恋人のアセンに再び会うためである（setibanya di Taiwan, Pingping melarikan diri, dan dia bekerja untuk bisa kembali bertemu dengan A Seng, kekasihnya.)」。

結局、ピンピンは台湾人との結婚という選択肢を捨てて、アセンのもとに戻ってくるのである。この映画においては、台湾に行くという選択肢が、アセンの父親が考えるような売国行為ではないことが強調されている。アセンやピンピンといった若い世代にとっては、「華人であること」は微妙に意識されるかもしれないが、それによる帰属意識、愛着という理由からというよりも、より現実的・実際的な理由から、台湾への興味を抱くとされる。

『我愛你インドネシア』においては、シンカワンの女性や斡旋者は台湾人が花嫁探しにやってくるのを待つしかない受動的な存在として描かれていた。能動性を持つのは、台湾人と、台湾への結婚に縛られず自分の道を歩む妹のみであり、結婚に関わった瞬間にシンカワンの人々は外来の台湾人に翻弄されるだけの存在になってしまう。そうであるから、台湾人にかかわらず、妹のような堅実な生き方をしよう、共にインドネシアで一生懸命に生きていこうというメッセージが発せられていた。

しかし『バッパオ・ピンピン』においては、台湾に行くことが、シンカワンの人々が自分で積極的に選び取ることができる選択肢として浮かび上がっている。結婚斡旋の仕事も、シンカワンの人々が率先してビジネスになるから、積極的に工夫をして行っているのである。

しかしながら、『バッパオ・ピンピン』においても、結末では、台湾人との結婚はできることなら避けるのが望ましいとされている点は重要である。ピンピンは最終的に台湾人を捨てて、アセンのもとに戻ってくるのである。ここにはフィファが以前から抱いている華人とナショナリズムというテーマが横たわっている。もちろん彼女は、これほど「中国的」で台湾との紐帯の強いシンカワンの華人も、それでも「インドネシア人である」ということを描きたかったということはある。しかしそれでもやはり台湾に関わりを持つことは、やはりインドネシア人としての意識が低い、インドネシアナショナリズムに反する要素を持つという前提を崩していないように思われる。これは、彼女の二編のシンカワンを取り上げた映画において、台湾人との結婚が（仕方がないことだとは認めながらも）否定的に描かれており、登場人物は台湾に行く、あるいは行くことを望んでいるが結局、インドネシアに戻ることを選択することに表れている。シンカワンらしさ（華人の町のエキゾチックさと貧しさの悲劇）を提示したうえで、それでもインドネシア人として生活している華人を描くというフィファの根本的な姿勢は揺らいでいないのである。では これらと同一の主題を描く、シンカワンの映画制作者による『シンピン島の夕暮れ』は、どのような視角でシンカワンを表現するのであろうか。

(5) シンカワン華人監督による『シンピン島の夕暮れ』（二〇一二年）

前述したように、フィファが最初『我愛你インドネシア』を撮影するためにシンカワンを訪れた二〇〇三年には、シンカワンは外部に対して閉ざされていた。しかし、その八年後、シンカワン華人の生活を題材にした独自の映画を制作する在地の映画制作者も現れるようになった。この映画は、二〇一二年の中国正月に合わせてシンカワンのみで公開され、大変な反響を呼んだ。『シンピン島の夕暮れ』の制作者たちの意図は次のようである。

この映画は、貧しさの最中にある家族のために、香港人と結婚し、香港に行く決意を固める若い女性（高校生）とその恋人（同じく高校生）を描く。女性にとって、また残される恋人にとっても、香港人と結婚し、香港に行くという選択は辛いものである。しかし、この選択は確実に女性の家族を経済的に豊かにする。彼女の選択は、彼女と恋人との関係を犠牲にすることで成り立つ。女性が香港に旅立った後、恋人は苦悩する。(95)

あらすじは次のようである。主人公のアヒェン（A Hien）は比較的裕福な家庭に育ち、恵まれた、しかし怠惰な生活を送っている。一方で後に香港に嫁いでいくリナ（Lina）は、家庭が貧しいために、学校に通いながら、年端のゆかない弟、妹たちの面倒を見たり、親の仕事を手伝ったりしている。彼らは恋人同士になる。ところが、その甘い夢もはかなく厳しい現実に打ち砕かれる。

リナは、家計を助け、弟妹たちの学費を払えるようにするために、香港人と結婚することに仕方なく同意したのである。彼女の父親は、石を採掘する仕事をしているが、収入は少なく、肺の病を患っているうえ、借金もある。金貸しから、リナの結婚に父親として同意するならば借金を帳消しにしてもよいと言われ、以前から借金に悩んでいる父親はリナを説得する。リナは多くの弟妹がいる長女である。またリナ自身も学費が払えない状態になってしまった。このような多くの原因が重なって、彼女は両親の説得を仕方なく呑んで香港に渡る決心をする。

リナが突然に香港に行ってしまったことは、まだ高校生のアヒェンにとっては受け入れがたい現実であった。彼は甘い青春の最中に、恋人が突然、別の男性と結婚し去ってしまったことを受け入れられず、生きる目的を失い、麻薬中毒になり、果てはそれがもとでＨＩＶに感染して苦しむ。

香港人と結婚したリナは、数年後裕福になって、シンカワンに一時的に帰郷する。そのときに彼女が身に着けている洋服が非常に華やかであることは、彼女の身の上に起こった変化を印象づけている。リナの実家は、リナからの仕送りをもとに郊外の古い家を売り、市街地に新しく家を購入する。

旧友たちの話から、アヒェンの現在の状況を伝え聞いたリナは、病に苦しむアヒェンと再会する。束の間の再会の喜びを噛みしめる間もなく、別れの時はやってくる。アヒェンは病の苦しさとリナがまた香港に戻ってしまうという運命の過酷さを恨み、生きていても仕方がないと思って、二人が最初に出会った場所、シンピン島で入水自殺を図る。

リナは香港に出発する前日の夕方、アヒェンにもう一度会おうとして彼の家に行くが、アヒェンが見当たらず、必死で町じゅうを探し回る。ふと、アヒェンがシンピン島にいるのではないかという予感がして、リナはシンピン島に駆け付ける。彼女の眼の前でいまやアヒェンの体が海に消えかけていた。リナは海に飛び込みアヒェンを救い出す。

このようなあらすじである。この映画はシンカワンの貧しさの中で、香港に嫁いでいくことが確実に家族全体の経済状況を良くするのだという現実を捉えている。しかし同時にそれによって犠牲を払うことになった人の様子も描いている。

この映画の企画者、シナリオ制作者であるロー・アビディンによると、この映画ではシンカワンの現実をできうる限り忠実に描くことにこだわったという。そこで繰り返し描かれているのは、シンカワンの貧しい家庭の状況、そして貧しさを打開する方策として、女性が台湾や香港の男性と結婚することが現在までしばしば起こっているという事実である。ブンカヤンの生まれであるが、人生の大半をシンカワンで過ごしてきたローは、以前のシンカワンではなく、現在シンカワンで起こっていることを描いたと強調した[96]。

さらにもう一点、この映画について考察すべきは、シンカワン出身でないフィファの念頭にあったインドネシアナショナリズムという要素は、ローの映画には登場しないという点である。シンカワン住民は自らの生活の改善のために多様な手段を講じているのであり、決してナショナリズムを行動の指針にしてはいない。これが、ナショナリズムを主軸に語られるフィファ作品と鮮やかな対照を成す。フィファの視点では、ナショナリズムという軸が必ず検討されていたが、実際にシンカワンで生活する人々にとっては「インドネシアナショナリズム」は背景に後退していることがロー作品には示唆されているようにも看取できる。ジャカルタの華人知識人が大上段に議論をするような「華人とナショナリズム」という主題は[97]、当のシンカワン華人の日常生活に登場しない要素であり、彼らの生活感覚はそのようなところにはないと思われる。

彼らの現実は、むしろ日々の糧を得るための試行錯誤にある。そこで描かれるのは、香港へ嫁いでいく女性とそれを取り巻く人々であるが、彼らが関心を寄せていることとは、それによって実家の生活が安定し、映画の中の「新しい家」に象徴されるより良い暮らしができるということなのである。これは「インドネシアのナショナリズム」や「華人としてのアイデンティティ」といったものが介入してこない、華人の生活感覚の一側面を切り取っているのではないだろうか。

この映画において、香港に嫁ぐことは、実家を豊かにすることと同義である。それにより苦しむ人々がいたとしても、香港人と結婚したリナは、『バッパオ・ピンピン』のピンピンのように、シンカワンに戻ってきてインドネシアで働くことはない。結婚していった人がもたらすのは、シンカワンの実家の経済的上昇である。家族や恋人がそのことを悲しんでいても、それがインドネシアのナショナリズムの話題と接続することはないのである。確かに、華人を描く際に、インドネシアへのナショナリズムや、あるべきインドネシア華人像を期待する人々にとっては、本映画は救いがなく、実もふたもないものに見える。しかし、人々の生活に過剰に「華人であること」や「ナショナリズムを体現する行為」を読み込むことが、実際のその人々の行為を過剰に意味づけるだけでなく、まったく見当違いな意味づけまでしてしまう可能性さえあるということを、これら三編の映画の合わせ鏡から理解することができる。

本章においては、スハルト体制崩壊後に西カリマンタンで生じた各方面の劇的な変容を検討した。西カリマンタンにおいては、ジャカルタ五月暴動の直接的影響はなかったものの、これは華人の政治参加の主要な動機付けとなった。二〇〇〇年代前半を通じて、全国レベルの政治、州政治、県政治、ポンティアナック・シンカワン両市の政治における華人の政治参加は急速に進行した。その明白な到達点は二〇〇七年に行われたシンカワン市の市長選挙において、華人のハサン・カルマンが選出されたことであった。

この事例が持つ含意は二つある。これはまず、ポストスハルト期に進んだ西カリマンタンの華人の政治参加の画期であったということである。さらに、ポストスハルト期に進んだ重要な変化は、インドネシアの地方自治（otonomi daerah）の帰結でもあった。スハルト体制期のようなトップダウン方式の各地の長の任命が続いていれば、このような事象は起こりえなかったであろう。

この「華人市長」の登場はシンカワン市の政治状況を不安定化させた。スハルト体制下においては華人が行政に入り込むこと自体が困難であり、行政の長になることなど想定されていなかった。それが現実のものとなった時代において、スハルト体制期に政治面でほぼ独占的地位にあったムラユ系住民は、この新局面に反感を持った。その結果、ハサンに象徴的に現出した華人の存在感の上昇は民族衝突の危機を引き起こした。この過程には外来のイスラム過激派、「イスラム擁護戦線（ＦＰＩ）」が関与していたものの、彼らの行動を容認する社会的雰囲気が漂っていたことも確かである。

このように一歩かじ取りを間違えば、一部の住民の不満が爆発するのではないかという不安定要因を抱えたままハサン市政は開始された。さまざまな批判にさらされながらもハサン市政は、多様な背景を持つ住民が納得するためには、どのようにしてシンカワンを表象すればよいかという問題に取り組んだ。そして、華人の存在感のみが突出することを注意深く避け、それと同時に、ムラユ人、ダヤク人の存在にもスポットライトを当てることによって、「シンカワンは三民族が平和的に共存する町」という表象をインドネシア全国レベルで普及させる試みを行った。ハサンはさらに、「シンカワンはインドネシアの国是『多様性の中の統一』の一つの実現の形なのだ」と主張し、これをシンカワン市のアピール、観光促進にも生かした。

インドネシアの統合理念に照らしても「正しい」この概念は、さまざまな方面から歓迎され、シンカワンの知名度を上昇させた。この試みは、スハルト体制期には消し去るべきであるとされた華人文化も、インドネシアを構成する重要な文化の一つであるとし、「華人文化の解禁・容認を求める」というような控えめな態度にとどまらず、積極的にインドネシアの文化の一部分としての華人文化を打ち出していくものであった。それが当時のインドネシア大統領も称賛したという、ティダユ舞踊であり、ティダユバティックであった。

しかし、ハサン市政は同時に、中華文化圏とのつながりを基盤として、台湾との関係を緊密化する試みも行った。これは第Ⅰ章で考察した一九五〇年代にあった「中国人性」の復活であろうか？　筆者は、これは別の性質を持つ現象であると考える。そもそも、第Ⅰ章で記述したような当時の華人社会は、少なくとも自らを「インドネシアの外部」に位置づけていた。それが、第Ⅱ章で検討した「一九六七年華人追放事件」を経て、半ば強制的にインドネシア国家に編入された。さらに、西カリマンタン華人は第Ⅲ章で詳述したスハルト体制下の同化政策下で、着実にインドネシアへの帰属を受け入れ、それを前提として行動するようになってきている。

スハルト体制期には、華人としてのアイデンティティを過度に表出する行動はネガティブな印象を周囲に与えるものであった。ところがポストスハルト期に入り、華人文化に肯定的なイメージが付与されるようになっただけでなく、称揚されるようにもなった。しかし、ポストスハルト期に起きた華人をめぐる諸相の変容をつぶさに見るならば、「華人性を強調すること」と、「インドネシア人であること」は実は何も矛盾せず、しかもこの動きは物議を醸しつつも、社会的にも受け入れられる土壌が出来上がりつつある。スハルト体制期に華人に対して押し付けられたステレオタイプ、スティグマを、自分たちの力で覆していき、新たな表現を試みているという点で、このシンカワンの事例は、ポストスハルト期のインドネシア華人社会の変化を考察するうえでも重要な示唆を与えるものであろう。

このほか、西カリマンタン、特にシンカワン市で起こった事象で特筆すべきは、ジャカルタの西カリマンタン出身華人のコミュニティーのシンカワン政治がますます接続していった点である。これが最も端的に表れたのは、シンカワンの「伝統儀礼」とされる元宵節のタトゥン行列においてであった。ジャカルタのPermasis勢力は、伝統儀礼の披露の場で、シンカワン在地の勢力（伝統儀礼をスハルト体制期に守り抜いた黄威康のような人物）を押しのけて、この伝統儀礼を観光資源として大々的にアピールした。その中心にあったのはハサン・カルマンであった。このような状況下で、ジャカルタ中心の勢力と在地勢力は、祭礼の実施方法をめぐって対立した。

また、Permasisは、ハサンの選挙活動の支援を強力に行った。彼を市長に推したのも、西カリマンタン在地住民というよりも、ジャカルタの同郷会に関与する人々であった。この動きもまた、ジャカルタの勢力とシンカワン市政治がますます密接に連関するようになったことを表している。

本章の最後において、二〇〇〇年代の西カリマンタン、特にシンカワンの華人を主題にした映画表象を題材として、各様に描かれる西カリマンタン華人のイメージについて考察を行った。そこでは、「インドネシア志向」と「中国志向」、あるいは「インドネシアに属するという意識＝インドネシアへのナショナリズム」と「華人であること」といった観念を一般の人々がいつも引き受けて生きているわけではない様子が浮き彫りになっていたのではないか。ハサンの政治パフォーマンスにおいては、特に「シンカワンのインドネシア性」と「華人であること」が強調されていたが、映画に描かれる人々の生活においては（特にローの映画において）それをも溶解してしまっており、「〇〇意識」という枠組みでは捉えられない人々の生活実感が表現されていた。

「華人」という存在が「常に華人であること」をいつも引き受けていると想定され、「華人らしさ」を軸に議論されてきたことから見ても、このことは重要性を持つ。彼らの生活を「華人であること」を中心に見ていたフィファの視点とは異なり、ローの映画では、「華人であること」は語られず、したがって「インドネシアナショナリズム」、「中国志向」といった華人をめぐる議論に登場しがちな概念も存在しない人々の生活が描かれている。これはそのような枠組みで人々の生活をよりよく捉えることは難しいことを示しており、彼らの生活を「華人らしさ」、「華人性」といったものから考察すると、その一部しか理解できないばかりか、誤読をしてしまう可能性をも示唆するものである。

注

（1）ＰＳＭＴＩは、政治に関与しない社会団体として一九九八年八月に結成された［Suryadinata 2007:249］。
（2）ＩＮＴＩは、ＰＳＭＴＩから分裂して一九九九年四月に結成された［Suryadinata 2007:250］。
（3）たとえば［Jusuf 2007］を参照。スルヤディナタも、ポストスハルト期の華人の政治参加の直接的な契機となったのは一九九八年五月暴動の衝撃であったと述べている［Suryadinata 2007:243］。
（4）一九九九－二〇〇四年まで中央の国会議員を務めたスサントへのインタビュー、ポンティアナック、二〇一一年一二月一四日。フラン・チャイへのインタビュー、ボゴール、二〇一二年一月二日。
（5）ここで赤道（Khatulistiwa）が名称として用いられているのは、西カリマンタンは赤道直下にあることに因んでいる。
（6）最初彼は、サラワク出身で大規模な木材業を営むブルハン・ウライ（Burhan Uray）のもとで働いた。その後独立し、木材業で成功した後、バリト・グループ（Burito Group）を結成し石油化学工業、運輸業にも多角化を図った。
（7）ハサンへのインタビュー、シンカワン、二〇一〇年二月一九日。
（8）ハサンへのインタビュー、シンカワン、二〇一一年二月一九日。

（9）シンカワン生まれであり、自身は海運会社を運営している企業家である。

（10）ヤントへのインタビュー、ジャカルタ、二〇一一年一二月一二日。二〇一〇年の中国正月に開場した郷親会の集会所は三階建てであり、二階には大きな集会所があり、三階はフィットネスセンターとなっていた。この集会所では、二〇一〇年から、シンカワン出身の中国で研鑽を積んだ教師による中国語教室も開かれている。*Buletin Permasis*, 20, 2010.

（11）*Info Kalimantan*、二〇〇八年七月、三六頁。

（12）端的な例として、『Permasis 広報（*Buletin Permasis*）』誌や『カリマンタン情報（*Info Kalimantan*）』誌の広告のほとんどは、前述の「ドミノ」を中心とする大小のタナアバンの商店の広告で占められていることが挙げられる。タナアバン商人の、これらの同郷会への財政的支援は具体的な数値は知られていないものの大変に大きなものであることが推定される。

（13）ヌルディン・プルノモは、客家人であり、中国語で教育を受けた。自身はジャカルタで旅行会社を運営していた。特にダヤク人に働きかけを行ったという［Suryadinata 2007:247］。

（14）ラ・オデ（La Ode）が、全国、西カリマンタン州、県、市レベルでの西カリマンタン華人議員について詳細に調べている。それによると、一九九九年選挙では、全国レベルではスサント（ＰＢＩ）、州レベルでは、ブディオノ・タン（個人）、スティアワン・リム（ＰＢＩ）の二人、ポンティアナック市ではクリスティアンディ・サンジャヤ（ＰＢＩ）、セバスティアン（ゴルカル）の二人、シンカワン市では黄威康（ＰＢＩ）、ボン・チンネン（ゴルカル）の二人が選出された。全国的には華人議員はＰＤＩ－Ｐから多く選出されるのに対して西カリマンタンではゴルカルでなければ、ＰＢＩから選出されるという特色があった［La Ode 2012:20］。

（15）黄威康へのインタビュー、シンカワン、二〇一一年一二月二三日。

（16）スサントへのインタビュー、ポンティアナック、二〇一一年一二月一四日。

（17）政党が国政選挙および地方選挙に参加するための条件は、関係のある地域（国政の場合はインドネシア全国）の県（Kabupaten）またはそれと同レベルの行政区分である市（Kota）の三分の二に党を司る代表者と事務所が存在することである。

（18）シャフリールは、二〇〇五年から二〇〇九年まで大統領の経済問題諮問機関（Dewan Pertimbangan Presiden Bidang Ekonomi）に勤務した経済問題の専門家である。二〇〇二年にＰＩＢを結成する。*Buletin Permasis*, 12, 2009:100–103.

（19）当選者の個人名は省略するが、当選者の出身政党の内訳は、ＰＤＩ－Ｐが一人、民主党（Partai Demokrat）が四人、ゴルカルが三人、ＰＩＢが二人の計一〇人であった［La Ode 2012:20］。

（20）スハルディへのインタビュー、ポンティアナック、二〇一一年一二月一七日。

（21）ハサンへのインタビュー、シンカワン、二〇一一年一二月一九日。

（22）シンカワンの二〇一〇年センサスのデータによると、シンカワン市（Kota Singkawang）の民族ごとの人口構成は、華人四九・六％、ムラユ人二三・四％、ダヤク人九・五％、マドゥーラ人七％、その他一〇・五％ということである。またこの二〇〇七年選挙の総投票数は、八万六二九四票、そのうち、ハサンの得票数は、三万六一〇三票（四二％）、対するアワン・イシャクは三万七〇六票（三六％）と僅差であった。シンカワン市の人口は一八万二六九四人であった。

(23) オランダ植民地期からスルタン王族が居住している地域であり、ムラユ人が多い。

(24) アチュイへのインタビュー、ポンティアナック、二〇一一年一二月一五日。

(25) ハルソへのインタビュー、ポンティアナック、二〇一一年一月一七日。彼は、二〇〇九年二月にポンティアナックで行われたMABTの代表者会議において、同じく候補の李紹発に対して、八対二で投票に勝利し、二〇一四年までMABTの会長を務めることになった。*Info Kalimantan*、二〇〇九年三月、四四頁。最初MABTを率いたのはアチュイとアディ・ルンベであるが、二〇〇六年、エリック・マリト（Erik Marito）が会長職を引き継ぎ、二〇〇九年にハルソが第三代の会長に就任した。

(26) ハルソに提供を受けた「MABT史料（Dokumen-Dokumen MABT）」による。

(27) インドネシアを構成する民族のそれぞれの伝統家屋が、園内中央のインドネシア群島を象った人造湖の周りに置かれている［北村二〇〇七］。

(28) ハルソに提供を受けた「MABT史料（Dokumen-Dokumen MABT）」による。

(29) アチュイへのインタビュー、ポンティアナック、二〇一一年一二月一五日。

(30) アテン・タンジャヤへのインタビュー、ポンティアナック、二〇一一年一月一四日。

(31) *Pontianak Post*、二〇〇七年一二月八日。

(32) *Pontianak Post*、二〇〇七年一二月二三日。

(33) アンドレアス・ハルソノ（ジャーナリスト）は、ジャカルタのナビル財団（Yayasan Nation Building）の支援を受け、西カリマンタンの民族問題について書籍を執筆中であり、インドネシアの有力紙ガトラ（*Gatra*）やボルネオ・トリビューン（*Borneo Tribune*）にも寄稿している。

(34) アンドレアス・ハルソノの「一七番路地事件」に関する記事による。

(35) 「龍の柱」建設の推進者の一人であるハサンは、「龍の柱は、特定の宗教の信仰の対象ではなく、西カリマンタンの観光促進の文脈で、シンカワン市をより美しくするための飾りであり、それ以外の意味はない」と述べている。*Info Kalimantan*, 2010.6:37.

(36) 二〇一〇年五月二八日、龍の柱を取り崩そうというデモがあり、同時にハサン市長の論文への疑義が呈されたという。*Info Kalimantan*, 2010.6:37.

(37) ロー・アビディンは、自宅にスタジオを構えており、結婚式の記念ビデオなどの発注を受けるほか、映画制作も行っている。二〇一二年よりシンカワン市議会議員を務めている。

(38) このデモの一切の過程は［映像資料 Lo 二〇一〇］に詳しい。

(39) *Info Kalimantan*, 2010.7: 17.

(40) *Info Kalimantan*, 2010.6: 16–17.

(41) *Borneo Tribune*, 2010.5.29.

(42) ハサンは同じ時期にジャカルタの「ジャカルタ国立大学（Universitas Negeri Jakarta, UNJ）」において、一九六七年華人追放事件後における難民の生活に関する研究で博士号を取得している［Karman 2010］。

(43) ハサンによる講演原稿［Karman 2008］による。

(44) 標準的インドネシア語においては、海賊行為の意味では perampokan を用いるが、マレーシア語のこの用語に当たる言葉に perompakan がある。ここでハサンが用いているのは、この言葉と綴りが同じであるが、マレーシア語の perompakan には、「略奪」の意味はない。しかし、文脈から「海賊行為」と訳した。

(45) *Info Kalimantan*, 2010.6: 37.

(46) 二〇一〇年六月の反ＦＰＩ、龍の柱の破壊反対を掲げたロー・アビディン率いる示威行動のプラカードには、多くのハサン市政を称賛する言辞が見られる［映像資料 Lo 二〇一〇］。

(47) シンカワンのムラユ系副市長、エディ・ヤーコブ（Edy Yacoob）（シンカワンにて二〇一一年一月二二日インタビュー）や、シンカワンで初めてのイスラム式の高等教育機関を作ったアルナディ・アルカン（Armadi Arkan）（シンカワンにて二〇一一年二月一日インタビュー）もムラユ人が華人の急速な政治の面での存在感の高まりに対して危機感を募らせていることを告白している。華人の「出過ぎ」に対するムラユ系の抱く不安と危機感は強い。

(48) ティオンホア（Tionghoa）は「中華」の福建語読みであり、インドネシアで華人を表す語である。

(49) チナ（Cina）も華人を表すが、特にスハルト体制期には、この語が軽蔑のニュアンスを持って用いられたために、現在でもその影響は残存している。

(50) この背景には、二〇〇〇年代に入ってますます顕在化したダヤク人意識、ムラユ人意識の高揚があったことは確かであろう。

(51) ハサンへのインタビュー、シンカワン、二〇一一年二月一九日。

(52) *Beletin Permasis*, 10, 2008: 4. ハサンへのインタビューでもこの経緯は同様に説明された。ハサンへのインタビュー、シンカワン、二〇一一年二月一九日。

(53) *Info Kalimantan*, 2009.8: 46–47. シンカワン市は、二〇〇一年にブンカヤン県から分離して単独の市（kota）として成立した。

(54) *Info Kalimantan*, 2011.7: 23. 二〇一一年八月のインドネシア独立記念日における大統領宮（Istana Negara）での式典において、三つの民族の平和的共存が主題となっている三つの民族の踊り（Tarian Tiga Etnis）が演じられる予定であると記事は伝えている。ポンティアナックを偶然訪れた大統領が目にして、この舞踊に興味を持ち、直接西カリマンタン州知事のコーネリスに連絡を取り実現したという。

(55) 「ティダユ」を踏まえたアイディアは次々と登場した。二〇〇九年、シンカワン市の三つの入り口に、ムラユ人が多い北部の入り口にはムラユ風の門、ダヤク人が多い東部の入り口にはダヤク風の門、華人が多いシンカワンの南部の入り口には、華人風の門を作るという計画を発表している。*Info Kalimantan*, 2009.3: 41.

（56）*Info Kalimantan*, 2012.6: 64.

（57）ハサンへのインタビュー、シンカワン、二〇一〇年二月一九日。

（58）*Info Kalimantan*, 2012.6: 43.

（59）このＡＰＰＭＩ自体は西カリマンタンに限られた組織ではなく、インドネシアの全国組織である。

（60）中国正月一五日目の祝祭のインドネシアでの一般的呼称であり福建語に由来する。元宵節。

（61）*Info Kalimantan*, 2012.6: 61.

（62）*Info Kalimantan*, 2009.6: 50.

（63）スハルト体制期においては、西カリマンタンを構成する重要な要素としては現地民（プリブミ）とされるダヤク人とムラユ人であった。華人はこの地元の人々の文化に同化すべきとされていたからである。これを象徴的に表しているのが、ポンティアナックにある、スハルト体制期に建設された「西カリマンタン博物館（Museum Kalimantan Barat）」である。博物館の前に西カリマンタンを構成する民族を象徴する彫像があるが、ここにはダヤク人とムラユ人の民族衣装を着た二体の彫像しかない。

（64）当時Baperkiの活動に関わり蕭玉燦とも親しかった陳瑞霖は、一九六五年以降Baperkiの活動に関わったとしてスハルト政権によって投獄された。釈放された後、彼はポストスハルト期においてBaperkiの信念を引き継ぎ、インドネシア諸民族のシナジー（Synergy）（インドネシア語でSinergi）を目指し、その中に華人も一要素として関わる理念を持って文筆活動に取り組んでいる。彼はインドネシア人としてあるべき華人像、インドネシアナショナリズムとの文脈での華人という視点から編集された雑誌『シネルギー・インドネシア（*Sinergi Indonesia*）』の編集長であった。この雑誌は二〇一〇年に発行を止めたが、その後、自伝であり、またその思想をテーマにした［Tan 2010］を出版している。

（65）台湾の桃園地区に西カリマンタンの人々が多く住んでいる様子を取材した記事もある。この記事によれば、最初、台湾の退役軍人と西カリマンタン女性が結婚することが一九八〇年代に始まり、現在まで続いているという。彼らの多くは桃園、新竹、楊梅といった地域に集住している。結婚の事例のほかに、台湾に出稼ぎに行き、工場で働いたり自分で店を持ったりしてそのまま住みついた人々もいる。*Info Kalimantan*, 2010:46.

（66）http://blog.udn.com/yangmei320/4218046（二〇一六年一〇月二九日閲覧）。

（67）*Info Kalimantan*, 2011.1: 8–9.

（68）シンカワンのＭＴＩは、基本的にジャカルタの本部の方針に則った活動をしている。

（69）ハサンへのインタビュー、シンカワン、二〇一〇年二月一九日。

（70）現在のインドネシア憲法にも残る「インドネシア・アスリ（Indonesia asli）」、つまり「生粋のインドネシア人」の語であるが、二〇〇六年国籍法が定められる前までは、華人は「生粋のインドネシア人」ではないということになっていた。そのために華人とプリブミはどちらもインドネシア国籍を持っているとは言っても、生粋のインドネシア人であるかどうかという区別は厳然と残っていたのである。アスリであれば、法律によって特に定めなくても「自動的に」インドネシア人と見なされるのに対して、アスリでない華人は法律によって定められて初めてインドネシア人と見なされることになっていた。ところが、二〇〇六年国籍法が定めるところによると「生粋のインドネシア人」とは出生時からインドネシア国籍であり、自らの意志で他国の国籍を取得したことのない者とされる。この意味は大きく、生粋のインドネシア人に、当然インドネシアに生まれ、インドネシアで生活している華人が含まれることになった。生粋のインドネシア人の法制上の仲間入りをした華人は、もはや法律によってその地位を定める必要がまったくなくなったので、それまであった国籍証明書は法的根拠を失うことになった［松村 二〇一〇］。

(71) この「儒教」はインドネシアでは、Agama Khonghucu と呼ばれているもので、一般的な儒教思想とは異なり、その源流としては、中国の近代化運動の中で出てきた「孔教運動」（儒教だけを取り出してキリスト教の形式でもって宗教化する運動）に起因している［森 二〇〇五］。インドネシアではこの運動は二〇世紀初頭にも伝播しインドネシアでは第二次世界大戦以前は「孔教会」が、戦後は「インドネシア孔教最高評議会（Majelis Tinggi Agama Khonghucu Indonesia, MATAKIN）」がこの流派の発展を担ってきた。Khonghucu は漢字で記せば「孔夫子」で、これの組織は、「儒教」の語ではなく「孔教」の語を用いている。この「宗教」ではイスラムあるいはキリスト教的な神（the God）として「天」の概念があり、孔子は預言者であり、聖典は四書五経であるという教義となっている。これもインドネシアの国是であるパンチャシラにある「唯一神への信仰（Ketuhanan yang maha esa）」と適合的なようにその形式が明確化してきたものである。

(72) スハルト体制期には、中国廟の一部に仏教的要素があるため、その内実は問わず仏教の一組織として国家に認知されていた。

(73) ジャカルタのトリダルマ組織を主宰するブディオノ・タントラヨガ（Budiono Tantrayoga）へのインタビュー、ジャカルタ、二〇〇九年八月一〇日。

(74) 彼は道教の道士として普段クスモ大道士（Taosu Agung Kusumo）と名乗っている。

(75) ここで言う道教は、「道家思想」とは異なり、中国の文明発祥の時代までさかのぼることができる中国人の文化習俗の総体ということである。

(76) *Info Kalimantan*, 2009.6:43.

(77) 蔡国強へのインタビュー、シンカワン、二〇一一年一月二〇日。

(78) 蔡国強へのインタビュー、シンカワン、二〇一一年一月二〇日。

(79) Permasis 主体のイベント運営委員会が、その名称として、シンカワンの客家人の間での呼称である「正月半」ではなく、インドネシアで広く知られている「十五暝」を使用しているのも、客家人の行事というよりもインドネシア全国規模で集客が見込まれるインドネシアの一行事にしたいという運営委員会の意図があるものと思われる。

(80) 黄威康へのインタビュー、シンカワン、二〇一一年一月一八日。
(81) 彼がＦＯＫＥＴをシンカワンで立ち上げた背景には、西カリマンタンで起きた民族紛争（一九九七年ダヤク、マドゥーラ紛争、一九九九年ムラユ、マドゥーラ紛争）があった。その後次々と各民族を代表する組織が作られるものの、華人を代表する組織は作られなかった。彼は率先して二〇〇〇年一月一七日にすべて華人から成る六〇人のメンバーと共にＦＯＫＥＴを設立した。紛争の当事者たちの意見を聞きつつ調停し、民族間の相互理解を深める目的で結成されたという。具体的な活動内容としては、多様な民族の人を誘っての会食、その場での活動資金募集、異なる民族の子どもたちを一堂に招き、共に活動させる活動を行っている。この組織の指導層は各々活動している政党は異なるものの、ＦＯＫＥＴ設立にあたり協力体制を築いた。ケニー・クマラへのインタビュー、シンカワン、二〇一二年七月八日。
(82) インドネシア闘争民主党は、インドネシア民主党がポストスハルト期に再編されたもので、党首にはメガワティが就任した。また、華人の支持を広く集めた政党として知られている。
(83) ケニー・クマラへのインタビュー、シンカワン、二〇一二年七月八日。
(84) *Info Kalimantan*, 2009.2: 24–25. この記事に見られるハサンの見方は、元宵節のイベント中に争いごとがあってはならない、争いごとはイベントの観光資源としての価値を下げるというものである。さらにハサンは、インドネシア国内のみならず外国からの観光客を呼び寄せることにも熱心さを見せている。*Info Kalimantan*, 2009.3: 41.
(85) *Info Kalimantan*, 2011.11.19. トランス状態になったタトゥンの中には、生きた鶏や犬の肉を噛みちぎる者もいる。筆者自身が見た二〇一〇年のタトゥン行列の中にもそのような行為を行うタトゥンが存在した。
(86) 運営委員会書記に就任したボン・チンネン（Bong Cin Nen）はシンカワンの観光の促進のために全力を傾けようと呼び掛けている。ここでは多くの規則によるタトゥンに対する締め付けが行われている。たとえば、タトゥンの行列の際には運営委員会が指定したユニフォームを着ること、前年参加したタトゥンは今年も参加することが義務付けられることを彼は強調している。*Info Kalimantan*, 2011.2: 18–19.
(87) *Pontianak Post*, 2011.2.15.
(88) *Pontianak Post*, 2011.1.29.
(89) *Pontianak Post*, 2011.2.12.
(90) 津田によると、インドネシアで「東洋的（oriental）」と言った場合、中国を中心とする地域のテイストを持ったものを指すことが多いという［津田 二〇一二：一五六］。
(91) フィファへのインタビュー、ジャカルタ、二〇一二年一月一日。
(92) フィファへのインタビュー、ジャカルタ、二〇一二年一月一日。
(93) *Info Kalimantan*, 2011.8: 60–61.

（94）*Info Kalimantan*, 2010.11: 18–19.
（95）映画の企画、シナリオ、監督を務めたロー・アビディンへのインタビュー、シンカワン、二〇一一年一二月二二日。
（96）ロー・アビディンへのインタビュー、シンカワン、二〇一一年一二月二二日。
（97）二〇〇〇年代に入って、華人の政治参加が盛んになると、インドネシアの特にジャカルタの華人知識人を中心に、インドネシアのナショナリズムと華人との関係についての議論が沸騰した。その詳細については［貞好二〇一六：二七二－三二三］参照。

終章

本書は、現在ではインドネシアという国家に属するところの西カリマンタンを主な居住地としている華人が、インドネシア国家と遭遇し、その枠組みを受け入れつつ、インドネシア国家との関わり方を模索する軌跡について検討するものであった。また、華人に対する多様な制限が撤廃されたポストスハルト期において、西カリマンタン華人社会にどのような変化が生じたのかを追究した。本書を締めくくるにあたり、これまでの部分で明らかになった事柄を整理するとともに、序章で提示した「辺境」の概念に照らして、今いちど、西カリマンタン華人の経験を考察する。

1　各章の要点整理

第I章では一九五〇年代の西カリマンタン華人社会を検討した。この時代、西カリマンタン華人にとってインドネシア国家の影響は限定的であった。彼らは成立して間もないインドネシア国家の「外部」で生活していたと言える。西カリマンタン州がインドネシア共和国を構成する一州として正式に成立するのは一九五七年と遅く、インドネシアの実質的な影響力が行き渡るのには時間を要した。その間、以前からの自生的社会秩序が機能し続けた。ところが、この状況を大きく転換させる出来事が一九六〇年代に発生した。

それが第Ⅱ章で考察した「西カリマンタンの軍事化」であった。西カリマンタン華人の眼前にインドネシア国家が否応なく登場したのである。特に「一九六七年華人追放事件」以降、西カリマンタン華人は国家当局、特にその実力行使の主体たる国軍による監視を受けた。

第Ⅲ章では、軍事力を基盤としたスハルト体制において、西カリマンタン華人社会がどのような変容を遂げたかを検討した。一九七〇年代半ばには、国軍による華人の監視が緩和されるが、それでも西カリマンタン華人にとって、インドネシア国家（国軍、州政府、県政府）は「統治者」であり続けた。西カリマンタン華人は被支配者の役割に徹することが要求されたのである。スハルト体制期の西カリマンタン政治においてはムラユ人、ジャワ人が主に活動し、華人は中心的役割を果たすことができなかった。一九五〇年代と一九八〇年代を比較すると、西カリマンタン華人のインドネシア国家への接し方は大きく変化した。インドネシア国家の存在が急速に現前化する一九六〇年代を経て、彼らの間に自らがインドネシア国家の内側に包含されているのだという意識が高まった。しかし、そうは言ってもその関わり方は消極的であり、やはり彼らにとってのインドネシア国家像は、自らとは異なる、自分たちを統治する「よそ者」であった。

また、インドネシアの内側に入れられたとはいえ、インドネシア国籍は容易には取得できず、国家の果たすべきその構成員の福祉向上の面でも彼らは取り残されていたと言えよう。それも、彼らが「国家の敵」たる共産主義運動に関わったという嫌疑をかけられ、国軍の強権的支配下にあったからである。

しかしこのような時代においても、国家権力と交渉をしようとし、国家権力と華人社会の橋渡し役として両者の利害を調整する人物も登場した。黄威康によるトリダルマの宗教運動はその一例である。彼のような人物が登場したことは、一九六〇年代の「軍事化」の時代のように、西カリマンタン華人とインドネシア国家が対立しにらみ合うという状態からすれば、大きな変化が生じたことを表している。華人がインドネシア国家に積極的に働きかけていく動きの先駆と評価できるのではないだろうか。また国家当局側もただただ軍事支配によって華人を押さえつけていくことに限界を感じ、華人社会への懐柔と動員へと政策を変容させていったことがこの動きの背景にある。

第Ⅲ章に描かれるスハルト体制下での華人社会の積極的な国家権力へのはたらきかけは、インドネシア全体の政治を考えるうえでも重要な含意を持つ。というのは、スハルト体制期は、華人自身の語りや広く流布した解釈では、華人にとっての暗黒の時代で、華人が強制的な同化政策のもとで抑圧されていた時代として認識されているからである。本書に登場する華人たちの活発な活動は、スハルト体制期の華人像に再考を迫るものと言えよう。

第Ⅳ章の主題は、第Ⅲ章において検討した華人の活動が、華人社会に対する諸制限が撤廃された二〇〇〇年代にどのように展開したのかという点であった。この時代、華人の政治参加はますます顕著になった。彼らのインドネシア国家との関わり方は、スハルト体制下のような統治・被統治の関係ではなく、より積極的にインドネシアの政治に関わっていくというものであった。

ポストスハルト期に華人が政治参加への自信を抱き始めたのはインドネシア全国に共通する現象である。西カリマンタンにおいてはそれがいち早く進む要素があった。それは以下のようなことである。まず、スハルト体制期においても、国家側との交渉を受けて立つ人物が存在し、彼らが華人の政治活動の先駆けとなった。さらに、ポストスハルト期に進んだ地方分権、行政単位再編成の影響も重要であった。スハルト体制期に行われたトップダウン式の地方行政のもとでは、華人が集住している地域においても、華人が行政に関わることは極めて困難だっただろう。ポストスハルト期の西カリマンタンでは、州・県・市議会において活躍する華人議員が次々と誕生したのみならず、ハサン・カルマンやクリスティアンディ・サンジャヤのように華人でありながら、行政組織の要職に就く人物が登場した。

これは、長らく「インドネシア」において「二級市民、ノンプリブミ」として、国家行政から排除されてきた華人も名実ともに「インドネシア」という現在進行中の国家プロジェクトに受け入れられ、また自らも積極的に参加していったことを示している。

この動きは現在のジャカルタ州の政治でますます顕在化していると言える。中には、現在のジャカルタ州知事が「華人である」ことを（多くはネガティブキャンペーンにおいて）強調する人々もいるが、インドネシアの国民が求めているのは、出自がどうであるかということよりも、政治家が国民のために何をしてきたか、また何をするかである。近年のインドネシアの政治を見る限り、ここに大きな変化が表れてきている。

現在から振り返ると、本書で取り上げた二〇〇〇年代の西カリマンタン華人の政治参加の事例は、ポストスハルト期において先駆的なものであり、現在のインドネシアの国情を先取りしたものと言えるかもしれない。しかし西カリマンタンにおいても、アイデンティティ・ポリティクス、「民族の政治」という要素は多民族国家インドネシアでは避けて通ることができない問題であることも同時に示された。

第Ⅳ章ではまた、シンカワン市政が行ったシンカワンの新たな表象の創出について検討した。それは、華人の出自を持つハサン・カルマン市長のもとで展開されたものである。彼が行ったことはインドネシア華人の政治的地位を考えるうえで、重要な問題提起であったと思われる。ハサン市政が強調、普及させようと努力した「ティダユ」概念がそれである。この動きの特徴は、インドネシアにおいて、華人の存在、華人の文化は、当局によって「あってもいいもの」として許可されるようなレベルではなく、インドネシアの欠かすことのできない一部分であるということを主張した点にある。「華人はインドネシアの一要素である」という理念自体は一九五〇年代から華人知識人が主張してきたものであった。しかし、このことを自らが拠って立つシンカワンの華人の文化に立脚して「実演した」という点が画期的であった。しかも彼は、「ティダユ」を「インドネシアの統一」、インドネシアの国是「多様性の中の統一」、インドネシアの理想とする民族共生の表現として、インドネシア全国に向けてアピールを行った。

さらに、これがハサン市政からの一方向的なアピールにとどまらず、インドネシア大統領やジャワの伝統的権威などもこれを支持し、シンカワンの「インドネシア性」を認めたのである。ここで重要な点は、「インドネシア性」が、スハルト体制期にはそれと相反するとされた華人から提出されているという事実である。

続いてシンカワンを取り上げた映画についても考察を加えた。シンカワン出身ではない映画監督は、華人の登場人物に、「中国」か「インドネシア」かいずれを祖国と捉えるのかという選択を迫っていたのに対し、シンカワン在地の映画監督による作品では、このような対立軸はないままにシンカワン華人の生活感覚が描かれている。ここにはハサンのような政治家が行う一種本質主義的な華人表象とは異なる、人々の生活実感の一部が表現されていたのではないか。政治家が行う表象においては、かなり作為的に華人の「インドネシア性」が強調されていた。また、パプア出身の映画監督作品に表れている外部からの視点が、シンカワン華人の「華人らしさ」とそうであっても「インドネシア人である」という描き方が主調となっているのに対し、シンカワン在地の映画監督作品では、そのようなことがそもそも問題化されていない。これは華人を「インドネシア」あるいは「中国」に縛り付けて、常時「インドネシア人アイデンティティを持つ」、あるいは常時「中国人アイデンティティを持つ」という華人の見方、「華人はいつも華人である。華人をいつも生きており、それは本質的なものである」という言明に対する反証となっている。

2 「辺境」について

本書で「西カリマンタン華人」という主題を取り上げた理由は、その研究対象が持つ「二重の辺境」という性質のゆえであった。彼らの経験からどのような知見が導けるのか考察する。

序章に見たように元来、境界（国境）が曖昧であった地域の社会構造の中では、中心と辺境という概念自体が成立しにくかった。ところが、近代以降に登場した新しい権力システムである国民国家が東南アジア地域に成立することによって初めて、中心と周縁が生じた。この国民国家を率いた人々は、どの国家においてもナショナリズムの推進者として、最も内外の注目を集めた。

西カリマンタンという地域は、インドネシアの脱植民地化過程において、地理的な辺境となった。植民地期にあってもオランダによる西カリマンタン統治は限定的であり、植民地化以前の社会秩序が残存し、インドネシアナショナリズムの中心であるジャワ島とも、その文化背景、自然環境、民族構成どれをとっても共通項がない「別世界」であった。

さらに西カリマンタン華人は、インドネシア国家の形成過程にジャワのプラナカン華人のように積極的に関与しようという姿勢もなく、中国やシンガポールとの交渉の方が日常的であった。このような性質を持つ西カリマンタン華人は、「人的な辺境」とも呼べる存在であった。これが序章で述べた「二重の辺境」の意味である。

第Ⅰ章で確認した一九五〇年代の西カリマンタン華人社会においては、インドネシア国家の影響力は限定的にしか波及しなかった。辺境においては、国家は緩い管理しかできない。西カリマンタンにおける「一九五九年大統領令一〇号」による外国籍民の商業制限にしても、不徹底かつ散発的であり、軍人が出動して華人の強制立ち退きを行った西ジャワなどの事例と比較して、この法令の影響は曖昧模糊としている。これは西カリマンタンの辺境性の一側面である。

ところが辺境は、国民国家の影響力が極端に発現するという面も持ち合わせる。その好例が、第Ⅱ章で取り上げた一九六〇年代の西カリマンタンの軍事化であった。一九六五年九・三〇事件以降も、その直接的な影響が西カリマンタンに及ぶのには時間を要した。しかし、いったん国民国家によって問題化されると、辺境はその国民国家にとってのナショナリズム防衛の最前線となる。これは辺境が国民国家にとっての国境地帯であるという明白な事実に起因するものである。

またこの過程を経て、それまでジャワ島とは「別世界」であり、「インドネシア」という概念自体を共有していなかった西カリマンタンが、国軍を中心とする国家勢力によって実質的に統治されることになった。

第Ⅲ章では、スハルト体制が推進する華人同化政策下において、華人社会側と政府当局とが交渉し、落としどころを模索する試みを考察した。このようなことが可能であったのも、西カリマンタンの「二重の辺境」性ゆえである。

中央の政策も辺境地域においては、中央当局の思うとおりには厳格には適用されず、結局在地の政府機関と華人社会との交渉の中で妥協点が見出されていった。

さらにポストスハルト期の地方分権化の流れの中で、地方ごとにさまざまな新しい試みがなされるようになった。第Ⅳ章で検討した西カリマンタンの二〇〇〇年代の政治状況はその一例である。しかしそこでも、スハルト体制期に急速に進められてきた国民統合、中央集権化により中央ジャカルタへの依存構造が見られた。しかし一方で、インドネシアの一部分としての顔を持ちつつも、中華文化圏ともインドネシア政府を必ずしも通さない方法で接続している様も見てきた。このようなあり方は、「辺境」から見える、国家のレベルを通さない地方と地方の（inter-local）つながりと言える。

振り返ってみれば、インドネシアに編入され、その実質的な支配が西カリマンタンに及ぶ前までは、西カリマンタンの政治経済は自律的なものであり、地理的にもより近いシンガポールとのつながりのほうがジャカルタとのそれよりも強かった。国民統合、開発、中央集権化の時代を経て、その「辺境」の性質は影を潜めていた。その時代が過ぎ、グローバル化と中央集権化による各地方の衰退が言われるようになった昨今において、今後西カリマンタンのような試みがますます世界中で活性化していくのではないか。その面でも西カリマンタンの特にポストスハルト期の変化は示唆的である。

国家の辺境は、国民統合が強調されていた時代においては、国家の周縁、いわば「行き止まり」、厳格な警備が敷かれる場所となった。ところが、辺境は「行き止まり」であるとともに、ほかの地域と国民国家の枠を介さずにつながる「ゲートウェイ」ともなりうる［岩下 二〇一六］。

西カリマンタンはインドネシアに編入された後、「辺境」の（「行き止まり」としての）役割を負わされ、一九八〇年代までの国民統合の時代にはその役割に徹することが求められた。これはちょうど、国民国家単位で東西どちらかの陣営に属することが意識化された冷戦の時期と重なる。それが終わった一九九〇年代以降、地方が注目を浴びるようになった。そのような地方分権化の時代において、グローバルにネットワークを築いていった例としても西カリマンタンは注目される。それによって、地元の発展を自分の力で達成しようというのである。「辺境」から国民国家を見渡すことで、「辺境」が国民国家によって「行き止まり」としての役割を担わされていたこと、そして辺境はまた、多くの地域がつながるゲートウェイにもなりうるという点が看取できるのである。

3　同化政策と西カリマンタン華人

スハルト政権が国内の華人に対して行ったことはよく知られた「同化政策」であったと同時に、華人の「異化政策」でもあった。スハルト体制期初期に、政府が華人に対する公式な呼称を「チナ（Cina）」と規定したのも、プリブミの劣等意識と華人の優越意識を取り除くためであると説明された。華人に同化を勧めながらも、華人はプリブミから区別、「異化」された。しかも単に区別するのではなく、華人であること自体がネガティブなことであり、望むべくは華人であることを止めて、インドネシア人になるように促された。しかしいくらその努力を行ったところでインドネシア人としては認められず、一方でいまさら中国人にもなれない、というところに華人の苦しみはあったのである。『バッパオ・ピンピン』に登場するアセンの父親は、この実存的な苦しみを味わったまさにその世代であった。つまり華人であることに罪悪感を抱かせるということが当局の目的であったとも言える。華人であることとインドネシア人となることは両立せず、華人はインドネシアへの忠誠心が足りないので、ますますインドネシアに忠誠を示さなくてはならないという要求である。これらの表現に対して、華人はスハルト体制期には語るべき言葉がなかった。自分たちについて語ることが不適切であるという社会の雰囲気が充満していたためである。スハルト体制が華人に同化を勧め、インドネシアへの帰属意識を持つようにと勧めたのは、「華人であること」を強烈に認識させて、それに恥じ入る（それがスティグマであること）意識を華人に植え付けることと表裏一体であった。

以上の事項を考慮したうえで、西カリマンタンの華人の動きを改めて観察すると、スハルト体制期にも連綿と行われた政治参加を基盤として、二〇〇〇年代には、華人であることがネガティブなことではなく、またインドネシア人であることと相反するものでもないと政治家によって主張された点が注目される。

また、ポストスハルト期のジャワにおける華人文化の表現の仕方が、どちらかというと、その現地文化との混淆性を強調するのに対して、西カリマンタンの華人文化の表現の仕方は、「ティダユ」概念に見られたように、華人文化をインドネシアの諸民族の文化と同様に、確固たる存在として表現したうえでその他の民族との協和を強調している点は興味深い。ジャワ華人の華人性の表出の方法は、たとえばジャワのスマランの「鄭和廟」に見るように、鄭和（中国人）がイスラム教徒であることを強調していることに如実に表れている［貞好二〇〇三］。ジャワの華人文化の表現の仕方は、「在地化された華人性」が強調されるのに対して、西カリマンタンでは、華人も明確な一要素として含めて、西カリマンタンという地域を構成する一要素であるとしている。この表現法はジャワにはないものであり、またその他のインドネシアの地域でも、西カリマンタンを除いては打ち出されたことがない。

もちろん時代を経て、文化変容は遂げていても、西カリマンタンの華人が、より中国起源の伝統文化を継承していることは確かである。それに加え、スハルト体制期にも、同化政策は貫徹することがなかった。これによりもたらされたものは何か。スハルト体制期には自粛しなければならなかった華人文化が、ポストスハルト期になって解禁となった際、彼らは迷うことなく「自分たちは華人であり、しかもインドネシア人である」ということを、自らの生活文化に立脚した形で声高に主張することが可能となったのである。

しかしながら、この文化提示の方法自体はスハルト体制期の「うるわしのインドネシア小公園」に見られる発想を踏襲したものである（ポンティアナックに登場した各民族を象徴する家屋についても同様である）。この「華人もインドネシアを構成する一要素である」というアピールは、政治家が、全インドネシアに対して行ったものであり、それは政治的、作為的に操作して提示したという側面があることも忘れてはならない。

第Ⅳ章後半で検討した映画表象においては、この政治の次元とは別に、いまだ拠って立つ資料が限られているものの、政治家が提示するような本質主義的な華人表象、すなわち、「インドネシア人である」、「華人である」というような単純なアイデンティティ表現では汲み取れない彼らの豊かな生活空間があることが垣間見られるのである。

これまで、国民史中心の歴史記述の中で、華人という存在はその両義性から、「どちらかにつくのか」が疑問視され、政治的側面、文化的側面すべてが政治問題と化し、中国あるいは居住国いずれかの国家に関係がある部分だけクローズアップされて取り上げられてきたことを序章で述べた。そのような方法では汲み取れない彼らの生活世界の歴史について理解を深めることは、華人のみならず、国民史の中で忘れ去られた人々、国民史において都合のよいように語られる一方である人々の声に耳を傾けることにつながる。これは、異なる背景を持つ人々の交流がますます盛んになり、それらの人々の間の相互理解が課題となっている現在、そして未来においても、共生の知恵を生み出す源泉となると考える。

あとがき

本書は、東京大学大学院総合文化研究科地域文化研究専攻に提出した学位論文に加筆修正を施したものである。本書のもととなった学位論文を完成させる過程では、多くの先生方から学ぶ幸運を得た。

古田元夫先生のご指導がなければ本書は成らなかった。先生は、お会いするたびに、常に示唆に満ちたコメントをくださり、研究への意欲がそのたびに新たにされた。また、古田先生のゼミナールでは、多様な地域を研究されている先輩方と意見交換をする機会に恵まれた。古田先生を中心とする学びの場は、ある特定地域の現象を、より普遍的な問題として考える貴重なものであった。

加納啓良先生は、インドネシア研究の魅力を私に示され、私をいつも激励してくださった。一方でひとつひとつの記述の正確さについて、鋭い批判眼を養うように促された。

川島真先生には、中国外交史研究の立場から折に触れ貴重なアドバイスをいただいた。特に私がインドネシアという狭い領域にとらわれているときに、より広い地域枠組みで考察するきっかけを与えてくださった。

山本博之先生は、ご多忙の中、私の学位論文審査を担当してくださった。その際に口頭及び文書でいただいたコメントは、論文を本書のような形に再編する上でなによりの参考となった。

津田浩司先生とは、インドネシアでの資料収集段階から、研究室とフィールドの両方で頻繁に議論を重ねた。その中でいただいた的確なコメントは私にとって重要な指針となった。

倉沢愛子先生とは、博士課程修了後、インドネシア華人に関する研究をご一緒する機会が増えたが、先生の真摯かつ熱心な研究態度から多くを学んだ。

早瀬晋三先生には、勤務先である早稲田大学アジア太平洋研究センターで大変お世話になっている。先生のゼミナールで研究構想を報告する際にいただいた謎解きのような多くのコメントから、研究枠組みについて再考するきっかけを与えられた。

貞好康志先生は、その多くのご著作によって、私がインドネシアの華人について研究を始め、暗中模索をしていたころ、道しるべを与えてくださった。

インドネシアでの現地調査は、インドネシア科学院の Thung Ju-Lan 博士の助力なくしては、実行不可能だった。また、西カリマンタンの調査で生活面、研究面の両方において支援を受けた、「伝統文化・歴史保存機構」研究員の Andri 氏に感謝する。西カリマンタン州庁参考図書室での資料調査においては、Herni 氏の特別な許可のもとに快適な環境で資料収集を行うことができた。Maya Miyana 氏には、インドネシアでの華人関連の調査の初めの段階から折に触れさまざまな支援をいただいた。

また私は、実に多くの学友に恵まれた。お名前を挙げるとすればきりがないのであるが、ここでは特によくお世話になった友人の紹介をしたい。

平野達志さんとは互いの研究について語り合い、そこから刺激を受けることが多かった。

横田祥子さんは、博士論文執筆時にお忙しい時間をぬって草稿を丁寧に読み、コメントをくださった。

竹本研史さんには、私が困難に陥っているときに、的確なアドバイスをいただいた。また本書の草稿の一部についてコメントをくださった。

林真樹子さんは、本書の草稿を通読し、多くの有益なコメントをくださった。

しかし言うまでもなく、本書における誤りは私にその責任がある。

慶應義塾大学出版会の喜多村直之様には学位論文を本書の形にまとめ上げる上で、数多くの重要な指摘をいただいた。喜多村様の実践的なアドバイスを受けて原稿を修正する過程は、私にとって何にも代えがたい学びの機会となった。

私事となるが、妻のノフィフィは、私が物事に行き詰まるたびに、勉強中の日本語で「だいじょうぶですよ」と励ましてくれた。本書は彼女とともに書き上げたと言ってもいいかもしれない。

私の両親は私のこれまでの研究を支持し、絶えず励ましてくれた。本書の出版が、父母がこれまで私に注いでくれた理解と愛情に対するささやかな恩返しとなればよいと思う。

本書の出版は、公益財団法人りそなアジア・オセアニア財団からの助成により可能になった。りそなアジア・オセアニア財団からは、二〇一四年四月から二〇一六年三月にかけて研究助成もいただいており、その間、本書のコンセプトを豊かにするための多くの発見をもたらす研究が可能になった。ここに記して厚く御礼申し上げます。

二〇一六年一二月

松村智雄

PIB, Partai Perjuangan Indonesia Baru, 新しいインドネシアのための闘争党
PKB, Partai Kebangkitan Bangsa, 民族覚醒党
PKI, Partai Komunis Indonesia, インドネシア共産党
PMS, Pontianak Middle School, ポンティアナック・ミドル・スクール。「坤甸中学」。
PP10, Peraturan Presiden No.10 Tahun 1959, 1959 年大統領令 10 号
PPP, Partai Persatuan Pembangunan, 開発統一党
PRB, Parti Rakyat Brunei, ブルネイ人民党
PRRI, Pemerintah Revolusioner Republik Indonesia, インドネシア共和国革命政府
PSMTI, Paguyuban Sosial Marga Tionghoa Indonesia, 印華百家姓協会、インドネシア華人社会協会
PTI, Partai Tionghoa Indonesia, インドネシア華人党
RPKAD, Resimen Para Komando Angkatan Darat, 陸軍空挺部隊
SBKRI, Surat Bukti Kewarganegaraan Indonesia, インドネシア国籍証明書
THHK, Tiong Hoa Hwee Koan,「中華会館」
Walubi, Perwalian Umat Buddha Indonesia, インドネシア仏教徒代表者連合
WNA, Warga Negara Asing, 外国籍民
WNI, Warga Negara Indonesia, インドネシア籍民
YBS, Yayasan Bhakti Suci, 西加孔教華社総会、西カリマンタン孔教華社総会

略語一覧

ABRI, Angkatan Bersenjata Republik Indonesia, インドネシア国軍

APPMI, Asosiasi Perancang Pengusaha Mode Indonesia, インドネシアファッションデザイナー協会

Bakom-PKB, Badan Komunikasi Penghayatan Kesatuan Bangsa, 民族一体性醸成連絡機構

Baperki, Badan Permusyawaratan Kewarganegaraan Indonesia, インドネシア国籍協商会

BKKI, Badan Kerjasama Kesenian Indonesia, インドネシア芸術協力協会

DAD, Dewan Adat Dayak, ダヤク慣習協会

Dekranasda, Dewan Kerajinan Nasional Daerah, 地域国民工芸品協会

Dirjen Sospol, Direktorat Jenderal Sosial dan Politik, 社会政治総局。また各地に社会政治局（Kantor Sosial dan Politik）が存在した。

FOKET, Forum Komunikasi Etnis Tionghoa, 華人連絡フォーラム

FPI, Front Pembela Islam, イスラム擁護戦線

GBHN, Garis Besar Haluan Negara, 国家綱領

Golkar, Golongan Karya, 職能集団、スハルト期の与党

HCS, Hollandsch-Chineesche School, オランダ中国人学校

INTI, Perhimpunan Indonesia Tionghoa, インドネシア華裔総会

IPKI, Ikatan Pendukung Kemerdekaan Indonesia, インドネシア独立支援機構（西カリマンタンのダヤク人の組織）

KTP, Kartu Tanda Penduduk, 住民身分証明カード

LPKB, Lembaga Pembinaan Kesatuan Bangsa, 国民一体性育成機構

MABM, Majelis Adat Budaya Melayu, ムラユ文化慣習協会

MABT, Majelis Adat Budaya Tionghoa, 中華文化慣習協会

MATAKIN, Majelis Tinggi Agama Khonghucu Indonesia, インドネシア孔教最高評議会、地方組織としてMAKINがある。

MTI, Majelis Tao Indonesia, インドネシア道教協会

NU, Nahdlatul Ulama,「ウラマーの覚醒」(団体名)、ジャワ東部を中心地とするイスラム伝統主義大衆団体。

P4, Pedeman Penghayatan dan Pengalaman Pancasila, パンチャシラの実践のための方針

PARAKU, Pasukan Rakyat Kalimantan Utara, 北カリマンタン人民軍

PBI, Partai Binneka Tunggal Ika, 多様性の中の統一党

PDI, Partai Demokrat Indonesia, インドネシア民主党

PDI-P, Partai Demokrat Indonesia Perjuangan, インドネシア闘争民主党

PERAK, Perkumpulan Peduli Rakyat Kalimantan, 関照加里曼丹人民協会、カリマンタン住民生活擁護協会

Permasis, Perkumpulan Masyarakat Singkawang dan Sekitarnya, 山口洋地区郷親会、シンカワン地区郷親会

PGRS, Pasukan Gerilya Rakyat Sarawak, サラワク人民遊撃隊

Era Reformasi 1998–2008, Jakarta: Yayasan Pustaka Obor Indonesia, 2012.
Matsumura, Toshio, "Gagalnya Perjuangan Kemerdekaan Sarawak dan G30S," Kurasawa Aiko dan Matsumura Toshio eds. *G30S dan Asia: Dalam Bayang-bayang Perang Dingin*, Jakarta: Penerbit Buku Kompas, pp.145–182, 2016.
Poerwanto, Hari, *Orang Cina Khek dari Singkawang*, Jakarta: Komunitas Bambu, 2005.
Pramoedya Ananta Toer, *Hoakiau di Indonesia*, Jakarta: Penerbit Garba Budaya, 1998.
Sam, Setyautama, *Tokoh-Tokoh Etnis Tionghoa di Indonesia*, Kepustakaan Popular Gramedia, 2008.
Setiono, Benny G., *Tionghoa dalam Pusaran Politik*, Jakarta: Elkasa, 2003.
Siauw, Giok Tjhan, *Renungan Seorang Patriot Indonesia Siauw Giok Tjhan*, Jakarta: Lembaga Kajian Sinergi Indonesia, 2010.
Siauw, Tiong Djin, *Siauw Giok Tjhan: Perjuangan Seorang Patriot Indonesia Membangun Nasion Indonesia dan Masyarakat Binneka Tunggal Ika*, Jakarta: Hasta Mitra, 1999.
Tan, Swie Ling, *G30S 1965, Perang Dingin dan Kehancuran Nasionalisme: Pemikiran Cina Jelata Korban Orba*, Jakarta: Lembaga Kajian Sinergi Indonesia, 2010.
Wibowo, Ignatius and Thung Ju Lan, *Setelah Air Mata Kering: Masyarakat Tionghoa Pasca-Peristiwa Mei 1998*, Jakarta: Penerbit Buku Kompas, 2010.

中国語

程希『僑務与外交関係研究：中国放棄「双重国籍」的回顧与反思』北京：中国華僑出版社、2005年。

黄恵珍『印尼山口洋客家語研究』台湾：国立中央大学客家語文研究所、修士論文、2008年。

李卓輝『印華先駆人物光輝歳月：印尼華人報刊和独立先賢史話』ジャカルタ：聯通華文書業有限公司、2003年。

劉華『華僑国籍問題与中国国籍立法』仏山：広東人民出版社、2004年。

劉子政『砂羅越五十年代史事探微』慕娘印務有限公司、1992年。

Thung, Ju-Lan, "Identities in Flux: Young Chinese in Jakarta", La Trobe University Dissertation, 1998.

Thung, Ju-Lan, "Chinese-Indonesians in Local Politics: A Review Essay," *Kyoto Review of Southeast Asia*, No. 11, 2009.

Tjook-Liem, Patricia, *De Rechtspositie der Chinezen in Nederlands-Indie, 1848-1942: Wetgevings-beleid tussen Beginsel en Belang*, Leiden: Leiden University Press, 2008.

Wang, Gungwu and Jennifer Wayne Cushman, *Changing Identities of the Southeast Asian Chinese since World War II*, Hong Kong: Hong Kong University Press, 1988.

Wiadi, Fidelis, "The Lay Leadership in the Development of the Church in the Arcdiocese of Pontianak, Borneo," Rome: Pontifical Lateran University Thesis, 1982.

Willmott, Donald E., *The Chinese of Semarang: A Changing Minority Community in Indonesia*, Ithaca: Cornell University Press, 1960.

Willmott, Donald E., *The National Status of the Chinese in Indonesia, 1900-1958*, Ithaca: Cornell University Press, 1961.

Wolters, O. W., *History, Culture, and Region in Southeast Asian Perspectives*, Singapore: Institute of Southeast Asian Studies, 1982.

Yuan, Bingling, *Chinese Democracies: A Study of the Kongsis of West Borneo, 1776-1884*, Leiden: Research School of Asian, African, and Amerindian Studies, Universiteit Leiden, 2000.

インドネシア語

Abdul Syukur, "Keterlibatan Etnis Tionghoa dan Agama Buddha: Sebelum dan Sesudah Reformasi 1998", Thung Ju Lan and I. Wibowo ed., *Setelah Air Mata Kering: Masyarakat Tionghoa Pasca-Pristiwa Mei 1998*, pp.105-139, 2010.

Ang, Yan Goan, *Memoar Ang Yan Goan, 1894-1984: Tokoh Pers yang Peduli Pembangunan Bangsa*, Jakarta: Yayasan Nabil, Hasta Mitra, 2009.

Bamba, John, *Mozaik Dayak: Keberagaman Subsuku dan Bahasa Dayak di Kalimantan Barat*, Pontianak: Institut Dayakologi, 2008.

Jusuf, Ester Indahyani, *Kerusuhan Mei 1998: Fakta, Data dan Analisa: Mengungkat Kerusuhan Mei 1998 sebagai Kejahatan terhadap Kemanusiaan*, Jakarta: Solidaritas Nusa Bangsa dan Asosiasi Penasehat Hukum dan Hak Asasi Manusia Indonesia, 2007.

Karafir, Yan Pieter, *Pemupukan Modal Pedagang Kaki-lima: Penelitian Studi Kasus di Daerah Tanah Abang Pasar, Jakarta*, Jakarta: Fakultas Ilmu-ilmu Sosial, Universitas Indonesia, Pustaka Latihan Ilmu-ilmu Sosial Jakarta, 1977.

Karman, Hasan, "Pengelolaan Lingkungan Fisik dan Sosial Etnis Tionghoa Eks Pengungsi Kerusuhan 1967: Penelitian Kualitatif-Etnogratis di Kota Singkawang, Kalimantan Barat," Dissertation, Universitas Negeri Jakarta, 2010.

Kurasawa, Aiko and Matsumura Toshio, *G30S dan Asia: Dalam Bayang-bayang Perang Dingin*, Jakarta: Penerbit Buku Kompas, 2016.

La Ode, M. D., *Tiga Muka Etnis Cina-Indonesia: Fenomena di Kalimantan Barat, Perspektif Ketahanan Nasional*, Pontianak: Bigraf Publishing, 1997.

La Ode, M. D., *Etnis Cina Indonesia dalam Politik: Politik Etnis Cina Pontianak dan Singkawang di*

Institue, 2004.
Purcell, Victor, *The Chinese in Southeast Asia*, London: Oxford University Press, 1951.
Purdey, Jemma, *Anti-Chinese Violence in Indonesia, 1996–1999*, Honolulu: University of Hawai'i Press, 2006.
Rush, R. James, *Opium to Java: Revenue Farming and Chinese Enterprise in Colonial Indonesia, 1860–1910*, Cornell University Press, 1990.
Skinner, William G. W., *Chinese Society in Thailand: An Analytical History*, Ithaca: Cornell University Press, 1957.
Skinner, William G. W., *Leadership and Power in the Chinese Community of Thailand*, Ithaca: Cornell University Press, 1958.
Skinner, William G. W., "Change and Persistence in Chinese Culture Overseas: A Comparison of Thailand and Java," *Journal of the South Seas Society*, Vol. 16, pp. 86–100, 1960.
Smith, Glenn and Helene Bouvier, *Communal Conflicts in Kalimantan*, Jakarta: Pusat Dokumentasi dan Informasi Ilmiah LIPI, 2006.
Somers Heidhues, Mary, *Bangka Tin and Mentok Pepper: Chinese Settlement on an Indonesian Island*, Singapore: Institute of Southeast Asian Studies, 1992.
Somers Heidhues, Mary, "Chinese Organizations in West Borneo and Bangka: Kongsi and Hui," David Ownby and Marry Somers Heidhues eds., *"Secret Societies" Reconsidered: Perspectives on the Social History of Modern South China and Southeast Asia*, New York: M. E. Sharpe, 1993.
Somers Heidhues, Mary, *Golddiggers, Farmers, and Traders in the "Chinese Districts" of West Kalimantan, Indonesia*, Ithaca: Cornell University, 2003.
Somers, Mary F., "Peranakan Chinese Politics in Indonesia," Cornell University Dissertation, 1965.
Subritzky, John, *Confronting Sukarno: British, American, Australian and New Zealand Diplomacy in the Malaysian-Indonesian Confrontation, 1961–1965*, London: Macmillan Press, 2000.
Suryadinata, Leo, *Pribumi Indonesians, the Chinese Minority and China*, Kuala Lumpur: Heinemann, 1978a.
Suryadinata, Leo, *The Chinese Minority in Indonesia, Seven Papers*, Singapore: Chopmen Enterprises, 1978b.
Suryadinata, Leo, *Understanding the Ethnic Chinese in Southeast Asia*, Singapore: Institute of Southeast Asian Studies, 2007.
Tambiah, S. J., *World Conqueror and World Renouncer*, New York: Cambridge University Press, 1976.
Tan, Mely G., *The Chinese of Sukabumi: A Study of Social and Cultural Accommodation*, Monograph Series, Cornell Modern Indonesia Project, Cornell University, 1963.
Tanasaldy, Taufiq, *Regime Change and Ethnic Politics in Indonesia: Dayak Politics of West Kalimantan*, Leiden: KITLV Press, 2012.
Tanasaldy, Taufiq, "A Decade after the Reform: Political Activism of the Chinese of West Kalimantan, Indonesia," *Asian Ethnicity*, Vol.16, No.4, pp. 446–479, 2015.
Thongchai, Winichakul, *Siam Mapped: A History of the Geo-Body of a Nation*, University of Hawai'i Press, 1994.

Sngapore: Institute of Southeast Asian Studies, pp.95–114, 1998.

Hoon, Chang-Yau, *Chinese Identity in Post-Suharto Indonesia: Culture, Politics and Media*, Portland: Sussex Academic Press, 2011.

Hui, Yew-Foong, *Stranger at Home: History and Subjectivity among the Chinese Communities of West Kalimantan, Indonesia*, Leiden: Brill, 2011.

Hui, Yew-Foong, "The Translocal Subject between China and Indonesia: The Case of the Pemangkat Chinese of West Kalimantan," Sai Siew-Min and Hoon Chang-Yau eds., *Chinese Indonesian Reassessed: History, Religion and Belonging*, Routledge, pp.103–120, 2013.

Jenkins, David, "The Last Headhunt," *Far Eastern Economic Review*, June 30, 1978.

Jones, Matthew, *Confrontation in South East Asia, 1961–1965: Britain, the United States and the Creation of Malaysia*, Cambridge: Cambridge University Press, 2002.

Kahin, George McTurnan, *Nationalism and Revolution in Indonesia*, Ithaca: Cornell University Press, 1952.

Lindblad, J. Thomas, *Bridges to New Business: The Economic Decolonization of Indonesia*, Leiden: KITLV Press, 2008.

Lindsey, Tim and Helen Pausacker, *Chinese Indonesians: Remembering, Distorting, Forgetting*, Singapore: Institute of Southeast Asian Studies, 2005.

Lohanda, Mona, *The Kapitan Cina of Batavia 1837–1942: A History of Chinese Establishment in Colonial Society*, Jakarta: Penerbit Djambatan, 1996.

Lohanda, Mona, *Growing Pains: The Chinese and the Dutch in Colonial java, 1890–1942*, Jakarta: Yayasan Cipta Loka Caraka, 2002.

Mackie, J. A. C., *Konfrontasi: Indonesia-Malaysa Dispute 1963–1966*, Kuala Lumpur: Oxford University Press, 1974.

Mackie, J. A. C., "Anti-Chinese Outbreaks in Indonesia, 1959–68," J. A. C. Mackie ed., *The Chinese in Indonesia: Five Essays*, Honolulu: University of Hawai'i, pp. 77–138, 1976.

Matsumura, Toshio, "Merantau: Chinese from West Kalimantan Pursuing Success in Pasar Tanah Abang in Jakarta," Kurasawa Aiko ed., *Consuming Indonesia*, Jakarta: Gramedia, pp. 76–90, 2015.

Mozingo, David, *Chinese Policy toward Indonesia, 1949–1967*, Ithaca: Cornell University Press, 1976.

Ong, Aihwa, *Flexible Citizenship: The Cultural Logics of Transnationality*, Durham: Duke University Press, 1999.

Ong, Aihwa and Donald Nonini, *Ungrounded Empires: The Cultural Politics of Modern Chinese Transnationalism*, New York: Routledge, 1997.

Peluso, Nancy Lee, "Passing the Red Bowl: Creating Community Identity through Violence in West Kalimantan, 1967–1997," Charles A. Coppel ed., *Violent Conflict in Indonesia: Analysis, Representation, Resolution*, London: Routledge, 2006.

Peterson, Glen, *Overseas Chinese in the People's Republic of China*, New York: Routledge, 2012.

Polanyi, Karl, *The Great Transformation: The Political and Economic Origins of Our Time*, Boston: Beacon Press, 1944.

Porritt, Vernon L., *The Rise and Fall of Communism in Sarawak 1940–1990*, Clayton: Monash Asia

山本博之「混成アジア映画の海：時代と世界を映す鏡」『地域研究』13巻2号、8-22頁、2013年。

横田祥子「インドネシア華人女性の国際結婚を通じた世帯保持：西カリマンタン州シンカワン市の事例から」『華僑華人研究』13号、27-44頁、2016年。

吉田信「文明・法・人種：『日本人法』制定過程をめぐる議論から」『東南アジア　歴史と文化』37号、3-27頁、2008年。

欧文

Anderson, Benedict, *Java in a Time of Revolution*, Ithaca: Cornell University Press, 1972.
Anderson, Benedict, *Imagined Communities: Reflections on the Origin and Spread of Nationalism*, Revised Edition, London-New York: Verso, 1991.
Ang, Ien, *On Not Speaking Chinese: Living Between Asia and the West*, Routledge, 2001.
Brown, Iem, "Contemporary Indonesian Buddhism and Monotheism," *Journal of Southeast Asian Studies*, Vol. 18, No.1, pp. 108-117, 1987.
Cheah, Boon-Kheng, "The Communist Insurgency in Malaysia, 1948-90: Contesting the Nation-State and Social Change," *New Zealand Journal of Asian Studies*, Vol. 11, No.1, pp. 132-152, 2009.
Coppel, Charles, *Indonesian Chinese in Crisis*, Kuala Lumpur: Oxford University Press, 1983.
Coppel, Charles, *Studying Ethnic Chinese in Indonesia*, Singapore: Singapore Society of Asian Studies, 2002.
Coppel, Charles, "Introduction: Researching the Margins," in Helen Pausacker and Yim Lindsey eds., *Chinese Indonesian: Remembering, Distorting, Forgetting*, Singapore: Institute of Southeast Asian Studies, pp. 1-13, 2005.
Davidson, J. S., *From Rebellion to Riots: Collective Violence on Indonesian Borneo*, Madison: University of Wisconsin Press, 2008.
Davidson, J. S. and Douglas Kammen, "Indonesia's Unknown War and the Lineages of Violence in West Kalimantan," *Indonesia*, Vol. 73, Cornell University, pp. 53-87, 2002.
Duara, Prasenjit, *Rescuing History from the Nation: Questioning Narratives of Modern China*, Chicago: University of Chicago Press, 1995.
Easter, David, *Britain and the Confrontation with Indonesia, 1960-66*, London: Tauris Academic Studies, 2004.
Feith, Herbert, "Dayak Legacy," *Far Eastern Economic Review*, January 25, pp. 134-135, 1968.
FitzGerald, C. P., *The Third China: The Chinese Communities in Southeast Asia*, Vancouver : Publications Centre, University of British Columbia, 1965.
Groot, J. J. M. de, *Het Kongsiwezen van Borneo: Eene VerHandeling over den Grondslag en den aard der Chineesche Politieke Vereenigingen in de Kolonien*, The Hague: M. Nijhoff, 1885.
Hara, Fujio, "The North Kalimantan Communist Party and the People's Republic of China," *The Developing Economies*, Vol. XLIII, No.4, Institute of Developing Economies, pp. 489-513, 2005.
Hau, Caroline S., "Cultural Politics of "Chineseness,"『華僑華人研究』No.5, pp. 7-26, 2008.
Heryanto, Ariel, "Ethnic Identities and Erasure: Chinese Indonesians in Public Culture," Joel S. Kahn ed., *Culture and the Politcs of Representation in Indonesia, Malaysia, Singapore and Thailand*,

福島真人『ジャワの宗教と社会：スハルト体制下インドネシアの民族誌的メモワール』ひつじ書房、2002 年。

古田元夫『ベトナム人共産主義者の民族政策史：革命の中のエスニシティ』大月書店、1991 年。

松村智雄「インドネシアの中国系住民と国籍証明書：ポストスハルト期の華人の権利回復の過程、成果、課題」東京大学大学院総合文化研究科提出修士論文、2008 年。

松村智雄「「真正のインドネシア人 Indonesia Asli」とは誰か？：2006 年国籍法の制定過程と同法の革新性」『アジア地域文化研究』6 号、57–80 頁、2010 年。

松村智雄「インドネシアにおける国籍法（1958 年）施行過程における華人の反応：中国語紙の分析から」『南方文化』38 号、天理大学『南方文化』編集委員会、61–88 頁、2011 年。

松村智雄「インドネシア西カリマンタン州における 1967 年華人追放事件の経緯」『アジア地域文化研究』8 号、92–111 頁、2012 年。

松村智雄「書評：林世芳著『西加風雲』」『華僑華人研究』9 号、173–176 頁、2012 年。

松村智雄「ジャカルタの衣料品市場の変容：タナアバン市場における西カリマンタン華人の役割」倉沢愛子編著『消費するインドネシア』慶應義塾大学出版会、45–67 頁、2013 年。

松村智雄「研究ノート：ポスト・スハルト期の西カリマンタン州における「華人性」醸成のダイナミクス」『華僑華人研究』10 号、91–99 頁、2013 年。

松村智雄「1967 年「ダヤク示威行動」におけるインドネシア西カリマンタン州ダヤク社会のポリティクス」『東南アジア　歴史と文化』44 号、45–63 頁、2015 年。

松村智雄「書評：倉沢愛子著『9・30　世界を震撼させた日：インドネシア政変の真相と波紋』」『東南アジア 歴史と文化』東南アジア学会、44 号、246–250 頁、2015 年。

松村智雄「新刊紹介：北村由美著「インドネシア　創られゆく華人文化：民主化以降の表象をめぐって」『華僑華人研究』日本華僑華人学会、12 号、80–82 頁、2015 年。

松村智雄「9・30 事件とサラワク独立政体の挫折」『アジア太平洋討究』26 号、53–79 頁、2016 年。

松村智雄「1950 年代西カリマンタン華人社会における学校教育」『アジア太平洋討究』27 号、213–231 頁、2016 年。

松本三郎・川本邦衛編著『東南アジアにおける中国のイメージと影響力』大修館書店、1991 年。

宮原曉「周縁の素描：チャイニーズの人口移動と知識のダイナミズム」吉原和男・鈴木正崇編著『拡大する中国世界と文化創造：アジア太平洋の底流』弘文堂、468–496 頁、2002 年。

村井寛志・東條哲郎「マレーシアのゴム農園地域における華人新村の形成と住民生活の編成：マレーシア・ヌグリスンビラン州マンバウ新村の事例から」『神奈川大学紀要』、2011 年。

桃木至朗『歴史世界としての東南アジア』山川出版社、1996 年。

森紀子『転換期における中国儒教運動』京都大学学術出版会、2005 年。

山下清海『東南アジアのチャイナタウン』古今書院、1987 年。

山本博之『脱植民地化とナショナリズム：英領北ボルネオにおける民族形成』東京大学出版会、2006 年。

戴國輝・井草邦雄「9・30事件前後のインドネシア華人・華僑事情」戴國輝編著『東南アジア華人社会の研究・下』アジア経済研究所、159–180頁、1974年。

高木暢之「インドネシアにおける中国観と影響力」松本三郎・川本邦衛編著『東南アジアにおける中国のイメージと影響力』大修館書店、1991年。

高谷好一「＜想像の共同体＞論批判：世界単位の立場から」『東南アジア研究』34巻1号、307–326頁、1996年。

田中恭子『国家と移民：東南アジア華人社会の変容』名古屋大学出版会、2002年。

田村慶子「マレーシア連邦における国家統一：サバ、サラワクを中心として」『アジア研究』35巻1号、1–44頁、1988年。

田村慶子『多民族国家シンガポールの政治と言語：「消滅」した南洋大学の25年』明石書店、2013年。

津田浩司『「華人性」の民族誌：体制転換期インドネシアの地方都市のフィールドから』世界思想社、2011年。

津田浩司「バティックに染め上げられる「華人性」：ポスト・スハルト期の華人と文化表象をめぐって」鏡味治也編著『民族大国インドネシア：文化継承とアイデンティティ』木犀社、117–158頁、2012年。

津田浩司・櫻田涼子・伏木香織編著『「華人」という描線：行為実践の場からの人類学的アプローチ』風響社、2016年。

土屋健治『インドネシア民族主義研究：タマン・シスワの成立と展開』創文社、1982年。

トーピー、ジョン（藤川隆男監訳）『パスポートの発明：監視・シティズンシップ、国家』法政大学出版局、2008年。

永積昭『インドネシア民族意識の形成』東京大学出版会、1980年。

奈倉京子『帰国華僑　華南移民の帰還体験と文化的適応』風響社、2012年。

西芳実「インドネシア　世界にさらされる小さな英雄たち」『地域研究』13巻2号、304–312頁、2013年。

野口鐵郎・田中文雄編『道教の神々と祭り』大修館書店、2004年。

馬場公彦「中国の文革期外政にけるインドネシア要因：930事件の影響」日本現代中国学会『現代中国』第86号、149–161頁、2012年。

濱下武志『華僑・華人と中華網：移民・交易・送金ネットワークの構造と展開』岩波書店、2013年。

早瀬晋三『海域イスラーム社会の歴史：ミンダナオ・エスノヒストリー』岩波書店、2003年。

早瀬晋三「植民者の戦争経験：海軍「民政」下の西ボルネオ」『岩波講座　アジア・太平洋戦争　4　帝国の戦争経験』岩波書店、31–58頁、2006年。

早瀬晋三『戦争の記憶を歩く　東南アジアのいま』岩波書店、2007年。

早瀬晋三「Ⅲ　歴史空間としての海域世界」『歴史空間としての海域を歩く』法政大学出版局、219–257頁、2008年。

原不二夫『東南アジア華僑と中国：中国帰属意識から華人意識へ』アジア経済研究所、1993年。

原不二夫『マラヤ華僑と中国：帰属意識転換過程の研究』龍渓書舎、2001年。

原不二夫『未完に終わった国際協力：マラヤ共産党と兄弟党』風響社、2009年。

弘末雅士『東南アジアの港市世界：地域社会の形成と世界秩序』岩波書店、2004年。

北村由美「エスニシティー表象としてのミュージアム：ポストスハルト期インドネシアにおける華人アイデンティティの創成」『言語社会』1号、361–385頁、2007年。

北村由美「交渉成功：インドネシアにおける儒教の再公認化と華人」『華僑華人研究』6号、20–39頁、2009年。

北村由美『インドネシア　創られゆく華人文化：民主化以降の表象をめぐって』明石書店、2014年。

木畑洋一『帝国のたそがれ：冷戦下のイギリスとアジア』東京大学出版会、1996年。

倉沢愛子「インドネシア9・30事件と社会暴力」『岩波講座　東アジア近現代通史8』岩波書店、171–193頁、2011年。

倉沢愛子『9・30　世界を震撼させた日：インドネシア政変の真相と波紋』岩波書店、2014年。

小泉順子「タイ中国人社会研究の歴史性と地域性：冷戦期アメリカにおける華僑・華人研究と地域研究に関する一考察」『東南アジア研究』43巻4号、437–466頁、2006年。

後藤乾一「三章　ポンティアナック事件覚書」後藤乾一『日本占領期インドネシア研究』龍渓書舎、149–179頁、1989年。

後藤乾一「バペルキの形成・発展・崩壊」原不二夫編『東南アジア華僑と中国：中華帰属意識から華人意識へ』アジア経済研究所、77–104頁、1993年。

蔡仁龍『インドネシアの華僑・華人：その軌跡と現代華人企業の行方』鳳書房、1993年。

貞好康志「プラナカン華人の同化論争：インドネシア志向のゆくえ」『南方文化』22号、1–22頁、1995年。

貞好康志「インドネシアにおける華人同化主義の国策化：プラナカンの志向と政治力学」『東南アジア歴史と文化』25号、3–27頁、1996年。

貞好康志「生き延びる混血性：ジャワのプラナカン華人」『歴史評論』644号、48–63頁、2003年。

貞好康志「ジャワで＜華人＞をどう識るか：同化政策30年の後で」加藤剛編著『変容する東南アジア社会：民族・宗教・文化の動態』めこん、61–91頁、2004年。

貞好康志「スハルト体制期インドネシアの華人同化運動：バコム（Bakom-PKB）の予備的考察」『国際文化学研究：神戸大学国際文化学部紀要』29号、15–52頁、2007年。

貞好康志「スハルト体制の華人政策と反応：「同化」の諸含意と矛盾の循環（1970年代までを中心に）」『華僑華人研究』5号、124–143頁、2008年。

貞好康志『華人のインドネシア現代史：はるかな国民統合への道』木犀社、2016年。

篠崎香織「華人と政治：ポスト権威主義体制の東南アジアを中心に」日本華僑華人学会設立10周年記念シンポジウム「華僑華人研究の回顧と展望」資料、2013年。

鈴木陽一「マレーシア構想の起源」『上智アジア学』16号、151–169頁、1998年。

鈴木陽一「グレーター・マレーシア1961～1967：帝国の黄昏と東南アジア人」『国際政治』126号、132–149頁、2001年。

鈴木陽一「マレーシア形成と対外政策の最新研究動向」『JAMS News』、25号、2003年。

鈴木陽一「スルタン・オマール・アリ・サイフディン3世と新連邦構想：ブルネイのマレーシア編入問題　1959-1963」『アジア・アフリカ言語文化研究』89号、47–78頁、2015年。

首藤もと子『インドネシア：ナショナリズム変容の政治過程』勁草書房、1993年。

ウェブページ
台湾インドネシア僑生聯誼会　http://perpita.freeinterchange.org/zh_tw/0103-023.htm（2016年10月29日閲覧）。
楊梅鎮與山口洋市締結姐妹市　http://blog.udn.com/yangmei320/4218046（2016年10月29日閲覧）。
Muhlis Suhaeri ウェブページ「失われた一世代」 http://muhlissuhaeri.blogspot.jp/2008/02/lost-generations-1.html（2016年10月29日閲覧）
Andrease Harsono による17番路地事件（2007年）に関する記事　http://www.andreasharsono.net/2008/07/panasnya-pontianak-panasnya-politik_05.html（2016年10月29日閲覧）

インドネシア官報
1946年6月1日（Undang-undang No.3 Tahun 1946 tentang Warga Negara dan Penduduk Negara, インドネシア国籍及び住民に関する1946年法律3号）
1959年128号（Peraturan Presiden No.10, 大統領令第10号）
2006年124号（Undang-undang Republik Indonesia No.12 tentang Kewarganegaraan Republik Indonesia インドネシア共和国国籍に関する法律第12号）

〈研究書・研究論文〉

日本語
相沢伸広『華人と国家：インドネシアの「チナ問題」』書籍工房早山、2010年。

青木葉子「インドネシア華僑・華人研究史：スハルト時代から改革の時代への転換」『東南アジア研究』43巻4号、397-418頁、2006年。

アン、イエン「ディアスポラを解体する：グローバル化時代のグローバルな華人性を問う」テッサ・モーリス＝スズキ・吉見俊哉編著『グローバリゼーションの文化政治』平凡社、274-308頁、2004年。

アンダーソン、ベネディクト（糟谷啓介ほか訳）『比較の亡霊：ナショナリズム・東南アジア・世界』作品社、2005年。

アンダーソン、ベネディクト（白石さや・白石隆訳）『定本 想像の共同体：ナショナリズムの起源と流行』書籍工房早山、2007年。

アンダーソン、ベネディクト『ヤシガラ椀の外へ』NTT出版、2009年。

石川登『境界の社会史：国家が所有を宣言するとき』京都大学学術出版会、2008年。

市川哲「趣旨説明「『中国中心主義』でもなく『脱中国中心主義』でもなく：僑郷研究と海外華人研究の連携」2013年度日本華僑華人学会例会「新たな僑郷研究の展開：国内・国外からの視点」資料、2013年。

岩下明裕『入門 国境学』中央公論新社、2016年。

大塚和夫他編『岩波イスラーム辞典』岩波書店、2001年。

片岡樹「領域国家形成の表と裏：冷戦期タイにおける中国国民党軍と山地民」『東南アジア研究』42巻2号、188-207頁、2004年。

加藤剛「「インドネシア」の見方：行政空間の認識とその変容」『東南アジア研究』34巻1号、78-99頁、1996年。

寥海安, Kaliasin, 2011/12/27.
Marius 神父, Singkawang, 2011/12/27.
阿強, Singkawang, 2011/12/28.
San Limo, Singkawang, 2011/12/28.
Viva Westi, Jakarta, 2012/1/1.
Frans Tshai, Bogor, 2012/1/2.
林世芳, Jakarta, 2012/6/15.
Alan, Jakarta, 2012/6/19.
A Sen（Tanah Abang）, Jakarta, 2012/6/19.
黄国謀, Siantan, 2012/6/24.
曾松輝, Siantan, 2012/6/24.
A Pui, Pontianak, 2012/6/26.
Basrin Nourboestan, Pontianak, 2012/6/27.
Phiong Lip Kiu, Kaliasin, 2012/7/6.
Kenny Kumala, Singkawang, 2012/7/8.
A Long, Jakarta, 2012/7/24, 2012/7/28.
楊小強, Jakarta, 2012/7/25, 2012/7/26, 2012/9/27.
Sukalim, Jakarta, 2012/7/27.
Maria, Jakarta, 2012/7/27.
Sansan, Jakarta, 2012/7/27.
A Ming, Jakarta, 2012/7/28.
Elfin, Jakarta, 2012/7/28.
Jung Fang, Jakarta, 2012/7/28.
Wendi, Jakarta, 2012/9/28.
Dedi, Jakarta, 2012/9/28.
盧友愛, Sibu, 2013/12/21.
愈詩東, Sibu, 2013/12/21.
謝水源, Sibu, 2013/12/22.
黄莫華, Sibu, 2013/12/22.
林昞泰（Lim Peng Thai）Pontianak, 2013/12/30.
林立強（Lim Lip Kiang）Pontianak, 2013/12/30.
Hendry Jurnawan, Jakarta, 2015/1/6.

映画

Westi, Viva, "Wo Ai Ni Indonesia," Jakarta: Prima Entertainment, 2004.
Westi, Viva, "Bakpao Pingping," Jakarta: PT Demi Gisela Citra Sinema, 2010.
Lo, Abidin, "Senja di Pulau Simping," Singkawang: Metta Studio, 2012.

映像資料

Lo, Abidin, "Demonstrasi pada Pemilihan Wali Kota 2007," 2007.
Lo, Abidin, "Demonstrasi mengenai Tugu Naga," 2010.

Elias, Samalantan, 2010/11/20.
陳得時（Yosef Setiawan）Pontianak, 2011/1/12, 2014/12/26.
Tabrani Hadi, Pontianak, 2011/1/12.
李紹発（XF Asali）Pontianak, 2011/1/13, 2014/1/2.
Jungkat の元難民, Jungkat, 2011/1/14.
Ateng Tanjaya, Pontianak, 2011/1/14, 2011/12/17, 2014/12/25.
Syafaruddin Usman, Pontianak, 2011/1/16, 2011/12/20, 2014/12/23.
Harso Utomo Suwito, Pontianak, 2011/1/17.
Yanto, Singkawang, 2011/1/21.
Moeridjan, Singkawang, 2011/1/20, 2011/12/22.
蔡国強, Singkawang, 2011/1/20.
黄少蘭, Singkawang, 2011/1/20.
Muhammad Hassan, Singkawang, 2011/1/21.
Libertus Ahie, Singkawang, 2011/1/22, 2011/12/26.
Eddie Yacoub, Singkawang, 2011/1/22.
Aloysius Kilim, 2011/1/23, 2011/12/23.
黄錦陵, Singkawang, 2011/1/30.
呉坤発, Singkawang, 2011/1/31.
Damiatus, Nyarungkop, 2011/1/31.
Arnadi Arkan, Singkawang, 2011/2/1.
Isak Doera, Jakarta, 2011/3/8, 2012/1/3.
Taosu Agung Kusumo, Jakarta, 2011/3/18.
Asen, Jakarta, 2011/12/7.
Along, Jakarta, 2011/12/7.
Jembatan Lima の雑貨店店主, Jakarta, 2011/12/7.
Ampera 地区の祭事用品店店主, Jakarta, 2011/12/7.
Janto Tjahajaddin, Jakarta, 2011/12/12.
Susanto, Pontianak, 2011/12/14.
Jimmy Simanjaya, Pontianak, 2011/12/15.
Andreas Acui Simanjaya, Pontianak, 2011/12/15.
Suhardi Dharmawan, Pontianak, 2011/12/17.
Dimas, Pontianak, 2011/12/19.
Sutadi, Pontianak, 2011/12/19.
Santyoso, Pontianak, 2011/12/20.
Harsono, Pontianak, 2011/12/20.
Marius A. P., Pontianak, 2011/12/20.
Lo Abidin, Singkawang, 2011/12/22.
Kaliasin 住民, Kaliasin, 2011/12/23.
Darimonte, Singkawang, 2011/12/23, 2011/12/30.
Kaliasin の元難民, Kaliasin, 2011/12/27.
Sagatani の元難民, Sagatani, 2011/12/27.

砂拉越華族文化協会・詩巫省華人社団連合会・砂中区友誼協会・詩巫新聞協会「砂拉越参組大馬 50 年検討会」2013 年 12 月 21 日。

王一心『我們回家：新中国初期華僑帰国記』山東人民出版社、2013 年。

西加孔教華社総会『西加孔教華社総会 Yayasan Bhakti Suci43 周年記念特刊』2010 年。

新報出版社「巴城新報廿五週年記念特刊：東印度華校調査表」1935 年。

揚帆『斯里阿曼行動始末』砂隆印務有限公司、2010 年。

中華民国政府「荷属東印度概覧」強華図書出版社シンガポール事務所、1939 年。

英語

Tan, Gabriel, *Indonesian Confrontation and Sarawak Communist Insurgency 1963-1966: Experiences of a Local Reporter*, Kuching: Penerbitan Sehati Sdn. Bhd., 2008.

新聞・雑誌

Akcaya, Pontianak.
Angkatan Bersenjata, Jakarta.
Borneo Tribune, Pontianak.
Buletin Permasis, Jakarta.
Info Kalimantan, Jakarta.
Pontianak Post, Pontianak.
『誠報』Pontianak
『国際日報』Jakarta
『坤甸日報』Pontianak
『千島日報』Surabaya
『新報』Jakarta
『星洲日報』Singapore

インタビュー（初回インタビューの日時順）

Budiono Tantrayoga, Jakarta, 2009/8/10.
Hasan Karman, Singkawang, 2010/3/9, 2011/2/19.
劉金碧, Bengkayang, 2010/8/24.
林火章, Singkawang, 2010/8/24.
黄威康, 2010/8/25, 2011/1/18, 2011/2/18, 2011/12/23, 2011/12/26.
花嫁斡旋業を行う人物（匿名）Roban（Singkawang), 2010/8/25.
Y（匿名）Singkawang, 2010/11/15.
G（匿名）Sungai Pangkalan, 2010/11/17.
A Kung, Sungai Duri, 2010/11/17.
Sunmen, Sungai Duri, 2010/11/17.
Lirang のプロテスタント教会会衆, Lirang, 2010/11/17.
葉栄基, Sungai Pangkalan, 2010/11/17.
Samalantan の住民, Samalantan, 2010/11/19.
Thomas Murad, Samalantan, 2010/11/20.

参考文献

〈一次資料〉

インドネシア語

Asali, XF, "Asal-usul Yayasan Bhakti Suci"（手稿）

Badan Pusat Stastistik Indonesia, *Sensus Penduduk, Tahun 2000*.

Departemen Dalam Negeri, *Himpunan Peraturan Perundangan tentang Kewarganegaraan, Asimilasi dan Orang Asing*, 1978.

Doera, Isak, *Memori Pelaksanaan Tugas sebagai Pastor Militer*, Jakarta: Yansol Mentari, 2003.

Gereja Katedral Santo Yoseph Pontianak, *Buku Kenangan 100 Tahun*, 2011.

Hendropriyono, A. M., *Operasi Sandi Yudha: Menumpas Gerakan Klandestin*. Jakarta: Kompas, 2013.

Hulten, Herman Josef van, *Hidupku di antara Suku Daya: Catatan Seorang Misionalis*, Jakarta: PT Gramedia Indonesia, 1992.

Karman, Hasan, "Sekilas Melayu: Asal-usul dan Sejarahnya," Acara Bedah Buku *Fiqf Melayu*, 2008.

Lo, Abidin, "Senja di Pulau Simping," Skenario Film, 2011.

Nio, Joe-Lan, *Riwayat 40 Taoen dari Tiong Hoa Hue Koan Batavia（1900-1939）*, Batavia: Tiong Hoa Hwee Koan, 1940.

Pemerintahan Kota Pontianak, *Kota Pontianak dalam Angka*, 2006.

Soemadi, *Peranan Kalimantan Barat dalam Menghadapi Subversi Komunis Asia Tenggara*, Pontianak: Yayasan Tanjungpura, 1974.

Syafaruddin, Usman, "Yayasan Bhakti Suci: Berbhakti dan Mengabdi."（未刊行原稿）

Wolf, Rob, *Huijbergen dan Ujung-ujung Dunia, Bruder-bruder MTB 1854-2004*, Kongregasi Bruder-bruder dari Huijbergen（MTB）, 2004.

中国語

貝仲敏「憶記親歴邦戛火災及祖国派接僑船接邦戛災僑回国実況」『坤甸日報』2010年2月7日。

蔡存堆『怒海揚帆：砂共史初探』詩巫聯成印務公司、2000年。

成南徳・鐘保華「歳月残痕：情牽故郷山口洋」旅港南中校友「歳月残痕」編輯小組、2008年。

幹東『砂拉越左翼運動史』優勝印務公司、2009年。

林培欽「坤甸西河公所林氏宗親会資料手冊」坤甸西河公所林氏宗親会第28代理事会、2006年。

林世芳『西加風雲』Malaysia, Sarawak, Bintulu: 砂隆印務有限公司（Sadong Press Sdn. Bhd.）2010年。

莉雲『懐念』天馬出版有限公司、2003年。

盧友愛『燃焼的歳月（友誼叢書之十）』砂隆印務有限公司、2009年。

盧友愛『漫漫求索路：北加里曼丹革命四十年探討 1950-1990』北加里曼丹革命四十年探討編委会、2012年。

羅丁『砂印辺界風雲（友誼叢書之五）』詩巫聯成印務公司、2003年。

南中特刊委員会『山口洋南華中学創校六十周年記念特刊』2009年。

松村智雄（まつむら としお）

早稲田大学アジア太平洋研究センター助手。

2006年東京大学教養学部卒業、2008年同大学大学院総合文化研究科修士課程修了、2013年同博士課程修了。専門は東南アジア地域研究（主なフィールドはインドネシア）、華人研究、移民研究。

主要業績：「真正のインドネシア人Indonesia Asli」とは誰か?――2006年国籍法の制定過程と同法の革新性」『アジア地域文化研究』第6号（2010年）、「インドネシアにおける国籍法（1958年）施行課程における華人の反応――中国語紙の分析から」『南方文化』第38号（2011年）、「インドネシア西カリマンタンにおける1967年華人追放事件の経緯」『アジア地域文化研究』第8号（2012年）、「1967年「ダヤク示威行動」におけるインドネシア西カリマンタン州ダヤク社会のポリティクス」『東南アジア 歴史と文化』第44号（2015年）、"Merantau: Chinese from West Kalimantan Pursuing Success in Pasar Tanah Abang in Jakarta," Kurasawa Aiko and William Bradley Horton（eds.）*Consuming Indonesia*, Jakarta: Gramedia（2015年）、"Gagalnya Perjuangan Kemerdekaan Sarawak dan G30S," Kurasawa Aiko and Matsumura Toshio（eds.）*G30S dan Asia: Dalam Bayang-bayang Perang Dingin*, Jakarta: Penerbit Buku Kompas（「サラワク独立闘争の失敗と9・30事件」倉沢愛子・松村智雄編著『9・30事件とアジア――冷戦の陰で』、ジャカルタ：コンパス出版社）（2016年）ほか。

インドネシア国家と西カリマンタン華人
――「辺境」からのナショナリズム形成

2017年2月28日　初版第1刷発行

著　者――――松村智雄
発行者――――古屋正博
発行所――――慶應義塾大学出版会株式会社
〒108-8346　東京都港区三田2-19-30
TEL〔編集部〕03-3451-0931
〔営業部〕03-3451-3584〈ご注文〉
〔　〃　〕03-3451-6926
FAX〔営業部〕03-3451-3122
振替 00190-8-155497
http://www.keio-up.co.jp/
装　丁――――後藤トシノブ
印刷・製本―――株式会社加藤文明社
カバー印刷―――株式会社太平印刷社

Printed in Japan ISBN 978-4-7664-2386-0